국가대표 경매, NPL 강사
설춘환 교수의

경매
개인 레슨

국가대표 경매, NPL 강사
설춘환 교수의
경매
개인 레슨

설춘환 지음

이레미디어

경매는 어떻게 진행될까?

입찰표와 입찰보증금을
입찰봉투에 넣어
입찰함에 투찰

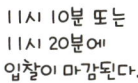

11시 10분 또는
11시 20분에
입찰이 마감된다.

입찰 마감 후 10~20분 정리한 다음
바로 개찰하여 최고가매수신고인 및
차순위매수신고인을 결정!

입찰 종결!
낙찰 또는 패찰이 결정된다.

추천사

# 경매 대중화를 선언하다
_이호남(경매정보전문기업 부동산태인 대표, 공학박사/측량및지형공간정보기술사)

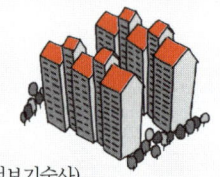

매년 100만 건 이상의 경매 물건, 약 15조 원 이상의 돈이 움직이는 부동산 경매시장! 대중적 인기를 얻고 있는 이 시장에서 경매를 제대로 알고 활용하기 위한 이해와 정착은 아직도 요원하다. 현혹과 과장을 담고 돈 버는 방법에 치중하는 시중의 수많은 경매 도서와 달리 국내에서 손꼽히는 부동산 경매 강사인 설춘환 대표가 직접 발로 뛰고, 몸으로 경험한 현장을 글과 사진으로 담아냈다.

설춘환 대표는 수많은 아마추어 경매 참여자를 프로의 세계로 안내한 경매학교 교장이다. 이 책은 저자가 17년간 경매를 하면서 10만여 명 이상에게 경매를 가르친 레슨 리포트이자 현장에서 터득한 수많은 임상실험의 결과물이다.

설춘환 대표는 법학과 부동산학을 전공한 부동산태인의 대표적인 경매 강사다. 깔끔한 이미지와 더불어 선명한 목소리는 사무실에 가둬두기에 너무 아까운 이 분야의 인재다. 내부보다는 외부형 인간에 가깝다. 경매 분야에는 속설이 있다. 바쁜 와중에도 책을 만들어보겠다고 준비하는 사람들 대부분은 다음 두 부류 중 하나다. 명함을 만들 돈으로 책 하나 만들어서 영업이나 홍보에 이용되는 함량 미달의 책이 있는가 하면, 경험과 열정을 조심스럽게 모아서 겸손하게 내놓는 순수한 마음의 책을 낸다. 감히 평한다면 이 책은 후자에 속한다. 경매에 관심 있는 사람이라면 경매 프로가 레슨을 하는 내용을 마다할 이유가 없다.

내가 대표로 일하고 있는 부동산태인은 경매정보업체이지만 IT업종에 속한다. 매순간 정보의 홍수 속에서 좋고 차별화된 정보를 신속하게 제공해야만 살아남을 수 있기 때문이다. 미래의 수요와 욕구를 정확하게 예측할 수 있다면 어느 분야에서나 대박이다. 그러나 미래를 예측하기는 쉽지 않지만, 과거와 현재 자료를 기반으로 단기간의 방향성 예측은 가능하다. 우리에게는 20년 이상 누적된 경매 결과 데이터가 있기 때문이다. 여기에 현장의 고객 목소리를 경청하다 보면 조금 더 개괄적 시야를 갖출 수 있다. 경매 정보를 다루는 기업의 대표로 일하다 보면 몇 가지 트렌드가 손에 잡힌다. 시대적 조류의 이상 현상을 감지하고 있는 것이다.

가장 먼저, 부동산 경매에 대한 인식 변화를 들 수 있다. 경매에 대해 과거 부정적 이미지가 사라진 지 오래다. 부동산태인의 회원은 노년층에서 젊은층으로 급속하게 변화하고 있다. 경매꾼들의 설 자리가 줄어들고, 스마트폰으로 무장한 젊은이들이 정보와 통찰력을 기반으로 시장에 대거 참여하고 있다.

법과 제도 정비에 따른 불확실성이 감소하는 것도 큰 물결로 와 닿는다. 실거래 중심의 주택가격 정보 유통은 입찰가격 산정의 불확실성을 없애는 데 큰 역할을 하고 있다. 주택 이외의 부동산에 대한 실거래 정보 확산은 이제 거스를 수 없는 대세다. 또한 경매 정보 유통 혁신에 따라 양질의 정보 접근에 대한 진입장벽이 사라지고 있다. 과거 신문 형태의 인쇄매체에서 모뎀을 이용한 통신 서비스, PC웹, 모바일웹, 앱 등으로 진화하고 있으며, 그 끝이 어딘지 알 길도 없다. 지하철을 타보면 요즘은 책 읽는 사람을 찾기가 어렵다. 대부분은 모바일 기기로 뭔가를 보고 있다. 이처럼 경매 정보는 속도뿐만 아니라 양적인 측면에서도 엄청난 변화를 몰고 오고 있다. 정보의 유통과 개방은 분명히 기존의 관행을 깨고 경쟁 모드로 진입했음을 의미한다.

돈의 흐름에도 큰 변화가 생겼다. 금융기관은 담보로 돈을 빌려주는 유동화를 시작하고 있다. 이는 돈 장사가 시작되고 있음을 의미한다. 여기에 민사채권도 한몫 거들고 있다. 부동산 경매 자체가 NPL~Non Performing Loan~이지만 유동화를 통해 거래되는 돈 장사는 또 다른 투자처로 각광받고 있다. 명도 과정의 단순화도 경매의 인기몰이에 한몫을 하고 있다. 낙찰자는 물론 거주 또는 점유하고 있는 이들도 경매를 바라보는 시각이 변했기 때문에 가능한 일이다. 생떼를 써서는 안 된다는 것을 잘 알기 때문이다.

최근에 저자와 소주 한잔 기울인 적이 있는데 본인이 감지하는 현장의 목소리를 이 책에서는 대부분 담고 있다고 말했다. 전문가답다. 저자가 전달해준 원고를 읽은 느낌은 신선했다. 기발한 부분도 보였다. 실제 강의하듯 전달하려는 시도는 독학으로 경매를 공부하려는 분에게 적합한 책이 될 것이다. 이것이 이 책의 차별성이다. 이 책에는 경매로 돈을 벌었다는 내용은 없다. 개인적으로 알고 지내는 저자는 경매를 통해 몇 채의 부동산을 보유하고 있는 것으로 알고 있는데, 그에 대한 언급도 없다. 자랑할 만한데도 말이다. 경매의 기본 원리에 충실했고, 충분한 자료를 제시하고 있어서 내용은 신뢰할 만하다. 이 정도만 알면 스스로 충분히 낙찰 받고 명도도 할 수 있다고 본다. 초보자를 감안해서 쉽게 표현하려고 애를 썼음이 분명하다.

경매는 쉽지도 않고, 어렵지도 않다. 독자들의 부동산에 대한 가치 기준은 그 스펙트럼이 무척 다양하다. 부동산 경매 자체가 NPL이다. 즉 부실화된 채권이라는 의미이다. 이 시장에는 많은 참여자가 있다. 채무자, 채권자, 낙찰자는 물론이고, 돈을 못 받는 후순위 채권자, 낙찰자에게 다시 돈을 빌려주려는 금융기관, 인도 또는 명도를 해야 할 대상 등 사안별로 모두 다르다. 너무 많은 것을 담아내려 했기에 특정인을 위한 초점이 명확하지 않다는 아쉬움은 있다. 이는 저자가 보완해나가야 할 숙제다. 그러나 큰 줄기는 하나다. 경매 재테크를 하려는 분, 유동화채권 거래에 관심 있는 분, 경매를 당해서 혼란스러워하는 분 모두에게 권한다. 이 책에서 답과 길을 찾을 수 있을 것이다. 또한 중요한 부분에 대한 반복 강의는 높은 점수를 주고 싶다. 경매 대중화를 선언하는 저자에게 독자 여러분의 관심과 저자가 제공하는 양방향 소통의 길을 적극 활용해보길 권한다.

추천사

부동산 경매, 미래를 위한 작은 투자

_문혜정(한국경제 건설부동산부 기자)

부동산 경매가 '대중화 시대'를 맞았다. 과거 한때 '어깨'로 불리던 조직폭력배나 전문 브로커들이 활개를 치던 경매시장은 소수의 전문 투자자들이 참여하는 '그들만의 리그'를 거쳐, 이제 실수요자와 투자자가 부담 없이 뛰어드는 부동산 거래의 '정규 과목'으로 자리 잡은 느낌이다.

'대중화'는 시장이 급격히 커지거나 과열되는 '붐'과는 차이가 있다. 참가자들이 다변화됐고, 묻지마 투자 대신 합리적인 투자 판단이 앞선다. 최근에는 부동산업계 관계자나 40~50대 중·장년층뿐만 아니라 여성과 20~30대 젊은이들, 노년층까지 다양한 인구가 경매에 참여하고 있다.

경매 대중화는 2000년대 들어 경매 절차와 제도가 응찰자 및 낙찰자의 편의성을 높이는 방향으로 재정비되고 투명해진 때문이다. 또 다양한 교육 과정이 생겨나고 경매 투자 관련 서적이 쏟아진 덕분이기도 하다.

그러나 여전히 경매를 '독학'하려는 개인 투자자들에게 경매 서적은 어렵기만 하다. 딱딱한 구성과 넘치는 법률 용어가 독자들로서는 쉽게 다가가기 어렵다. 물론 경매로 이른바 '대박'을 내고 떼돈을 벌었다는 성공 사례 중심의 가벼운 투자서도 없진 않다. 그러나 이런 책들은 모호한 기대감을 안겨주는 반면, 구체적인 실무지식을 전달해주는 데 약하다.

이번에 설춘환 교수가 선보인 새 책『국가대표 경매, NPL 강사 설춘환 교수의 경매 개인레슨』은 이런 독자들의 욕구를 잘 충족시켜줄 것으로 기대된다. 평소 환하게 웃으며 재치 있는 입담을 구사하는 설춘환 교수가 마치 눈앞에서 강의를 하듯 책을 풀어냈다. 경매법정에 갈 때 챙길 준비물부터 입찰 참여 방법과 필요한 절차, 최근 경매투자자들의 관심이 쏠리고 있는 NPL 부실채권 투자까지 차근차근 책장을 따라가면 경매의 이론과 실전 경험이 쉽게 머릿속에 들어온다. 개인 교사가 옆에 바짝 붙어서 반복해서 얘기하고 강조해주는 듯한 느낌도 재미있고 효과적일 듯하다.

지난해 수도권 경매법정에서만 입찰에 참여한 사람 중복 응찰 포함 이 8만 명을 넘어섰다. 부동산경기 호황기였던 2006년 7만여 명보다 많았다. 한 경매 정보 전문업체가 관련 통계를 작성한 2001년 이후 최고치라고 한다. 그러나 여전히 절대적인 경매 인구는 많지 않다. 하지만 점점 더 늘어날 전망이다. 경매시장은 기본적으로 부동산 경기 흐름과 궤를 같이 하지만 불황에도 빛을 발하는 분야이기 때문이다. 시장이 좋건 나쁘건 시중 가격보다 싼 가격에 좋은 매물을 찾을 수 있어서다.

전세난에 지친 세입자와 투자 대상을 찾기 힘든 투자자들의 눈은 점점 경매시장으로 쏠리고 있다. 당장 경매법정으로 달려갈 생각이 아니라도 이제 경매는 재테크를 논하는 자리에서 빠질 수 없다. 일반 시장에서 집을 사거나 임대차 계약을 맺더라도 경매를 이해하고 있느냐 여부는 큰 차이를 낳는다.

자, 커피 한잔 마시면서 집이나 사무실에서 설춘환 교수로부터 개인 교습을 한 번 받아보자. 분명 미래를 위한 작은 투자가 될 것이다.

들어가는 글

단점 없는 재테크 수단, 경매

중3 때부터 주식투기(?)를 해보고, 추천 종목 전단지도 만들어 팔아보았다. 24세에 경매 입찰을 처음 해보고, 낙찰도 받아보았다. 41세에 NPL 물건을 컨설팅하고 이제 NPL을 매입한다.

이 책을 집필하면서 많은 시행착오가 있었다. 아니, 여전히 시행착오가 있다. 정말 기본이 제대로 된 책, 굳이 별도의 온라인 또는 오프라인 강의를 듣지 않아도 스스로 낙찰 받고 명도할 수 있는 책을 만들고자 고민했다. 실제 이론에만 치우치지 않은 실무에서 알고 경험해야 하는 입찰표 작성법, 경매절차의 단계 그리고 핵심적인 권리분석, 주택임대차보호법, 상가건물임대차보호법, 마지막으로 경매의 꽃인 명도와 관련한 인도명령과 강제집행의 핵심을 실었다.

경매 개인 레슨을 많이 다녔다. 개인 레슨은 강사가 강의하고, 질문하고, 답변받는 시스템을 통해 학생들의 이해도를 완벽하게 가져가는 장점이 있다. 질문과 답변에 두려워하면 안 된다. 극복해야 하는 부분이다. 경매에 입문하거나 또는 중급 정도의 관심자들에게 눈높이를 맞춰 집필하였다. 여러분이 스스로 낙찰받고, 스스로 명도하는 데 이 책이 나침반 역할을 할 수 있길 기대한다. 경매와 NPL에 관한한 최고의 강사이자 최고의 멘토이고 싶다.

올해 내 나이 43세. 스스로 자신의 역량을 발휘하면서 또 자신이 즐거워하는

일을 하면서 돈을 번다는 건 인생에서 너무 큰 행운이다. 나 역시 그러한 큰 행운을 얻었다. 28세부터 법률과 경매강의를 하던 필자의 강의경력은 벌써 15년 차다. 방송, 대학교, 대학원, 은행, 학원, 회사, 문화센터, 백화점, 국방부, 협회 등 안 가본 강의장이 없다. 정말 잘 팔리던, 지금도 잘 팔리는 나름 스타(?) 강사다. 타고난 순발력과 좋은 목소리, 그리고 급하지만 깔끔한 성격 덕이 아니었을까 생각해본다. 더불어 마이크만 보면 환장(?)하는 나의 스타일!

이 책을 집필하면서 43년 나의 인생을 되돌아보는 좋은 계기가 되었다. 사람은 자고로 평범하게 살아야 하거늘, 나는 그러지 못했다. 중3 때부터 주식투자를 하면서 인생이 달라졌다. 매일 쉬는 시간마다 공중전화로 내가 매수한 또는 매수할 종목의 현재가와 거래량 매도호가 매수호가를 묻던 친구로 기억되고 있다. 여유자금과 시간이 넉넉한 사람만이 수익을 낼 수 있는 시장이 바로 주식시장이다. SCH_{설춘환의 이니셜}경제연구소를 만들어서 한 부당 1만 원에 팔아 당시 학교와 증권사 객장을 오가는 교통비를 만들기도 하였다. 이러한 나의 JQ_{잔머리}는 타고 났다. 주식의 최대 장점은 수익성과 환금성이다. 또한 수익에 대한 세금도 없다. 반면에 최대 단점은 안전성이 보장되지 않는다는 거다. 회사의 재무제표도 믿기 어렵다. 언제 부도가 날지 모른다.

나는 24세 때 처음으로 경매입찰에 참여하게 되었다. 당시 법원에 다니는 선배랑 경매 스터디를 한 것이 계기가 되었다. 경매는 단점이 없는 재테크 수단이다. 지금도 그 믿음에는 변함이 없다. 경험도 그렇게 나를 지시하고 있다.

요즘 레버리지를 누리면서 무피투자를 많이 하고 있다. 〈설춘환 교수의 경매 개인레슨〉이라는 다음카페를 운영하고 있다. 1년 투자클럽 학생들 중 많은 학생들이 바로 이러한 레버리지를 활용해서 무피투자를 하고 있기도 하다_{무피투자는 본}

인의 투자금 한 푼 없이 수익을 올리고 있는 것을 의미한다. 즉 무한대 수익률.

정말 세상에는 돈 버는 방법과 기회가 많은 것 같다. 경매시장에서 돈 많이 버는 사람의 특징은 부지런하다는데 있다고 해도 과언이 아니다. 1주일에 현장을 1~2번 다녀온 사람과 1주일에 현장을 10~20번 다녀온 사람 중 누가 더 낙찰을 많이 받고 돈도 많이 벌 수 있을까?

부동산 경매, 어렵지 않다. 다만 경매라고 하는 것이 막연히 싸게 낙찰 받고, 무작정 돈을 많이 버는 것이라고 생각하면 큰 오산이다. 제대로 된 경매이론과 순발력 있는 현장분석, 그리고 냉철한 입찰이 일체가 되어야만 돈을 벌 수 있다.

요즘 경매시장에서 낙찰받기가 어렵다고 한다. 낙찰가율과 입찰경쟁율이 상당하다. 그러나 늘상 그러한 것은 아니다. 흐름이 있다. 이러한 시기에 NPL을 활용한 경매입찰도 고민해보기 바란다. 1순위 또는 2순위 근저당권을 저렴하게 할인해서 매입한 다음 그 근저당권자의 지위로 입찰 또는 배당을 선택하면 된다.

요즘 이러한 NPL시장에 대한 열기가 뜨겁다. 특히 우월적 낙찰과 양도세 혜택의 효과가 있다는 점, 더불어 차후에는 자금증여 수단으로 활용될 가능성도 많아 보인다. 경매와 NPL은 저렴하게 입찰 또는 매입해야만 한다. 불확실한 낙찰로 인해 경매를 포기하거나 또는 막연히 낙찰을 희망하며 고가로 낙찰 받는 케이스도 있다. 절대 이러한 우를 범해서는 안 된다. 늘 여유를 가지길 바란다. 그리고 어떤 재테크든 스스로 할 수 있어야 한다.

그러한 점에서 이 책을 통해 경매에서 스스로 낙찰 그리고 명도, NPL 채권의 매입도 스스로 할 수 있길 희망한다. 더불어 처음 경매와 NPL을 접하는 독자 여러분을 위하여 가급적 반복학습에 역점을 두어 책을 읽는 가운데 자연스럽게 경매와 NPL을 이해하게끔 하였다. 또한 경매사건 중에 대부분의 사건에서 언급되는 부분들을 위주로 다루었다는 점을 이해하시기 바란다.

가령 1,000건 중에 1건 나올까 말까 하는 내용은 과감하게 버렸다. 이번에 내가 키운 경매강사, NPL강사 8인에게도 신신당부한 내용이다. 경매와 NPL 공부는 공부를 위한 공부가 되어서는 안 된다. 반드시 실전과 연계되어야 한다.

이 책을 기획하고 집필할 수 있도록 기회를 준 이레미디어 이형도 대표님, 정은아 팀장님께 감사드린다. 더불어서 살아가는 동안 많은 배려와 사랑을 주신 고마운 분들이 계신데, 특히 내마음속의 멘토이신 한성대학교 부동산대학원 이용만 원장님, 많은 동기부여와 기회를 주신 임용수 회장님께 감사드리고, 더불어 백성준 교수님, 장대섭 교수님, 김상범 교수님, 조덕훈 교수님께도 감사를 드린다. 또한 부동산태인의 이호남 대표님과 서동현 이사님, 굿옥션의 이수전 지사장님에게도 감사를 드린다. 더불어 늘 저를 응원해주신 이윤희 형님, 전종철 형님, 김희수 형님, 강기영 원장님, 윤원로 부장님, 민경선 대표님, 김덕성 국장님, 이선화 님, 박범진 대표, 우광연 대표, 이효재 대표, 이대주 세무사, 문혜정 기자, 김지수 피디, 친구 황인성, 오현택 과장, 최병일 대표, 늘 탄탄한 백그라운드가 되어주는 1년반 수강생들과 강사반 수강생들에게도 감사를 드린다.

마지막으로 나를 낳아 존재하게 해주신 아버지와 어머니 그리고 아내를 존재하게 해주신 장인어른과 장모님, 그리고 평생토록 나만을 위해 헌신하는 나의 사랑하는 동반자 숙현, 그리고 나의 존재이유이자 사랑하는 두 공주 진희, 가희에게 이 책을 바친다.

용산 〈설춘환경제연구소〉에서
적산 설춘환

차례

추천사
경매 대중화를 선언하다(이호남, 부동산태인 대표)　6
부동산 경매, 미래를 위한 작은 투자(문혜정, 한국경제 건설부동산부 기자)　10

들어가는 글_ 단점 없는 재테크 수단, 경매　12

Chapter 1. 경매입찰법정 가는 길

입찰법정 갈 때에는 뭘 준비해야 할까?　23
입찰법정 가기 전에는 무엇을 확인해야 할까?　27
　[알아둡시다] 대법원 판례 : 매각물건명세서에 대한 판례　30
기일입찰표는 어떻게 작성할까?　31
　[알아둡시다] 대법원 판례 : 경매입찰 시 입찰보증금의 납부 기준 판례　37
기일입찰표는 어떻게 제출하고, 개찰은 어떻게 진행될까?　37
경매는 어떻게 진행될까?　42
〈설춘환 교수 칼럼〉 나, 내일 입찰법정에 간다　47

Chapter 2. 경매와 경매용어 한 방에 정리하기

배당요구종기일은 왜 지정할까?　51
입찰보증금은 최저매각가격의 10%이다　53
　[알아둡시다] 대법원 판례 : 선순위임차인, 선순위전세권의 대항력 판례　54
항고보증금제도는 왜 만들어졌을까?　55

인도명령제도의 확대 57

선순위전세권이란? 58

경매집행법원은 어디일까? 59

강제경매와 임의경매는 무엇일까? 61

변제공탁으로 경매 취소가 가능할까? 67

경매용어 한 방에 정리하기 67

〈설춘환 교수 칼럼〉 왜 선순위전세권을 떠안아야 했을까? 72

Chapter 3. 경매는 어떤 절차로 진행될까?

경매신청은 어떻게 할까? 75

현황조사는 왜 하는 걸까? 83

알아둡시다 대법원 판례 : 부동산 현황조사에 대한 판례 85

배당요구종기일은 배당요구를 할 수 있는 마지막 날! 87

매각기일 매각조건이란? 92

알아둡시다 대법원 판례 : 잉여주의에 대한 판례 95

특별매각조건이란? 95

매각기일이란? 96

〈설춘환 교수 칼럼〉 경매가 진행 중인 부동산에 대한 가압류는? 100

Chapter 4. 실전에서 확인하는 경매 절차

입찰할 때 무엇을 준비해야 할까? 104

입찰표 작성하기 106

입찰표와 보증금 제출하기 108

입찰 절차의 마감 109

차순위매수신고인은 누가 될 수 있나? 111

어떤 방법으로 입찰할 수 있을까? 113

개별매각이란? 113

공유자우선매수신청은 언제 할까? 114

매각결정기일이란? 115

매각허가결정이란? 116

재매각이란 무엇일까? 120

잔대금 납부는 왜 중요할까? 121

소유권이전등기 및 말소등기촉탁의 절차는? 123

인도란 무엇일까? 128

배당 절차는 어떻게 진행될까? 132

Chapter 5. 주택임대차보호법이란 무엇이며, 왜 생겼을까?

일반 매매 vs 경매에서 임차인의 대항력 비교 141

알아둡시다 대법원 판례 : 주택임차인의 대항력에 대한 판례 142

전세권등기 vs 대항력, 확정일자의 장단점 145

주택임차인의 임대차를 보호하는 기간은? 146

소액임차인의 최우선변제권의 조건 146

임차권등기명령제도란? 150

알아둡시다 대법원 판례 : 주택소액임차인 보호 관련 판례 153

Chapter 6. 상가건물임대차보호법이란 무엇이며, 왜 생겼을까?

환산보증금이란? 155

상가건물임대차보호법에서의 대항력이란? 160

알아둡시다 대법원 판례 : 상가임차인의 대항력에 대한 판례 162

상가건물임대차보호법에서 소액임차인의 최우선변제권은? 165

상가건물임대차보호법에서 임차권등기명령이란? 166

〈설춘환 교수 칼럼〉 대지권미등기 vs 대지권 없음 169

Chapter 7. 권리분석, 제대로 해야 한다

권리분석은 왜 필요할까? 172

선순위임차인은 왜 중요할까? 173

권리분석에 필요한 자료 178

매각물건명세서를 통한 권리분석 103

부동산 현황조사서를 통한 권리분석 184

감정평가서를 통한 권리분석 186

권리분석에 필요한 기타 자료들 186

현장확인, 현장분석을 통한 권리분석 188

말소기준권리를 통한 권리분석 189

소멸주의란? 191

인수주의란? 192

선순위전세권을 통한 권리분석 196

유치권이란? 198

처분금지가처분이란? 202

선순위지상권과 선순위지역권이란? 206
대지권미등기란? 207
토지별도등기란? 211
〈설춘환 교수 칼럼〉 경매 권리분석은 이렇게 해보자! 214

Chapter 8. 경매와 공매의 차이점을 알아보자!

공매란? 216
경매와 공매, 어떻게 다를까? 221

Chapter 9. 낙찰 후 명도는 어떻게 할까?

인도명령이란? 232
인도명령과 인도소송의 차이점은? 240
인도소송할 때 점유이전금지가처분은 왜 할까? 246
점유이전금지가처분이란? 247
강제집행신청 및 강제집행 절차 259

Chapter 10. 배당을 정복하라!

배당 절차는 어떻게 될까? 267
배당요구종기일은 어떻게 확인할까? 270
배당을 요구할 수 있는 시기는? 271
배당을 요구하는 방식은? 272

배당요구는 어떻게 철회할까? 273
배당기일의 지정, 통지는 어떻게 할까? 274
배당표 원안의 작성방법 274
배당순위는 어떻게 알 수 있을까? 275
배당기일은 어디에서 진행되나? 276
[알아둡시다] 대법원 판례 : 배당에 대한 판례 277
배당순위를 알아보자 280
배당을 연습해보자! 283

Chapter 11. NPL을 정복하라!

NPL이란 무엇일까? 304
NPL과 경매의 차이점 306
NPL 용어 정리하기 306
NPL의 발생 및 유통 절차 308
NPL을 통한 수익실현방법 308
NPL은 얼마에 살 수 있을까? 314
NPL 투자 시 유의해야 할 것들 315
NPL 채권 매입 절차 316
〈설춘환 교수 칼럼〉 1등만 기억되는 경매! 318

책 속 부록_ 경매, NPL 이것이 궁금해요! 319

Chapter 1.
경매입찰법정 가는 길

여러분, 안녕하세요!
경매 개인 레슨을 진행할 설춘환입니다.
지금부터 저와 함께 정확하고 깔끔하게
경매와 NPL에 대해 배워보도록 하겠습니다.
준비되셨나요?

자, 경매 공부를 시작하겠습니다.

경매 공부는 순서가 없습니다. 사실 경매입찰법정에 가서 실제로 입찰도 해보고, 경매가 어떻게 진행되는지를 제대로 이해하는 것이 가장 중요합니다. 이 책에서는 경매입찰법정에 가는 것으로 시작해서, 입찰표를 작성하는 방법까지 배워볼 것입니다. 입찰법정에 가서 입찰표를 작성하고, 입찰금액을 적어넣고, 입찰봉투를 제출하는 것은 실제 경매 과정에서 가장 중요한 부분입니다. 여기서 실수를 한다면 눈앞에서 내가 고른 경매물건을 한순간에 놓쳐버릴 수도 있습니다. 자, 경매에 대해 알아볼 준비가 되셨나요? 이제 시작해볼까요?

입찰법정 갈 때에는 뭘 준비해야 할까?

경매 공부를 제대로 했건 그렇지 않건 간에 어떤 물건을 입찰해서 꼭 낙찰 받고 싶은데 아무것도 모른다면, 어떻게 해야 할까요? 일단 뒤에서 설명을 하겠지만 매각물건명세서라고 하는 것을 보고 특별한 하자가 없다면 일단 금액을 고민해서 입찰에 참여할 수 있습니다.

 그럼 입찰할 때 준비물이 필요할까요? 당연히 필요합니다.

먼저 본인이 직접 입찰법정에 가는 경우 필요한 준비물은 무엇일까요?

본인이 입찰법정에 직접 가는 경우

- 신분증 : 주민등록증 또는 운전면허증 또는 여권
- 도장 : 막도장 또는 인감도장
- 입찰보증금 : **통상 최저매각가격의 10%**(재매각일 경우에는 통상 할증)

입찰보증금에 대해 살펴보도록 하겠습니다. 예를 들어 최저매각가격이 1억 원인데 나는 2억 원에 입찰하고자 한다면 과거에는 입찰보증금을 내가 입찰하는 금액의 10%인 2,000만 원을 제공했습니다. 그런데 이제는 누구나 다 똑같이 최저매각가격의 10%인 1,000만 원만 제공하면 됩니다. 입찰보증금은 내가 입찰하는 금액의 10%가 아니고 최저매각가격의 10%입니다. 입찰보증금은 자기앞수표로 내는 것도 가능하고요, 현금도 가능합니다. 또 서울보증보험증권에서 발급 받은 보증보험증권도 가능합니다. 그러나 보증보험증권은 발급이 까다로워서

통상 자기앞수표나 현금으로 제공하는 경우가 대부분입니다.

앞으로 이 책에서는 반복학습과 암기를 위주로 설명될 것입니다. 그럼 다시 한 번 이해해볼까요? 만약 입찰보증금액이 1,000만 원인데 깜빡하고 999만 원만 제공했다면 입찰은 무효가 됩니다. 그러나 1,000만 원을 초과해서 1,300만 원을 제공했다면 입찰은 유효합니다. 즉 최저매각가격의 10% 이상을 제공하면 전혀 문제가 없는 것입니다. 아시겠죠? 이 점을 잘 기억해두세요.

자, 두 번째는 대리인이 가는 경우입니다.

> **대리인이 입찰법정에 가는 경우**
> - 위임인의 인감도장으로 날인된 위임장
> - 위임인의 인감증명서 : 통상 발급 후 6월 이내의 것
> - 입찰보증금 : 최저매각가의 10%
> - 대리인의 신분증 : 역시 주민등록증, 운전면허증, 여권
> - 대리인의 도장 : 막도장 또는 인감도장

대리인이 입찰법정에 가는 경우에는 위임인의 인감도장으로 날인된 위임장, 즉 인감증명서의 도장 모양과 똑같은 도장으로 위임장에 날인되어야 합니다. 인감도장이 아닌 도장으로 위임장에 날인하면 차후 입찰은 무효가 됩니다. 이 점은 굉장히 중요합니다. 이것은 비단 경매입찰 대리일 때만 중요한 것이 아니라, 실제로 매매를 대리하거나, 대리로 전세 계약을 체결할 때 꼭 확인해야 하는 사항입니다. 아시겠죠? 이 점도 잘 기억해두세요.

법인이 입찰에 참여하는 경우입니다.

> **법인(법인대표이사가 직접)이 입찰에 참여하는 경우**
> - 법인등기부등본
> - 대표이사의 신분증
> - 대표이사의 도장
> - 입찰보증금

> **법인의 대리인이 입찰에 참여하는 경우**
> - 법인등기부등본
> - 법인인감도장으로 날인된 위임장
> - 법인인감증명서
> - 입찰보증금
> - 대리인의 신분증
> - 대리인의 도장

법인입찰 시 법인등기부등본을 제출하지 않으면 입찰은 무효가 됩니다. 더불어 대리인이 입찰을 하러 갔는데, 위임인의 위임장 또는 인감증명서가 없으면 입찰은 무효라는 것 꼭 명심하세요. 그리고 마지막으로 위임장에 찍힌 도장의 모양과 인감증명서의 도장의 모양이 일치되어야 합니다. 아시겠죠?

 이번에는 미성년자를 대리해서 법정대리인이 가는 경우에 대해서도 알아볼까요?

미성년자를 대리해서 법정대리인이 갈 경우

- 법정대리인임을 증명하는 서류 – 가족관계증명서
- 법정대리인의 신분증
- 법정대리인의 도장
- 입찰보증금

마지막으로 공동입찰하는 경우입니다.

공동으로 입찰에 참여하는 경우
: 가령 부부가 공동 명의로, 단 남편이 혼자 입찰하러간다고 가정

- 공동입찰자신고서
- 공동입찰자목록
- 입찰법정에 가는 남편(아내)의 신분증
- 입찰법정에 가는 남편(아내)의 도장
- 아내(남편)의 인감도장으로 날인된 위임장
- 아내(남편)의 인감증명서
- 입찰보증금

더 자세한 내용을 알고 싶다면 관할 경매법원이 있는 집행관사무소에 문의하면 됩니다. 경매입찰은 집행관이 주재합니다. 나중에 입찰법정에 가보면 알 수 있을 텐데요, 입찰법정에서 입찰을 주재하는 사람은 판사가 아니고 집행관입니다.

 그럼 입찰법정 가기 전에 확인해야 할 것들을 살펴보도록 하겠습니다.

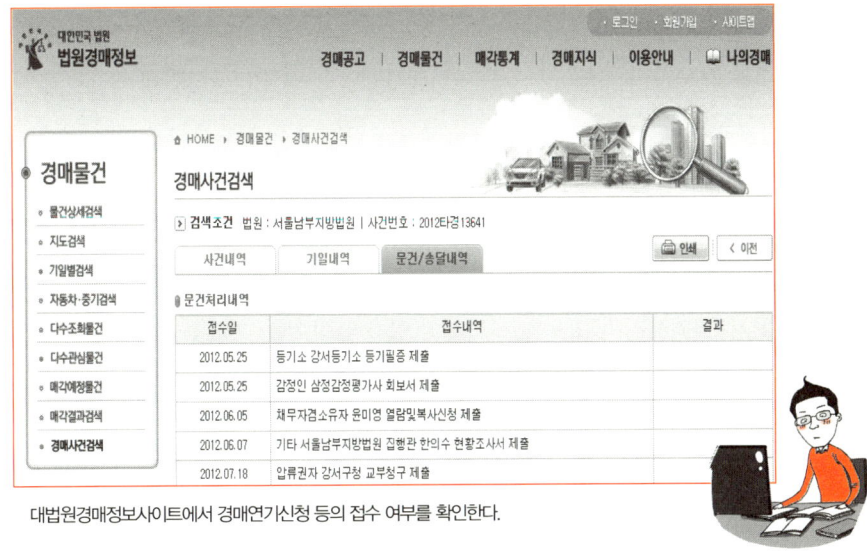

대법원경매정보사이트에서 경매연기신청 등의 접수 여부를 확인한다.

입찰법정 가기 전에는 무엇을 확인해야 할까?

대법원경매정보사이트

대법원경매정보사이트에서는 과연 무엇을 확인해야 할까요? 입찰법정 가기 전날 대법원경매정보사이트에서 채권자의 경매연기신청, 즉 매각기일연기신청서 접수 여부를 확인합니다. 만약에 채권자의 매각기일 연기신청서가 접수되었다면 사실상 매각기일은 연기되었다고 보면 됩니다. 그렇다면 입찰법정에 굳이 갈 필요가 없겠죠. 단, 채무자가 특별한 사정 없이 매각기일연기신청서를 제출했다면 매각기일은 연기가 되지 않기 때문에 입찰법정에 가야 합니다.

만약 채무자가 강제집행정지결정문 등을 첨부한, 즉 특별한 사정이 있어서 매각기일을 연기하는 경우에는 매각기일이 연기가 됩니다. 다시 말해서 채권자가 막연히 기분이 좋지 않아서 매각기일을 연기해야겠다고 해서 경매법원에 매각기일연기신청서를 제출했다면 매각기일은 연기가 됩니다. 반면에 채무자가 기분이 좀 좋지 않아서 매각기일을 연기해야겠다고 해서 경매법원에 매각기일 연기신청서를 제출한다면 매각기일은 연기가 되지 않습니다. 아시겠죠?

매각물건명세서

매각물건명세서의 내용을 신뢰하고 입찰에 참여할 수 있는데요. 차후 매각물건명세서상에 중대한 하자가 있다면 낙찰자는 매각불허가, 취소신청 등을 통해 구제를 받을 수 있습니다. 매각물건명세서를 통해 확인해야 할 사항은 다음과 같습니다. 먼저 꼼꼼하게 사건번호와 물건번호 그리고 말소기준권리를 확인합니다. 그리고 매각으로 인해 소멸되지 않고 낙찰자가 떠안아야 할 내용이 있는지, 혹시 재매각이라면 보증금액이 최저매각가의 20% 또는 30%인지, 농지를

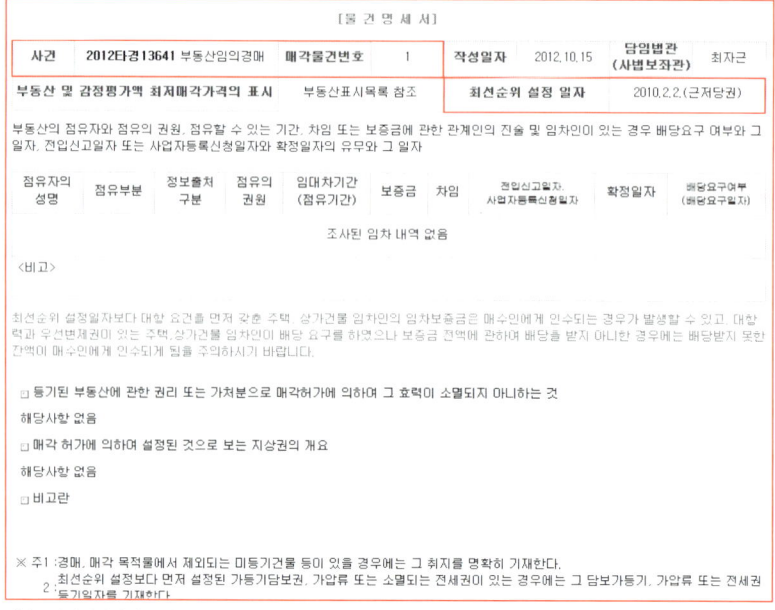

매각물건명세서에서는 사건번호와 물건번호 그리고 말소기준권리를 확인한다.

법정게시판 | 사건번호 옆에 빨간색으로 입찰에 참여하려는 물건이 취소되었거나 연기되었는지 쓰여 있다.

낙찰받게 되면 농지취득자격증명원을 제출해야 하는지 등을 매각물건명세서를 통해 확인할 수 있습니다. 매각물건명세서는 입찰법정에 가서 입찰하기 전에 최종적으로 확인합니다. 매각물건명세서는 매각기일 7일 전에만 확인이 가능하며, 대법원경매정보사이트나 해당 경매계에서 확인할 수 있습니다.

 그럼 입찰법정에 가서 확인할 사항을 살펴보도록 할까요?

입찰법정에 도착해서 입찰법정 문 앞 좌측 또는 우측에 게시판이 있는데요. 이 게시판을 꼼꼼히 살펴보면서 내가 입찰에 참여하려는 물건이 연기되거나 취소되었는지 확인합니다. 만약 내 사건번호 옆에 빨간색으로 연기나 취하되었다는 글이 적혀 있다면, 오늘 입찰에 참여할 필요가 없겠지요. 더불어서 입찰법정에 들어가서 입찰이 개시되면 최종적으로 매각물건명세서와 현황조사서 그리고 감정평가서를 최종 확인합니다. 아시겠죠?

매각물건명세서에 대한 판례

대법원 2010년 6월 24일 선고 2009다40790 판결

판시 사항

매각물건명세서를 작성하면서 매각으로 소멸되지 않는 최선순위 전세권이 매수인에게 인수된다는 취지의 기재를 하지 아니한 경매담당 공무원 등의 직무집행상의 과실로 인하여 매수인이 입은 손해에 대하여 국가배상책임을 인정한 사례

판결요지

주택임대차보호법상 임차인으로서의 지위와 최선순위 전세권자로서의 지위를 함께 가지고 있는 자가 임차인으로서의 지위에 기하여 배당요구를 하였으나 집행법원이 매각물건명세서를 작성하면서 '등기된 부동산에 관한 권리 또는 가처분으로 매각허가에 의하여 그 효력이 소멸하지 아니하는 것'란에 아무런 기재를 하지 않고 경매를 진행한 사안에서, 위 최선순위 전세권은 경매 절차에서의 매각으로 소멸되지 않고 매수인에게 인수되는 것이므로 매각물건명세서를 작성함에 있어서 위 전세권이 인수된다는 취지의 기재를 하였어야 할 것임에도 위와 같은 매각물건명세서의 잘못된 기재로 인하여 위 전세권이 매수인에게 인수되지 않은 것으로 오인한 상태에서 매수신고가격을 결정하고 매각대상 부동산을 매수하였다가 위 전세권을 인수하여 그 전세금을 반환하여야 하는 손해를 입은 매수인에 대하여 경매담당 공무원 등의 직무집행상의 과실로 인한 국가배상책임을 인정한 사례.

기일입찰표는 어떻게 작성할까?

먼저 입찰법정 실수 사례를 한 번 볼까요? 마지막 단계에서 멋지게 실수 없이 깔끔하게 낙찰을 받아야 합니다만, 가끔은 입찰법정에서 예기치 않은 실수로 입찰이 무효화되거나 패찰하는 경우가 있습니다. 패찰은 입찰에 참여했는데 제3자가 낙찰을 받아 정작 본인은 입찰에서 떨어진 것을 의미합니다.

사건번호를 잘못 쓴 경우

가령 사건번호가 [2013타경 2345호]인데요. 입찰표를 쓸 때 사건번호를 [2014타경 2345호]로, 또는 [2013타경 2354호]로 기재했다면 입찰은 무효입니다. 예전에 서울중앙지방법원에서는 사건번호가 [2012타경 1234호]인데 [2013타경 1234호]라고 기재하여 입찰에 참여해서 낙찰 받지 못한 사례도 있었습니다. 여러분, 사건번호는 꼭 확인한 후 제대로 써야 합니다.

물건번호를 기재하지 않거나 잘못 기재한 경우

하나의 경매사건에 2개 이상의 경매 물건이 신청되고, 각 물건이 개별매각될 때에는 입찰표에 사건번호 외에 물건번호를 정확히 기재해야 합니다. 만약 이러한 경우 입찰표에 물건번호를 기재하지 않은 때는 입찰은 무효가 됩니다. 실제로 고양지원에서는 물건번호 3을 기재해야 하는데, 물건번호를 기재하지 않아 아쉽게 낙찰을 받지 못한 사례도 있었습니다.

입찰보증금이 1원이라도 부족한 경우

다시 강조하지만 입찰보증금은 내가 입찰하는 금액의 10%가 아니고 최저매각가격의 10%라는 점을 꼭 명심하세요. 지난번 서울서부지방법원에서는 보증금을 10% 제공해야 하는데, 1%만 제공해서 아깝게 낙찰 받지 못한 사례도 있었습니다.

위임장에 찍힌 도장의 모양과 인감증명서의 도장 모양이 다른 경우

대리인이 입찰법정에 갈 때 위임장에 찍힌 도장의 모양과 인감증명서의 도장 모양이 일치하는지 꼭 확인해야 합니다. 지난번 성남지원에서는 위임장에 찍힌 도장의 모양과 인감증명서 도장의 모양이 일치하지 않아 아깝게 입찰에서 낙찰을 받지 못한 사례가 있었습니다.

부부 공동으로 낙찰 받을 경우

부부가 공동으로 낙찰을 받으려고 할 경우 입찰법정에 갈 사람의 신분증과 도장 그리고 입찰법정에 가지 못한 타 배우자의 인감도장으로 날인된 위임장과 인감증명서를 가지고 가서 제출해야 합니다. 얼마 전에 수원지방법원에서는 입찰장에 아내분만 왔고, 남편은 입찰법정에 오지 않았는데 아내분이 가족관계증명서만을 제출해서 입찰이 무효화된 사례도 있었습니다.

반드시 배우자의 인감도장으로 날인된 위임장과 인감증명서를 꼭 첨부해야 합니다. 더불어 대리인으로 입찰할 때 깜빡하고 입찰봉투에 인감증명서나 위임장을 제출하지 않았다면 개찰에 포함시키지 않고 입찰은 무효가 된다는 것도 꼭 이해하시길 바랍니다.

입찰표에 기재한 입찰가액의 수정은 불가능

만약 입찰가액을 기재했는데, 수정하고 싶다면 반드시 새로운 입찰표를 사용해야 합니다. 더불어 더 조심해야 할 것은 바로 입찰가액에 0을 하나 더 붙이는 실수는 절대 금물입니다. 예전에 카페 수강생들과 서울중앙지방법원에 견학을 갔습니다. 그때 경매가 진행 중인 한 아파트의 최저매각가가 4억 원이었고, 입찰에 참여한 사람은 11명이었습니다. 그때 집행관이 낙찰자를 호창했습니다. "최고가매수신고인은 서울 중랑구에서 오신 나착각 씨, 41억 원."

이게 웬일입니까? 최저매각가가 4억 원인데, 낙찰가격이 41억 원이라니요. 아마도 이 분은 4억 1,000만 원을 쓴다는 것이 '0'을 하나 더 붙여 41억 원으로 썼을 것입니다. 이 경우 낙찰은 되었지만, 낙찰대금을 납부하지 못해 보증금은 몰수될 것입니다.

여러분, 정말정말 조심하고 신중하게 확인해야 하는 부분입니다. 저도 입찰 경력 17년 차이지만, 지금도 입찰가격을 기재한 다음에는 아내에게 사진을 찍어 보내서 금액을 확인한 후 문제가 없으면 입찰표를 제출합니다. 아무리 베테랑이라고 해도 실수는 할 수 있습니다. 조심하고 또 조심해야 할 부분입니다.

기일입찰표를 직접 작성해보도록 하겠습니다. 입찰표는 검은색 볼펜이나 만년필, 사인펜으로 작성합니다. 다음 물건을 입찰장에 가서 낙찰을 받는다고 가정해서 입찰표를 작성해보세요.

1) 사건번호 : 2013타경 2737
2) 물건번호 : 2
3) 감정평가액 : 23억 4,969만 6,720원
4) 최저매각가 : 12억 304만 5,000원
5) 매각기일 : 2014년 1월 5일 서울중앙지방법원 입찰법정

● 본인이 직접 입찰하는 경우

(앞면)

기 일 입 찰 표

지방법원 집행관 귀하   입찰기일 :   년   월   일

사건번호	2013 타경 2737호		물건번호	2 ※물건번호가 여러 개 있는 경우에는 꼭 기재	
입찰자	본인	성 명	설춘환	전화번호	010-xxxx-xxxx
		주민(사업자)등록번호	720111-xxxxxxx	법인등록번호	
		주 소	서울 용산구 한강로2가 137-1, 4층		
	대리인	성 명		본인과의 관계	
		주민등록번호		전화번호	
		주 소			

입찰가격	천억	백억	십억	억	천만	백만	십만	만	천	백	십	일		보증금액	백억	십억	억	천만	백만	십만	만	천	백	십	일	
				1	4	4	6	6	6	7	7	0	원				1	2	0	3	0	4	5	0	0	원

보증의 제공 방법	✓ 현금·자기앞수표 □ 보증서	보증을 반환 받았습니다. 입찰자

● 대리인이 입찰하는 경우

(앞면)

기 일 입 찰 표

지방법원 집행관 귀하   입찰기일 :   년   월   일

사건번호	2013 타경 2737호		물건번호	2 ※물건번호가 여러 개 있는 경우에는 꼭 기재	
입찰자	본인	성 명	설춘환	전화번호	010-xxxx-xxxx
		주민(사업자)등록번호	720111-xxxxxxx	법인등록번호	
		주 소	서울 용산구 한강로2가 137-1, 4층		
	대리인	성 명	이경재	본인과의 관계	지인
		주민등록번호	700111-xxxxxxx	전화번호	
		주 소	서울 용산구 한강로2가 44-2, 201호		

입찰가격	천억	백억	십억	억	천만	백만	십만	만	천	백	십	일		보증금액	백억	십억	억	천만	백만	십만	만	천	백	십	일	
				1	3	6	6	7	7	8	8	8	원				1	2	0	3	0	4	5	0	0	원

보증의 제공 방법	✓ 현금·자기앞수표 □ 보증서	보증을 반환 받았습니다. 입찰자

(뒷면)

위 임 장

대리인	성 명	이경재		직 업	회사원
	주민등록번호	700111-xxxxxx		전화번호	02-xxxx-xxxx
	주 소	서울 용산구 한강로 2가 44-2, 201호			

위 사람을 대리인으로 정하고 다음 사항을 위임함.

다 음

서울중앙지방법원 2013 타경 2737호   부동산

경매사건에 관한 입찰행위 일체

본인 1	성 명	설춘환	(인감인)	직 업	
	주민등록번호	720111 xxxxxxx		전화번호	010-xxxx-xxxx
	주 소	서울 용산구 한강로 2가 137-1, 4층			
본인 2	성 명		(인감인)	직 업	
	주민등록번호	-		전화번호	
	주 소				
본인 3	성 명		(인감인)	직 업	
	주민등록번호	-		전화번호	
	주 소				

* 본인의 인감 증명서 첨부
* 본인이 법인인 경우에는 주민등록번호란에 사업자등록번호를 기재

경매입찰표 작성할 때 꼭 알아두어야 할 것!

1. 입찰표는 물건마다 별도의 용지를 사용하십시오. 다만, 일괄입찰 시에는 1매의 용지를 사용해야 합니다.

2. 한 사건에서 입찰물건이 여러 개 있고 그 물건들이 개별적으로 입찰에 부쳐진 경우에는 사건번호 외에 물건번호를 기재하십시오.

3. 입찰자가 법인인 경우에는 본인의 성명란에 법인의 명칭과 대표자의 지위 및 성명을, 주민등록란에는 입찰자가 개인인 경우에는 주민등록번호를, 법인인 경우에는 사업자등록번호를 기재하고, 대표자의 자격을 증명하는 서면 법인의 등기사항증명서을 제출해야 합니다.

4. 주소는 주민등록상의 주소를, 법인은 등기기록상의 본점 소재지를 기재하시고, 신분 확인상 필요하오니 주민등록증을 꼭 지참하십시오.

5. 입찰가격은 수정할 수 없으므로, 수정을 요하는 때에는 새 용지를 사용하십시오.

6. 대리인이 입찰하는 때에는 입찰자란에 본인과 대리인의 인적사항 및 본인과의 관계 등을 모두 기재하는 외에 본인의 위임장 입찰표 뒷면을 사용과 인감증명을 제출하십시오.

7. 위임장, 인감증명 및 자격증명서는 이 입찰표에 첨부하십시오.

8. 일단 제출된 입찰표는 취소, 변경이나 교환이 불가능합니다.

9. 공동으로 입찰하는 경우에는 공동입찰신고서를 입찰표와 함께 제출하되, 입찰표의 본인란에는 "별첨 공동입찰자목록 기재와 같음"이라고 기재한 다음, 입찰표와 공동입찰신고서 사이에는 공동입찰자 전원이 간인 하십시오.

10. 입찰자 본인 또는 대리인 누구나 보증을 반환 받을 수 있습니다.

11. 보증의 제공방법 현금·자기앞수표 또는 보증서 중 하나를 선택하여 ☑표를 기재하십시오.

알아둡시다!
대법원 판례

경매입찰 시 입찰보증금의 납부 기준 판례

대법원 1998년 6월 5일 자 98마626 결정

판시사항

입찰자가 입찰표와 함께 제출한 보증이 입찰가액의 10분의 1에 미달하는 경우, 집행관이 취해야 할 조치(차순위자를 최고가입찰자로 결정)

결정요지

입찰자가 입찰표와 함께 집행관에게 제출한 보증이 법정매각조건인 입찰가액의 10분의 1에 미달하는 경우에는 민사소송법 제625조 및 민사소송규칙 제159조의7의 각 규정에 따라 그 입찰가액으로서의 매수를 허가할 수 없음은 물론, 일단 제출된 입찰표는 같은 규칙 제159조의6의 규정에 의하여 취소·변경 또는 교환할 수 없어 그 보증의 10배의 가액을 입찰가액으로 하는 입찰로 변경시킬 수도 없으므로 집행관으로서는 그 입찰표를 무효로 처리하고 차순위자를 최고가입찰자로 결정하여야 한다.

* 지금은 입찰보증금이 최저가의 10% 미만인 경우 무효처리된다.

기일입찰표는 어떻게 제출하고, 개찰은 어떻게 진행될까?

입찰시간은 서울에 있는 입찰법정은 통상 오전 10시부터 오전 11시 10분 또는 11시 20분까지입니다. 서울을 제외한 수도권 및 지방의 입찰법정은 오전 11시

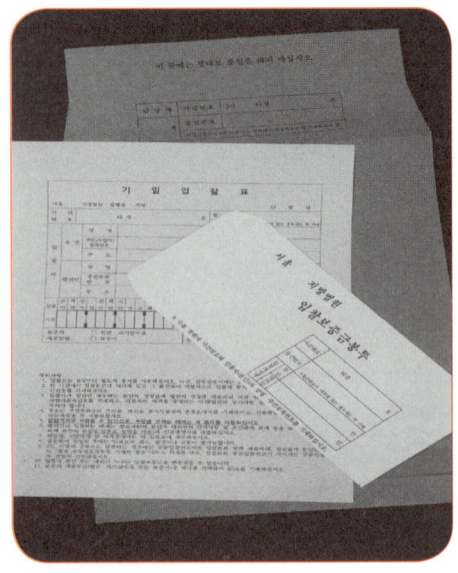

◀ **기일입찰표와 입찰보증금봉투** | 기일입찰표를 작성하여 신분증을 가지고 집행관에게 제출, 본인 확인 후 입찰함에 투찰한다.

▲ **입찰자용 수취증** | 최고가매수신고인이 되면 영수증을 받는다.

40분까지 하는 법원도 있고, 12시까지 입찰을 허용하는 법원도 있습니다. 사전에 입찰시간 잘 확인하는 것이 중요합니다.

 자, 입찰표를 작성했다면 이제는 어떻게 해야 할까요?

첫째, 입찰표 작성 후 입찰보증금봉투와 입찰표를 입찰봉투에 넣어 신분증을 가지고 집행관에게 가서 본인 확인 후 입찰함에 투찰합니다.

둘째, 11시 10~20분에 입찰을 마감하고, 10분 정도 개찰 준비를 한 후 바로 개찰을 하게 됩니다. 통상 사건번호 순서대로 개찰하는 것이 일반적입니다. 그런데 어떤 법원은 집행관이 입찰에 참여한 사람이 많은 사건을 먼저 진행하는 경우도 있습니다. 개찰은 모든 입찰자와 입찰가격을 불러주는 집행관도 있고요. 어떤 집행관은 상위 세 사람만, 어떤 집행관은 1등만 불러주는 경우도 있습니다. 최고가매수신고인이 된 사람은 바로 영수증을 받고 집으로 귀가하면 됩니다.

패찰하신 분들은 곧바로 보증금을 돌려받고 귀가하면 됩니다. 특히 아슬아슬하게 2등을 하면 며칠간은 속이 쓰리거나 머리가 아프지요. 사람인지라……. 차라리 패찰할 거면 3등 이하를 하거나 또는 많은 액수 차이로 떨어져야 맘이 후련한 느낌! 저만 그런 걸까요?

가끔 집행관이 차순위매수신고를 할 사람은 손을 들라고 합니다. 과연 차순위매수신고란 무엇일까요? 그건 1등, 즉 최고가매수신고인만 정해놓으면 차후에 잔금을 납부하지 않았을 때 다시 재매각을 해야 함으로 경매 절차가 지연될 수 있습니다. 그래서 처음에 최고가매수신고인을 정할 때 요건이 되는 차순위매수신고인이 있다면, 그리고 그가 차순위매수신고를 하겠다면 차순위매수신고인을 정해서 최고가매수신고인이 잔금을 납부하지 않았을 때 재매각절차로 가지 않고, 차순위매수신고인에게 잔금을 납부하게 함으로써 경매 절차를 신속하게 끝내겠다는 제도입니다.

다만 차순위매수신고는 아무나 할 수는 없고, 일정한 요건을 갖추어야 하는데요. 그 요건은 최고가매수신고금액에서 입찰보증금액을 뺀 금액을 초과하는 입찰자만 할 수 있다는 점, 꼭 기억하세요!

예를 들어 최저매각가가 10억 원인데, 4명이 각각 20억 원, 19억 원, 18억 원, 17억 원으로 입찰에 참여했다고 했을 경우에 당연히 20억 원이 1등으로 최고가매수신고인이 됩니다. 그럼 19억 원, 18억 원, 17억 원의 입찰자가 차순위매수신고를 할 수 있을까요? 정답은 '안 된다'입니다.

왜 그럴까요? 그 이유는 요건이 안 되기 때문입니다. 최고가 20억 원에서 입찰

경매 절차

매각장소,
즉 법원입찰법정 도착

입찰게시판 확인
해당 물건의 연기 또는 취하

집행관 안내 및
입찰의 개시

매각물건명세서 감정평가서,
현황조사서 열람

입찰표 작성

입찰봉투에 입찰표 및
입찰보증금을 넣어 입찰함에
입찰봉투 투입

입찰 마감

개찰 및 최고가매수신고인 결정
차순위매수신고인 결정

입찰 종결

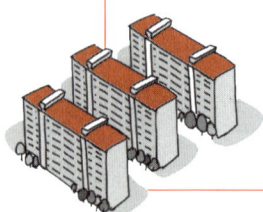

보증금 1억 원을 뺀 금액을 초과해야 하는데, 19억 원은 그 요건에 맞지 않잖아요? 이런 경우 차순위매수신고를 할 수 있는 가장 낮은 금액은 얼마일까요? 바로 19억 1원입니다. 아시겠죠?

그러나 실무적으로 차순위매수신고는 거의 하지 않는 편입니다. 이유는 최고가매수신고인이 잔금을 납부하지 않는 경우가 거의 없고, 더불어 차순위매수신고를 하게 되면 최고가매수신고인이 잔금을 납부할 때까지 차순위매수신고인의 입찰보증금이 계속 묶여 있게 되기 때문입니다.

셋째, 개찰 후 최고가매수신고인의 입찰표를 보고 싶다면 입찰에 참가한 사람들은 집행관에게 곧바로 최고가매수신고인의 입찰표 열람 신청이 가능합니다. 혹시 입찰에 참여했는데 아쉽게 2등을 해서 1등의 입찰표가 궁금하다면, 입찰에 참여한 입찰자들은 입찰법정에서 곧바로 최고가매수신고인의 입찰표를 보여달라고 요청하면 볼 수 있습니다.

여러분, 경매 절차는 어렵지 않습니다. 한 번만 입찰법정에 가보시면 누구나 다 확인할 수 있습니다. 하지만 해보는 사람과 그렇지 않은 사람의 실력 차이는 천지 차이라는 점을 명심하세요.

 경매의 진행 절차에 대해 좀 더 자세히 알아보도록 하겠습니다.

경매는 어떻게 진행될까?

매각장소, 즉 법원입찰법정 도착

입찰시간에 늦지 않게 입찰법정에 가야 합니다. 사건번호와 관할법원 및 입찰법정은 사전에 대법원경매사이트를 통해 확인하고, 이후 매각기일 당일 오전 10시 이전에 법원 입찰법정에 도착합니다. 최소한 10시 30분까지 도착하는 것이 좋습니다. 너무 늦게 도착해 입찰을 하다 보면 실수를 할 수 있기 때문입니다. 입찰마감시간이 11시 20분이면 11시 15분에 도착해서 입찰표를 작성하고 입찰봉투를 제출해도 됩니다. 사실상 입찰마감 전까지 와서 입찰에 참여하면 되지만 가급적 일찍 와서 입찰표 작성 등을 하게 되면 실수를 줄일 수 있습니다. 입찰법정에 일찍 도착해서 입찰게시판을 통해 오늘 진행 예정인 물건이 어떠한 것인지, 취하된 것은 어떠한 것인지, 변경이나 연기가 된 물건은 어떤 것인지를 확인하는 것이 필요하겠죠. 만약 내가 입찰할 사건이 연기되었다면 굳이 입찰에 참여해서 시간을 허비할 이유가 없겠죠.

매각기일에 참석하기에 앞서 전날이나 당일 아침에 대법원경매정보사이트를 통해 채권자의 매각기일연기신청서가 접수되었는지, 그래서 매각기일이 변경이나 연기 또는 취하되었는지를 반드시 확인하는 습관을 길러야 합니다. 종종 매각기일에 참석하여 매각물건 게시판을 보면 이미 채무자 등이 채권자의 동의를 얻어 매각기일 전에 연기신청을 하여 매각기일이 연기되었거나, 채권자에게 채무를 변제하고 경매가 취하된 경우가 종종 있습니다. 이런 내용을 확인하지 않고 무작정 매각기일에 참석해서 입찰에 참여하면 시간적 · 정신적 · 경제적 손해를 입게 되겠지요.

입찰의 개시

통상 서울의 법원경매는 오전 10시에 개시해서 11시 10분 또는 20분에 입찰을 마감합니다. 법원마다 시간이 약간 다르다는 점을 알고 사전에 확인해두세요. 담당 집행관이 입찰을 주재하고 통상 9시 55분 정도에 입찰 시 주의사항을 설명한 후 10시에 입찰개시를 선언합니다. 처음으로 입찰에 참여하는 사람 또는 입찰에 경험이 있는 사람이라 하더라도 집행관의 경매 시 유의사항을 꼼꼼히 듣고 이해하면 입찰하는 데 상당히 도움이 됩니다.

사건기록 열람(감정평가서 · 현황조사서 · 매각물건명세서)

입찰이 개시되면 입찰표와 입찰봉투 그리고 입찰보증금봉투를 받습니다. 통상 2부를 받는다. 그래야 틀렸을 경우 바로 재작성할 수 있다. 입찰표를 작성하기에 앞서 최종적으로 다시 매각물건명세서 및 감정평가서 그리고 현황조사서를 꼼꼼히 확인합니다. 그런 다음 문제가 없다면 입찰표를 기재하고 입찰보증금을 넣은 입찰봉투를 집행관에게 확인받고 수취증을 받아 입찰봉투를 입찰함에 넣습니다.

매각물건명세서는 매각기일 7일 전에 대법원경매사이트를 통해 온라인상으로 열람이 가능하여 실제는 입찰 당일 특별히 열람하는 사례가 많지 않습니다. 그러나 입찰 당일에도 매각물건명세서의 내용이 변경되는 경우가 있을 수 있으니, 입찰당일 입찰법정에서도 매각물건명세서는 다시 정확하게 꼼꼼히 확인합니다. 아시겠죠? 특히 낙찰 후에 인수되는 권리상의 하자가 있는지, 또는 유치권 등이 신고되어 있는지, 선순위임차인에 대한 언급이 있는지 등을 꼼꼼히 확인해야 합니다.

입찰표 작성

입찰표를 작성할 때에는 신중하고 정확하게 작성을 해야 합니다. 사건번호 제대로 쓰고요, 물건번호 제대로 쓰고요, 이름과 주소를 정확히 기재합니다. 그리고 입찰가격은 실수 없이 제대로 기재합니다. 특히 자신이 쓰고자 하는 금액에 '0'을 하나 더 넣어 낭패를 보는 사례가 없기를 바랍니다. 더불어 동점자도 가끔 생기기 때문에 숫자를 쓸 때 만 원 단위 이하에도 관심을 가지도록 합니다. 예를 들어 5억 6,000만 원만 쓰지 말고 5억 6,000만 7,800원 이런 식으로 말입니다. 아시겠죠?

또한 입찰표를 작성할 때 입찰 금액의 수정은 절대 불가하다는 점을 기억하시고, 입찰가액을 수정하고자 할 때에는 번거롭더라도 반드시 새로운 입찰표에 기재합니다. 이 부분은 매우 중요하기 때문에 강조에 또 강조를 합니다. 통상 입찰표는 입찰법정 내에 있는 입찰표를 기재하는 곳에서 기재하기도 하지만, 법원 내에 있는 식당이나 휴게실, 커피숍 등에서 기재하는 분들도 많습니다. 즉 입찰표는 입찰자가 자유롭게 편안한 곳에서 작성하면 됩니다. 너무 떨리고 힘들다면 사전에 집에서 작성해올 수도 있습니다.

입찰법정에 가면 자신이 입찰하고자 하는 사건에 대한 입찰경쟁률이 얼마나 될지 상당히 궁금한데요. 2002년 7월 1일 이전에 민사소송법상에서 경매가 진행될 때에는 입찰 당일에 한해 이해관계인이 아니더라도 입찰자들이 경매원기록을 볼 수 있었습니다. 그리고 그 경매원기록을 선점함으로써 누구나가 입찰 전에 최종적으로 이 서류를 열람해야 하는 필요성이 있었기 때문에 그날의 입찰경쟁률을 간접적으로도 가늠해보기도 하였죠. 하지만 지금은 입찰법정에서 경매원기록을 열람시켜주지도 않거니와 또한 입찰 당일 확인해야 하는 매각물건명세서, 감정평가서, 현황조사서 등은 매각기일 7일 전에 대법원경매사이트를 통해 확인할 수 있습니다. 그렇기 때문에 사실상 입찰 당일 입찰법정의 분위기에 따라 내가 입찰하는 사건에 대한 입찰경쟁률을 예측하기는 불가능합니다.

또한 입찰가격을 정할 때 실수요자와 투자자의 가격 차이가 상당히 큰 편입니다. 가령 감정평가액이 10억 원이고 실제 시세는 9억 원인 아파트가 있는데, 이 아파트가 2번 유찰되어 최저매각가격이 6억 4,000만 원까지 저감되었다고 가정해봅시다. 매각기일이 열리게 되면 실수요자는 시세가 9억 원이기 때문에 이전의 최저매각가격인 8억 원 이상을 쓸 가능성이 높은 반면에, 투자용으로 낙찰을 받고자 하는 사람이라면 전의 최저매각가격인 8억 원 이하에서 입찰가액을 정하게 될 것입니다. 이런 점 때문에 입찰에서 일반 투자자가 실수요자를 이기기는 쉽지 않습니다.

입찰봉투에 입찰표 및 입찰보증금을 넣어 입찰함에 투입

입찰표와 입찰보증금을 입찰봉투에 잘 넣습니다. 특히 입찰보증금은 정해진 입찰보증금_{통상 최저매각가의 10%}보다 1원이라도 부족하면 입찰이 무효화되기 때문에 보증금액을 제대로 넣어야 합니다. 입찰보증금을 많이 넣는 것은 문제가 되지 않습니다. 더불어서 입찰봉투를 입찰함에 투찰하기에 앞서 집행관에게 받는 수취증은 잘 보관해야 합니다. 왜냐하면 차후 최고가매수신고인이 되지 못할 경우, 즉 패찰할 경우 입찰보증금을 돌려받을 때 필요하기 때문입니다.

입찰마감

입찰개시 후 통상 11시 10분 또는 20분이 되면 입찰을 마감하게 됩니다_{서울의 법원을 기준}. 통상 집행관은 입찰마감 전 마감시간이 얼마 남지 않았음을 고지하고 더 이상 입찰자가 없는지 확인한 다음 입찰을 마감합니다. 집행관이 입찰마감을 고지하면 더 이상 입찰에 참여할 수 없습니다.

개찰, 최고가매수신고인 결정 및 차순위매수신고인 결정

입찰 마감 후 약 10~20분 정도 입찰봉투를 정리한 다음 곧바로 개찰을 실시합니다. 개찰은 통상 사건번호 순으로 진행합니다. 하나의 사건에 여러 명이 입찰한 경우라면 모두 불러내서 그 중에 최고가매수가격과 최고가매수신고인만을 불러주는 경우가 있고, 입찰자 모두에 대한 입찰가격과 그 중에서 최고가매수신고인을 불러주는 경우도 있습니다. 또한 차순위 자격이 되는 사람에 대해서는 차순위신고 여부를 확인합니다. 다시 언급하지만 차순위매수신고는 최고가매수신고가격에서 입찰보증금을 뺀 금액을 초과하는 금액을 기재한 사람 중에서 정합니다.

실무적으로 차순위매수신고는 잘 하지 않는데요. 이유는 최고가매수신고인이 대부분 잔금을 납부하기 때문입니다. 또한 차순위매수신고를 하게 되면 일정 기간 입찰보증금을 반환받지 못하기 때문에 실무적으로 차순위매수신고를 거의 하지 않는 편입니다.

입찰 종결

모든 사건에 대한 개찰 절차가 종료되면 담당 집행관은 입찰의 종결을 선언함으로써 그날의 모든 입찰은 종결됩니다.

설춘환 교수 **칼럼**

나, 내일 입찰법정에 간다

정부의 4·1 부동산종합대책 이후에 부동산시장은 다소 온기가 생긴 듯합니다. 다만 역동적이기보다는 정적인 온기입니다. 이번 대책은 정부의 목표대로 가격의 상승보다는 거래 정상화에 초점이 맞춰진 대책이고, 시장도 보다 활발하게 거래가 이루어져 정부의 고뇌를 어느 정도 이해한 듯한 반응을 보여주고 있습니다. 시장이 보다 역동적이고 가격의 터닝 포인트가 오려면 가장 중요한 실물경기 회복과 매수를 원하는 유동자금이 넘쳐나야 하지만, 아직까지 우리나라의 상황은 그 정도는 아닙니다. 최근 많은 투자자가 부동산을 매수할 때 가장 중요하게 보는 것이 바로 '가격'입니다. 특히 시장의 침체 내지는 혼조세가 오래 지속될수록 '가격'은 더욱 더 중요한 매수 기준이 될 것입니다.

최근 부동산경매에 대한 일반인들의 관심이 고조되고 있는데요. 역시 그 이유는 저렴하게 매수할 수 있는 수단으로 판단하고 있기 때문입니다. 특히 불확실한 미래가격에 대한 예측이 어렵다고 판단하고 지금 당장에 시세보다 저렴하게 매수할 수 있다면 차후 시장이 다시금 하락한다 해도 가격에 대한 위험을 회피할 수 있고, 또는 시장의 터닝 포인트가 온다면 경매로 저가에 낙찰 받은 부동산에 대한 시세차익을 올릴 수 있다고 판단하고 있기 때문입니다.

자, 그러면 중요한 것은 정말 경매를 통해 무조건 시세보다 저렴하게 매수할 수 있을까요? 기본을 제대로 알고 있다면 정답은 '그렇다'입니다. 경매를 통해 최근 실수요자들은 주거용 부동산 특히 아파트에 대한 입찰을 많이들 하고 있고, 저금리시대에 예금을 가지고는 더 이상 수익을 올리기 어렵다는 쪽에서는 수익형 부동산 즉 상가나 오피스텔 등에 입찰이 많아지고 있습니다. 어떠한 재테크 수단이건 기본을 제대로 이해하고 있다면 그 투자는 실패하기가 더 어렵다고 봅니다. 요즘에는 경매시장에서도 나홀로 입찰과 나홀로 명도를 하는 입찰족(?)들이 많이 늘었습니다.

여러분! 경매는 재테크수단으로 굉장히 좋은 제도임에는 틀림없습니다. 더불어 채권채무관계가 있는 사회라면 경매라는 수단은 영원할 것입니다. 다만 막연히 싸게 매수할수 있다 해서 무작정 경매가 좋다라는 생각은 버려야 합니다. 제대로 된 기본이 전제가 되어야 합니다. 그러나 경매, 어렵진 않습니다. 도전해보세요!

여러분, 저 내일 입찰법정에 갑니다!

Chapter 2.
경매와 경매용어
한 방에 정리하기

자, 여러분!
이번 장에서는 경매와 경매 용어들에 대해 알아보겠습니다.
직접 현장에서 얼굴을 보고 강의하면 더욱 좋겠습니다만,
일단 책을 통해 만나는 것도 나쁘지 않은 듯합니다.
사람의 인연이라는 게 얼마나 중요하고 소중한지요.
나중에 오프라인에서 꼭 만날 수 있기를 기대합니다.

부동산 경매는 법원이 다수의 입찰자 중에서 적법한 절차를 통해 최고가액으로 청약한 입찰자에게 그 매수를 승낙하는 것을 말합니다. 너무 어려운가요? 한마디로 채무자(돈을 빌려간 사람)가 채권자(돈을 빌려준 사람)에게 돈을 갚지 못할 때 채권자가 채무자를 상대로 판결을 받는다든지, 아니면 돈을 빌려줄 때부터 채무자의 부동산에 대해 담보권을 설정한 것을 가지고 법원에 채무자의 부동산을 강제로 매각을 해서 그 매각대금에서 돈을 받게 해달라고 신청(이것을 배당이라고 한다)하는 것이 경매입니다. 그리고 그 경매 절차에 따라 나중에 낙찰 받은 후 배당 등으로 끝이 나는 거죠.

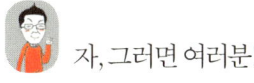 자, 그러면 여러분!
부동산 경매는 어떻게 시작되어 어떻게 막을 내리게 될까요?

부동산 경매는 채권자에게 채무를 변제할 의무가 있는 채무자가 그 의무를 이행하지 않게 되면, 즉 임의적으로 그 채무를 변제하지 않게 되면, 채권자가 채무자에게 가지는 집행권원_{법원에서 받은 판결문, 이행권고결정문, 지급명령 등과 공증사무실에서 받은 약속어음공정증서나 금전소비대차계약공정증서} 또는 담보권_{근저당권, 전세권, 담보가등기, 저당권}에 의해 법원에 강제경매신청서 또는 임의경매신청서를 작성하여 채무자 소유의 부동산을 압류합니다. 그리고 매각 절차를 거쳐 그 매각대금으로 채권자가 채무자에 대하여 가지는 금전 채권의 만족을 얻는 강제집행 절차입니다.

좀 더 쉽게 설명해볼까요? 채권자가 채무자에게 돈을 빌려준 채권을 예로 들어보겠습니다. 채권자가 돈을 빌려주면서 채무자에게 차용증을 받았거나, 또는 차용증을 받기 곤란한 사이여서 무통장으로 돈을 입금해주었습니다. 그런데 차후에 채무자가 채무를 변제하지 않으면, 즉 돈을 갚지 않으면 채권자는 돈을 받기 위해 채무자를 상대로 법원에 소송을 해야 합니다. 이것은 빌려준 돈을 반환해달라고 하는 것이므로, 대여금반환청구소송이라고 합니다. 그런데 이런 소송은 거의 1년이라는 시간이 걸립니다.

먼저 원고_{채권자}가 소장을 법원에 제출합니다. 이후에 법원에서 소장부본을 피고에게 송달하면서 1개월 내에 답변서를 제출하라고 합니다. 답변서를 제출하면 원고에게 송달해주고, 원고에게 다시 준비서면을 제출하라고 합니다. 이후에 원고가 준비서면을 제출하면 피고에게 준비서면을 송달해주고, 피고에게 다시 준비서면을 제출하라고 합니다. 그래서 원고와 피고가 2번씩 서면공방을 해보면 대충 판사님이 쟁점을 판단할 수 있겠지요. 이후에 변론기일 몇 회 이후에 변론종결 그리고 이후에 판결선고가 나면 판결문이 집으로 오지요. 이렇게 소송이 진행되는 과정이 거의 1년이 걸립니다.

채권자가 채무자에 대해서 판결을 받았다면판결문 주문은 통상 피고는 원고에게 금 3억 원 및 이에 대하여 2014년 1월 1일부터 완제일까지 연 20% 비율에 의한 금원을 지급하라 판결문을 가지고 채무자 소유의 부동산에 대한 경매를 신청할 수 있습니다. 판결문 등을 우리가 집행권원이라고 하는데, 이러한 집행권원에 의한 경매를 강제경매라고 합니다. 강제경매와 임의경매의 차이는 매우 중요합니다.

이렇게 소송은 시간이 오래 걸리는데요. 만약 이런 소송 절차가 부담스럽다면 채권자가 채무자에게 돈을 빌려줄 때부터 판결문같이 효력이 발생하는 집행권원을 미리 받아놓을 수 있습니다. 그것이 바로 공정증서입니다. 그러나 아무 공정증서를 받으면 안 되고요. 공정증서를 받는다면 약속어음공정증서나 금전소비대차계약공정증서를 받아야만 판결문처럼 집행력이 있습니다. 판결문처럼 사용하려면 이 두 가지 중 하나의 공정증서를 받아야 합니다. 이런 공정증서가 있으면 곧바로 채무자의 부동산에 대해 강제경매를 신청할 수 있습니다.

판결문 같은 집행력이 있는 것을 바로 집행권원이라고 하는데, 예전에는 채무명의라고 했죠. 중요한 것은 채무자의 재산이 없으면 이러한 승소 판결문 등은 아무런 의미가 없다는 것입니다. 채무자의 재산이 없으면 말짱 꽝(?)이죠. 일반인들의 오해 중 하나는 소송에서 이기기만 하면 마치 돈을 모두 받을 수 있을 것처럼 착각하는데요, 절대 그렇지 않습니다.

채무자의 재산이 없으면 승소한 판결문이라도 종잇조각에 불과합니다. 아시겠죠? 그래서 처음부터 돈을 빌려줄 때 채무자의 재산, 즉 부동산을 담보로 잡고 돈을 빌려주면 차후 강제집행이 용이하겠지요. 은행 역시 대부분 이런 식으로 담보를 잡고 돈을 빌려주잖아요. 차후 채권회수를 할 때 담보가 없는 신용대출보다 담보가 있는 담보대출의 채권회수가 더 쉽기 때문입니다. 채권자가 채무자에게 돈을 빌려줄 때 채무자의 부동산에 근저당권, 전세권 등의 담보권을 설정하고 차후 채무자가 이자나 원금의 변제를 하지 않으면 곧바로 경매를 신청해서 배당순위에 따라 채권의 만족을 얻게 되면 채권회수가 수월해집니다.

여러분, 현재 경매는 어떤 법률에 근거해서 진행되는지 아시나요? 2002년 7월 1일 이전에는 민사소송법상에서 경매 절차를 규율했는데요. 지금은 민사집행법에 근거해서 경매가 진행됩니다. 시간을 내서 소법전을 사서 읽어보거나, 법제처 사이트를 이용하여 민사집행법을 찾아 법조문을 한두 번씩 읽는 습관을 들이는 것이 중요합니다. 항상 근거를 댈 수 있어야 합니다. 법조문 내지는 판례, 판례 중에서도 대법원 판례가 최고겠죠?

그러면 여러분, 잠시 민사집행법상 경매 절차와 관련된 내용 중 핵심 내용을 몇 개만 살펴보도록 하겠습니다. 법이라고 해서 어렵게 생각하지 마십시오. 자신감이 중요합니다. 어려우면 2~3번 정도 읽어보세요. 그리고 무엇보다 중요한 것은 경험을 쌓는 것입니다. 손품도 팔고 발품도 팔면서 말입니다.

 자, 그럼 하나하나 살펴보도록 할까요?

배당요구종기일은 왜 지정할까?

민사집행법상 진행되는 경매는 첫 매각기일 전에 배당요구종기일을 정한 후 그 기간까지만 배당요구를 하게 합니다. 또 선순위임차인 말소기준권리보다 앞서서 대항력을 갖춘 임차인과 선순위전세권말소기준권리보다 앞서서 전세권등기가 된 것의 배당요구 철회를 배당요구종기일까지만 할 수 있게 하여 응찰자들이 권리가 확정된 상태로 매각에 참여할 수 있게 하였습니다.

배당요구종기일은 배당요구를 해야만 배당을 받는 채권자들이 배당요구를 해야만 하는 종기입니다. 가령 배당요구종기일이 3월 7일이라면 배당요구를 해야만 배당을 받는 채권자들은 3월 7일까지 배당요구를 해야만 하는 것입니다. 만약 배당요구를 해야만 배당을 받는 채권자가 3월 8일에 배당요구를 했다면 적법한 배당요구가 아니어서 차후 배당받기는 어렵습니다.

자, 먼저 선순위라는 개념은 말소기준권리보다 앞서 있다는 의미입니다. 만약 말소기준권리보다 뒤에 있다면 후순위가 되는 것이지요. 더불어 선순위임차인과 선순위전세권은 배당요구를 하지 않으면 둘 다 낙찰자, 즉 매수인최고가매수신고인이 잔금을 납부하면 매수인이라고 한다이 인수합니다.

그러나 둘 다 적법하게 배당요구를 했는데 전액 배당을 받지 못하고 일부만 배당을 받았다면 선순위임차인이 배당받지 못한 보증금은 낙찰자가 추가로 인수합니다. 그러나 선순위전세권자가 배당받지 못한 전세금은 낙찰자가 추가로 인수하지 않습니다.

그럼 누구에게 받을 수 있을까요? 바로 전 임대인에게 받을 수 있습니다. 실제로 선순위임차인이 배당요구를 했지만, 배당을 받지 못하는 경우가 종종 있습니다. 어떤 경우에 받지 못할까요? 바로 확정일자를 받지 않았거나, 확정일자를 늦게 받은 경우입니다. 반면에 선순위전세권자가 배당요구를 했는데 배당을 못 받는 경우는 거의 없습니다. 좀 더 이해를 쉽게 하기 위해서 예를 들어 살펴볼까요?

한 아파트의 감정가가 5억 원인데, 선순위임차인의 보증금이 3억 원 있습니다.

그런데 선순위임차인이 배당요구를 하지 않았습니다. 이 경우 만약 내가 4억 원에 낙찰을 받았다면, 성공적인 경매가 아닙니다. 그 이유가 무엇일까요? 낙찰대금 4억 원을 내고 추가로 선순위임차인의 보증금 3억 원을 낙찰자인 내가 차후에 지불해야 하기 때문입니다. 결과적으로 5억 원인 아파트를 7억 원에 산 셈이 되는 것입니다.

만약 선순위임차인이 배당요구를 해서 2억 원을 배당받는다면 낙찰자인 나는 낙찰대금 4억 원 외 추가로 선순위임차인이 배당받지 못한 보증금 1억 원을 추가로 떠안게 됩니다. 그러므로 사실상 5억 원에 사게 된 거죠. 이럴 바에는 경매로 낙찰을 받지 말고, 일반 매매로 중개업소를 통해 급매로 나온 물건을 싸게 사는 게 더 이익이 될 것입니다.

 우리가 경매에 입찰할 때 입찰보증금은 얼마를 가져가야 할까요?

입찰보증금은 최저매각가격의 10%이다

과거에는 입찰보증금이 입찰가액의 10%이었는데, 지금은 응찰하는 모든 입찰자들의 보증금이 같도록 입찰보증금을 최저매각가격의 10%로 정하였습니다. 단, 입찰보증금이 최저매각가격의 10%가 아닌 경우도 있는데, 재매각할 때에는 입찰보증금을 20% 또는 30%로 할증하는 경우도 있으니 유념하시기 바랍니다.

여기서 재매각이란 무엇일까요? 예를 들어 송윤상이라는 사람이 낙찰을 받았습니다. 매각이 허가된 이후 매각이 확정되었고, 법원에서는 송윤상에게 언제까지 잔금을 납부하라고 통보하였습니다. 그런데 송윤상이라는 사람이 잔금을 납

선순위임차인, 선순위전세권의 대항력 판례

대법원 2010년 7월 26일 자 2010마900 결정

판시사항

최선순위 전세권자로서의 지위와 주택임대차보호법상 대항력을 갖춘 임차인으로서의 지위를 함께 가지고 있는 사람이 전세권자로서 배당요구를 하여 전세권이 매각으로 소멸된 경우, 변제받지 못한 나머지 보증금에 기하여 대항력을 행사할 수 있는지 여부(적극)

결정요지

주택에 관하여 최선순위로 전세권설정등기를 마치고 등기부상 새로운 이해관계인이 없는 상태에서 전세권설정계약과 계약당사자, 계약목적물 및 보증금(전세금액) 등에 있어서 동일성이 인정되는 임대차계약을 체결하여 주택임대차보호법상 대항요건을 갖추었다면, 전세권자로서의 지위와 주택임대차보호법상 대항력을 갖춘 임차인으로서의 지위를 함께 가지게 된다. 이러한 경우 전세권과 더불어 주택임대차보호법상의 대항력을 갖추는 것은 자신의 지위를 강화하기 위한 것이지 원래 가졌던 권리를 포기하고 다른 권리로 대체하려는 것은 아니라는 점, 자신의 지위를 강화하기 위하여 설정한 전세권으로 인하여 오히려 주택임대차보호법상의 대항력이 소멸된다는 것은 부당하다는 점, 동일인이 같은 주택에 대하여 전세권과 대항력을 함께 가지므로 대항력으로 인하여 전세권 설정 당시 확보한 담보가치가 훼손되는 문제는 발생하지 않는다는 점 등을 고려하면, 최선순위 전세권자로서 배당요구를 하여 전세권이 매각으로 소멸되었다 하더라도 변제받지 못한 나머지 보증금에 기하여 대항력을 행사할 수 있고, 그 범위 내에서 임차주택의 매수인은 임대인의 지위를 승계한 것으로 보아야 한다.

부하지 않았습니다. 이 경우 입찰을 다시 하게 되는 거죠. 이것이 바로 재매각입니다. 이해하기 쉽죠? 입찰보증금은 정해진 보증금에서 1원이라도 부족하면 그 입찰은 무효가 된다는 점을 꼭 유념하세요. 지인 한 분도 입찰에 참가하면서 보증금 2,302만 원을 납부해야 했는데, 2,300만 원만 납부하는 바람에 낙찰을 못 받은 사례가 있었습니다. 사람이니 이런 실수를 할 수는 있지만, 아까운 물건을 놓치게 될 수 있기 때문에 집중하셔야 합니다.

 즉시항고할 때에도 항고 남발을 방지하기 위해 항고보증금제도를 만들었고, 그 대상도 확대했습니다.

항고보증금제도는 왜 만들어졌을까?

현재 민사집행법상에 진행되는 경매에서 매각허가에 대한 즉시항고 시에는 모든 이해관계인들에 대하여 매각가격의 10%에 해당하는 항고보증금을 납부하도록 규정하였습니다. 항고 남발을 방지하는 중요한 수단이 되었다.

아무런 이유가 없음에도 불구하고 소유자나 기존 대항력이 없는 점유자 등이 즉시항고를 하면 항고기간 동안 점유를 더 할 수 있다는 점 등을 노려 무작정 시간만 끌기 위해 즉시항고를 하는 사례가 늘어나자, 법원이 이를 제재하는 수단으로 항고보증금제도를 만들었습니다.

만약 소유자 및 채무자의 즉시항고가 취하, 기각, 각하되었다면 항고보증금은 몰수됩니다. 이때 몰수된 보증금은 법원이 먹는 것이 아니라 나중에 배당기일에 배당금액에 더해집니다. 단, 중간에 경매가 취소되면 몰수된 보증금은 반환해줍니다. 다만 소유자 및 채무자 이외의 이해관계인의 즉시항고가 잘못되면 항고를 제기한 시점부터 항고가 잘못되었다고 확정되는 시점까지 매각가격, 즉 낙찰가격의 20%에 해당하는 이자금액을 제외한 나머지 보증금을 반환해줍니다. 즉 항고기간이 길면 길어질수록 돌려받는 보증금액은 적어지는 것입니다. 더불어 즉시항고가 인용되면, 즉 받아들여지면 항고보증금 및 이자를 반환받습니다. 단, 매각불허가에 대한 즉시항고 시에는 항고보증금을 납부하지 않습니다.

 그럼 낙찰자는 잔금을 언제 납부할까요?

낙찰자는 낙찰 받고 최소한 15일 동안은 잔금을 납부하지 못합니다. 이유는 낙찰 후 매각결정기일에 매각허가가 나야 하고, 이후에 즉시항고 기한까지 즉시항고가 없으면 다음 날 매각이 확정되기 때문에, 이후부터 잔금을 납부할 수 있습니다.

대금지급기한의 신축적 운용

민사집행법상 진행되는 경매에서는 잔금 납부기한을 정하고 확정된 날로부터 잔금 납부기한까지 아무 때나 잔대금을 납부하면 소유권을 취득할 수 있습니다. 부동산에 대한 소유권은 일반매매에서는 반드시 소유권이전등기를 해야 합니다. 하지만 경매에서는 잔금을 납부하는 순간 소유권이전의 효력이 발생합니다. 아시겠죠? 더불어 대금지급기한의 신축적 운용은 매수인의 보호 측면이 강하다고 할 수 있습니다. 결론적으로 채무자가 돈을 변제하고 경매를 취소시키는 시간적 여유를 주지 않겠다는 의미인 것이지요.

소유자 겸 채무자는 낙찰자_{정확한 민사집행법상의 용어는 최고가매수신고인이고, 최고가매수신고인이 잔금을 납부하면 매수인}가 잔금을 납부하기 전까지 채무를 변제하고 경매를 취소시킬 수 있습니다. 만약에 소유자 겸 채무자가 자신 소유의 부동산에 대한 경매가 진행 중입니다. 그런데 채권자에게 돈을 변제하고 경매를 취소시키려고 할 경우 언제까지 취소가 가능할까요? 낙찰자가 잔금을 납부하기 전까지 할 수 있습니다.

인도명령제도의 확대

경매에서 가장 중요한 것 중의 하나가 인도명령 대상의 확대입니다. 경매가 일반 매매보다 저렴하게 살 수 있는 가장 큰 이유는 바로 명도에 대한 부담 때문입니다. 많은 경매입찰자 중에서 권리분석은 어렵지 않은데, 명도에 대한 부담을 느낀다고 토로하는 분들이 많습니다. 그러나 실제로 명도는 그리 어려운 것이 아닙니다. 명도 협상을 통해 이사비와 이사기간 등을 협의해서 거의 명도를 하고 있습니다. 임의적인 명도가 95% 정도이고, 나머지 5%가 부득이하게 강제집행을 하고 있습니다.

민사집행법상에서 진행되는 경매에서는 매수인에게 대항할 수 없는 모든 점유자를 인도명령의 상대방으로 확대하였습니다. 법원경매에만 있는 유일한 제도가 인도명령이고, 이 제도로 인해 경매가 대중화되었다고 할 수 있습니다. 기존 점유자와 명도협상이 여의치 않아 인도소송을 한다면 판결을 받기까지 1년 정도의 시간이 소요되는데 반해, 인도명령의 결정을 받기까지는 1~2개월 정도의 시간밖에 소요되지 않는다는 장점이 있습니다.

경매와 공매의 장단점을 비교할 때 경매의 가장 큰 장점이자 공매의 가장 큰 단점이 바로 인도명령제도입니다. 공매에서는 인도명령제도가 없고, 오직 인도소송만이 가능합니다.인도소송과 명도소송은 동일한 용어이다. 과거에는 통상 건물을 취득하여 명도할 때는 명도소송, 땅을 취득하여 명도할 때는 인도소송이라고 했었는데, 법원이 인도소송으로 용어를 통일하고 있다.

 자, 이제 선순위전세권에 대해서 정리해볼까요?

선순위전세권이란?

선순위전세권이란 말소기준권리보다 앞서 전세권등기가 된 것을 말합니다. 전세권이란 일반인들이 말하는 전세의 개념, 즉 임차권을 말하는 것이 아닙니다. 임차권은 임차인 스스로 점유와 전입신고를 통해 대항력을 가지고, 또 확정일자를 받아서 우선변제권을 가지게 됩니다.

전세권이라 함은 반드시 등기부 을구에 전세권이라고 기재가 되어야만 합니다. 아시겠죠? 민사집행법상 진행되는 경매에서 선순위전세권은 전세기간의 잔여기간에 관계없이 그 선순위전세권자가 배당요구를 하면 소멸하고, 배당요구를 하지 않으면 매수인이 인수하도록 정리하였습니다.

보다 정확한 선순위전세권에 대한 권리분석은 매각물건명세서를 통해서 확인할 수 있습니다. 매각물건명세서상에 낙찰 후 매각허가에 의하여 그 효력이 소멸되지 않는 것에 전세권이 기재되어 있다면, 낙찰자는 낙찰대금 외에 추가로 전세권을 인수해야 합니다. 만약 소멸되지 않는 것에 전세권이 기재되어 있지 않다면 낙찰자는 낙찰대금 외에 전세권은 인수하지 않습니다.

 다음은 경매법원, 즉 집행법원에 대해서 알아보기로 합시다.
과연 경매는 어느 법원에서 진행될까요?

경매집행법원은 어디일까?

부동산에 대한 강제집행은 경매를 당하는 채무자 소유의 부동산 소재지 지방법원이 집행법원으로서 전속관할입니다. 다른 법원에서는 할 수 없습니다. 법원별 관할구역은 법제처 사이트, 각급 법원의 설치와 관할구역에 관한 법률, 별표, 고등법원, 지방법원과 그 지원의 관할구역에서 확인할 수 있습니다. 또 대법원경매정보사이트→이용기관→집행기관→집행법원에서도 확인할 수 있습니다.

만약 관할권이 없는 법원에 경매가 신청된 경우에 법원은 집행채권자의 경매신청을 각하하지 아니하고, 관할법원으로 이송해주는 것이 실무례입니다. 예를 들어 채무자 소유의 서울 강서구 가양동 아파트에 대한 경매신청은 서울남부지방법원이 관할이 되어, 그 법원에 접수해야 합니다. 그런데 채권자가 착각하여 서울서부지방법원에 접수하였다면, 서울서부지방법원은 관할권이 없음을 이유로 경매신청을 각하하지 않고, 서울남부지방법원으로 이송해준다는 것입니다. 합리적이죠?

지인 중 한 분도 법원을 착각하는 실수를 상당히 많이 했습니다. 가령 김포의 아파트를 입찰하려면 부천지원으로 가야 하는데 인천지방법원으로 간 경우도 있고요. 또 군포의 상가를 낙찰 받기 위해서는 안양지원으로 가야 하는데 수원지방법원으로 간 경우도 있었습니다. 여러분, 입찰 전에 관할법원을 제대로 확인하는 습관이 중요합니다.

서울의 법원 위치, 관할구역

법원	위치	관할구역
서울중앙지방법원	지하철 2, 3호선 서초구 교대역	서초구, 강남구, 관악구, 동작구, 중구, 종로구
서울동부지방법원	8호선 문정역	서울북
서울서부지방법원	5호선 마포구 애오개역	서대문구, 마포구, 용산구, 은평구
서울남부지방법원	5호선 양천구 목동역	구로구, 영등포구, 강서구, 양천구, 금천구
서울북부지방법원	1호선 도봉구 도봉역	동대문구, 노원구, 중랑구, 강북구, 도봉구, 성북구

그럼 만약 채무자 소유의 부동산이 2개일 때에는 경매신청은 어떻게 해야 할까요?

2개 부동산의 관할법원이 같다면 하나의 사건으로 경매신청이 가능합니다. 이 경우 각 물건을 개별매각한다면 차후 입찰표를 기재할 때 사건번호 외에 물건번호도 반드시 기재해야 합니다. 가령 채무자가 구로구 신도림동의 아파트와 강서구 화곡동의 빌라를 가지고 있다면 관할은 둘 다 서울남부지방법원입니다. 이때는 하나의 사건으로 2개의 부동산을 한 번에 경매 신청할 수 있습니다.

반면에 부동산 소재지의 관할법원이 다르다면 하나의 사건으로 경매신청이 불가능합니다. 가령 채무자가 서초구 서초동의 아파트와 마포구 도화동의 빌라를 가지고 있다면 두 부동산의 관할이 달라 한 번에 경매를 신청할 수 없습니다. 각각 서울중앙지방법원과 서울서부지방법원에 경매를 신청해야 합니다.

　이때 사건번호 외에 물건번호 1을 주지만, 이 경우에는 물건번호가 의미가 없습니다. 그 이유는 경매 사건 하나에 경매 물건이 하나밖에 없기 때문입니다. 사건번호로 특정이 되기 때문에 입찰표를 기재할 때 사건번호는 꼭 기재해야 하지만 물건번호 1은 기재해도 되고, 하지 않아도 됩니다.

　아시겠죠? 경매입찰할 때 이러한 경우가 거의 대부분입니다. 물건이 여러 개가 하나의 경매 사건으로 나와 물건번호를 기재해야 하는 사건의 건수는 1~2%도 채 안 됩니다. 경매를 공부할 때 가장 집중해야 하는 부분 중 하나가 바로 경매의 종류와 관련된 부분입니다.

　　　　　　그렇다면 과연 강제경매와 임의경매는 무엇일까요?

강제경매와 임의경매는 무엇일까?

　경매의 종류에는 두 가지가 있습니다. 바로 강제경매와 임의경매입니다. 일반인들이 가장 궁금해하는 것 중 하나가 경매사건번호와 관련된 부분입니다. 즉 어떤 것은 [2014타경 11호 부동산강제경매]로 표시가 되고, 또 어떤 것은 [2014타경 22호 부동산임의경매]로 표시가 되는데, 여기서 과연 강제경매와 임의경매란 무엇을 의미할까요?

　예전에 모 방송국의 경매 프로그램 생방송에 패널로 나간 적이 있는데요. 원래 생방송도 대본은 다 있더군요. 그런데 앵커가 대본에 없었던 강제경매와 임의경매라는 말이 자주 나오니까 궁금했든지 저와 함께 나왔던 다른 패널에게 대본에 없었던 질문을 했습니다. "강제경매와 임의경매가 도대체 뭡니까?" 자신도 모르고 시청자도 모르니까 간단히 한 번 정리하고 가자고 말하더군요. 그랬는데 한 패널이 말하길, "강제경매는 국가가 강제로 하는 경매고, 임의경매는 국가가 임의로 하는 경매다"라고 말하더군요. 생방송이었기 때문에 그대로 방송이 나가게 되었죠.

 자, 제가 강제경매와 임의경매에 대해 정확히 설명해드리겠습니다.

강제경매

강제경매란 채권자가 채무자에 대하여 가지는 집행권원, 즉 법원에서 받은 판결문, 지급명령결정문, 화해조서, 이행권고결정문 등 그리고 공증사무실에서 받은 약속어음공정증서, 금전소비대차계약공정증서에 의해 신청되는 경매를 말합니다. 일단 강제경매는 "무엇을 가지고 경매를 신청한 것인가?"에 대해서 살펴봐야 합니다. 바로 집행권원을 가지고 경매를 신청하면 강제경매인 것입니다.

예를 들어 채권자가 채무자에게 5억 원을 대여해주면서 2014년 2월 10일까지 변제하기로 약정하였습니다. 그런데 채무자가 변제기까지 위 대여금을 변제하지 않았다면, 채권자는 채무자에게 채무변제를 독촉하게 될 것입니다. 그리고 임의적으로 변제가 이루어지지 않게 되면, 부득이 채권자는 채무자를 상대로 대여금반환청구소송 등을 제기하게 될 것입니다. 그리고 채권자는 그 소송에서 어렵지 않게 승소하겠지요. 또는 채권자가 소송제기 전 또는 소송 후에 채무자와 협의하에 약속어음공정증서나 금전소비대차계약공정증서를 받을 수도 있습니다. 채권자는 이러한 판결문 또는 약속어음공정증서 등 집행권원에 기해 경매를 신청하게 되는데, 이것을 강제경매라고 합니다.

자, 그러면 집행권원에 대한 일반적인 정의를 살펴볼까요?

집행권원이란? 일정한 사법상 급부의무의 존재를 증명하는 것으로서 법률에 의해 집행력이 부여된 공정의 문서를 말합니다. 과거에는 채무명의라고 하기도 하였죠. 집행권원에는 가장 흔한 법원의 판결문, 확정된 지급명령결정문, 화해조서, 인낙조서, 조정조서 등이 있고, 또한 공증사무실 등에서 공증인이 작성한 공정증서도 집행권원이 됩니다.

 아시겠죠? 자, 다음은 임의경매에 대해 알아보도록 하겠습니다.

임의경매

임의경매란 근저당권, 저당권, 전세권, 담보가등기 등 채권자가 채무자에 대하여 가지는 담보권에 기해 신청되는 경매를 말합니다. 이러한 임의경매는 대출기관인 은행 등에서 많이 신청하고, 개인 간에도 담보를 설정한 이후에 원리금 등을 상환하지 않으면 임의경매를 신청할 수 있습니다.

예를 들어 홍길동이 사업을 하고자 하는데 1억 원이 필요했습니다. 그런데 홍길동은 돈이 한 푼도 없었죠. 이에 홍길동은 기업은행에 가서 자기 소유의 빌라를 담보로 제공하고, 기업은행은 위 빌라에 근저당권을 설정한 후 대출이자와 변제기일을 정하여 1억 원을 대출해주었습니다. 그런데 홍길동이 시작한 사업이 부진하여 대출이자도 제때 납부하지 못하게 되었고, 결국 5개월 이상 이자를 연체하게 되었습니다. 이에 기업은행은 독촉절차를 진행하였지만, 여전히 변제를 하지 않자 소송절차 없이 곧바로 근저당권에 기해 홍길동 소유의 빌라에 대한 경매를 신청하게 되었습니다. 이것이 바로 임의경매입니다.

이때 전세권에 기한 임의경매에 대해 한 가지 확인해야 할 것이 있습니다.

1. 다가구주택 3층짜리에 3층만 전세권등기를 한 경우
2. 다가구주택 3층에 모두, 즉 전체 층에 전세권등기를 한 경우
3. 다세대주택 3층짜리에 3층만 전세권등기를 한 경우

차후 전세권 계약 해지 후 전세권설정자, 즉 임대인이 전세금을 반환하지 않으면 전세권자가 전세권에 기한 경매가 가능합니다. 그런데 위 3가지 경우 모두 전세권에 기한 임의경매가 가능할까요?

여러분은 어떻게 생각하십니까? 민법에 보면 전세권에 기한 임의경매가 가능한 것으로 되어 있습니다. 그래서 많은 분이 다가구는 전세권에 기한 경매가 불가능하고, 다세대또는 아파트는 전세권에 기한 경매가 가능한 것이라고 대답하는데요. 깔끔하게 틀린 겁니다.

 자, 여러분 그 이유를 한 번 살펴볼까요?

전세권이 등기부 전체에 설정되어 있다면 전세권에 기한 경매가 가능합니다. 전세권이 등기부 일부에 설정되어 있다면 전세권에 기한 경매는 불가능합니다. 그래서 위 경우에서 보면 2, 3번은 전세권에 기한 경매신청이 가능하고요. 1번은 전세권에 기한 경매가 불가능함으로, 전세권자가 집주인을 상대로 전세금반환청구소송을 해서 판결을 받은 후 다가구주택 전체에 대해 경매를 신청합니다. 이것은 임의경매가 강제경매로 전환되는 경우입니다.

강제경매와 임의경매의 경매 절차는 거의 동일합니다. 따라서 그 구분의 실익이 그다지 크지 않습니다. 다만 차후 채무자가 채무를 변제하고 경매를 취소시킬 때, 채권자나 또는 낙찰자가 정해졌을 때, 채권자나 낙찰자의 동의가 있으면 경매를 간단히 취하·취소할 수 있는데요. 만약 채권자나 낙찰자가 채무를 변제하였음에도 불구하고 경매취하에 동의하지 않으면 채무자가 일방적으로 경매를 취소시켜야 합니다. 이때 임의경매는 해당 경매계에 가서 '돈을 갚았으니 경매를 더 이상 진행하는 것은 잘못된 겁니다'라고 경매개시결정에 대한 이의신청을 하면 경매는 간단히 취소가 됩니다. 다만 강제경매의 경우 별도로 청구이의 소송을 제기해야만 경매를 취소시킬 수 있습니다.

강제경매와 임의경매의 차이

강제경매는 집행권원에 의한 경매절차입니다. 즉 판결문, 화해조서, 확정된 지급명령, 확정된 이행권고결정, 공정증서 등에 의해 경매를 신청하였다면 이것은 강제경매입니다. 그리고 담보권에 의한 경매신청, 즉 근저당권이나 전세권 등에 의해 경매를 신청하였다면 이는 임의경매입니다.

물론 경매절차에서 강제경매와 임의경매를 나눌 실익은 그다지 크지 않지만 중요한 것은 경매개시결정에 대한 이의사유로서 강제경매는 절차적·형식적인 하자 부분 즉 부동산 표시의 불일치, 당사자 표시의 불일치 등에 대해서만 개시결정에 대한 이의가 가능한 반면, 임의경매는 위 두 하자에 더해서 실질적인 하자 채무의 변제에 대해서도 개시결정에 대한 이의신청으로 경매를 간단히 취소시킬 수 있다는 점입니다. 꼭 기억해두세요!

예를 들어 강제경매인 경우 채권자가 채무자에게 대여금 1억 원을 변제받기 위해 소송을 제기하여 승소판결을 받아 경매를 신청하였다면, 채무자가 위 1억 원을 변제했다고 해서 강제경매개시결정에 대한 이의가 불가능합니다. 강제경매의 경우는 실질적인 하자를 이유로 간단하게 개시결정에 대한 이의신청을 통해 경매취소가 불가능합니다. 반드시 별도로 청구이의 소송을 제기해야 한다는 것을 알아두세요. 반면에 임의경매에서는 위와 같이 1억 원을 변제하였다는 실질적인 부분에 대해서도 해당 경매계에 개시결정에 대한 이의신청이 가능함으로써 경매를 쉽게 취소시킬 수 있습니다.

이러한 내용을 간단히 정리하면 강제경매건 임의경매건 채무자가 채무를 변제하고 채권자가 경매취하서를 법원에 제출하면 경매는 간단히 취하됩니다. 잘 아시겠죠? 그러나 만약 채권자의 동의가 없을 경우 임의경매는 해당 경매계에 변제증서돈을 갚았다는 것을 증명하는 문서를 가지고 가서 경매개시결정에 대한 이의신청을 통해 경매를 취소시킬 수 있는데 반해, 강제경매는 별도로 청구이의 소송을 제기해서 승소를 해야만 경매를 취소시킬 수 있습니다.

아울러 강제경매는 최고가매수신고인낙찰자이 있는 경우 경매를 취하하고자 할 때에는 반드시 최고가매수신고인의 동의가 필요합니다. 동의를 받지 못하면 소송을 통해 강제경매를 취소시키는 절차를 거쳐야 합니다. 반면에 임의경매인 경우에는 최고가매수신고인의 동의가 없을 경우에도 돈을 변제한 후 해당 경매계에 가서 경매개시결정에 대한 이의신청을 통해 일방적으로 경매를 취소시킬 수 있다는 차이점이 있습니다.

 다음으로 살펴볼 것은 변제공탁입니다.

변제공탁으로 경매 취소가 가능할까?

채권자가 채무자에게 판결을 받아 경매를 신청했을 경우, 경매를 취소시키기 위해 채무자가 채무를 변제하고자 하는데 채권자가 채무변제를 거절하는 경우에는 어떤 방법으로 채무변제를 하고, 경매를 취소시킬 수 있을까요? 바로 변제공탁이라는 제도를 이용하면 됩니다.

변제공탁은 채권자 주소지 관할법원에서 해야 합니다. 경매법원에서 공탁하는 게 아님을 주의하세요. 변제해야 하는 금액은 '경매신청비용 + 판결문상의 청구금액 + 판결문상의 지연이자'입니다.

 꼭 알아두어야 할 경매용어에 대해 깔끔하게 정리해보도록 하죠.

경매용어 한 방에 정리하기

낙찰가율

최초매각가 대비 낙찰가의 비율을 말합니다. 가령 최초매각가가 10억 원인 아파트를 8억 원에 낙찰을 받았다면 낙찰가율은 80%입니다. 또 최초매각가가 5억 원인 빌라를 3억 원에 낙찰을 받았다면 낙찰가율 60%가 됩니다.

낙찰율

낙찰가율이 가격에 대한 것이라면 낙찰율은 경매 낙찰 건수와 관련된 내용입니다. 즉 경매로 나온 물건 수 대비 낙찰된 물건 수의 비율을 말하는 것입니다. 예를 들어 경매로 나온 물건이 100건인데 그중에 25건이 낙찰되었다면 낙찰율은 25%입니다.

입찰경쟁률

하나의 물건에 3명이 동시에 입찰에 참여했다면 입찰경쟁률은 3대1이 되는 것이지요. 차후 부동산 경기가 좋아질 거라면 위 낙찰가율과 낙찰율 그리고 입찰경쟁률은 증가할 것입니다. 만약 반대로 부동산 경기가 나빠질 거라고 예상되면 위 낙찰가율 등은 감소하겠지요.

매각기일의 변경 또는 연기

매각기일이 변경 또는 연기는 동일한 용어라고 보면 됩니다. 매각기일의 변경 또는 연기는 법원이 직권으로 하거나 실무적으로는 채권자의 동의가 있어야만 가능합니다. 채권자가 매각기일의 변경신청 또는 연기신청 시 매각기일은 거의 100% 연기 내지는 변경됩니다. 채무자의 연기신청이나 변경신청은 특별한 사정이 있어야만 가능합니다. 특별한 사정이란, 가령 집행정지 결정문을 받았다거나 변제를 완료한 변제증서 등을 제출한 사정 등을 말합니다.

대법원경매정보사이트를 보면 대납이라는 용어가 나오는데, 그 의미는 무엇일까요?

대납

대납이란 낙찰자가 대금을 납부했다는 것을 말합니다. 즉 잔대금을 모두 납부했다면 바로 경매가 종료되었다는 의미입니다. 그럼 경매에서 잔대금 납부의 의미는 무엇일까요? 이 내용은 아주 중요합니다. 잔대금 납부는 곧 소유권이전을 의미합니다. 일반 매매에서 잔금의 지급은 법률상 소유권이전과는 아무런 관련이 없습니다. 오직 소유권이전등기가 되어야만 소유권이 넘어오는 것인데 반해, 경매는 낙찰자가 잔금을 은행에 납부하는 순간 소유권을 취득하게 됩니다.

입찰자 중 가장 높은 금액으로 입찰에 참여하여 1등을 한 사람을 낙찰자라고 합니다. 민사집행법상의 용어로는 최고가매수신고인이라고 하고, 최고가매수신고인이 잔대금을 납부하면 매수인이라고 합니다.

> **낙찰자 = 최고가매수신고인 = 매수인**

가압류와 가처분이라는 용어도 경매에서 많이 나오는데요. 예전에 변호사, 법무사 사무원들을 상대로 민사소송 민사집행 절차에 대한 강의를 한 적이 있는데요. 가압류와 가처분의 차이점을 질문하면 대부분 핵심을 비켜가는 답을 하더군요. 자, 간단하게 정리해볼까요?

가압류와 가처분

가압류는 채권자가 채무자에게 받을 돈이 있을 때 채무자의 재산 등을 처분하지 못하도록 잡아두는 절차를 말합니다. 반면에 가처분은 돈 이외의 권리나 청구권이 있을 때 하는 것입니다. 차이를 이해하시겠죠?

가령 채권자가 채무자에게 받을 돈이 있을 때 소송을 해야 하는데, 소송은 시간이 오래 걸리고 소송 도중에 채무자가 재산을 빼돌리면 차후 판결에서 승소해도 강제집행이 불가능해질 수 있습니다. 때문에 사전에 채무자의 재산을 잡아두는 절차를 가압류라고 합니다.

반면 가처분은 채권자가 채무자에게 돈 받을 권리 이외의 권리 내지는 청구권이 있을 때 하는 것입니다. 일반인들이 오해하는 부분 중 하나가 바로 판결에서만 이기면 돈을 다 받을 수 있을 것이라고 생각하는 것입니다. 하지만 채무자의 재산이 없으면 말짱 꽝입니다.

 입찰법정에서 자주 나오는 용어를 살펴볼까요?

유찰과 패찰

유찰은 매각기일에 유효한 응찰자가 하나도 없다는 것을 의미합니다. 패찰은 내가 입찰에 참여했는데 제3자가 낙찰 받고, 나는 낙찰을 받지 못한 것을 말합니다. 패찰은 유찰과는 완전히 다른 용어라는 것 아시겠죠?

개별매각과 일괄매각

채무자 소유의 부동산 2개의 관할법원이 같아서 하나의 사건으로 경매신청을 하였을 경우에 그 부동산을 각각 매각하는 것을 개별매각이라 하고, 하나로 묶어서 매각하는 것을 일괄매각이라고 합니다. 개별매각일 때에는 사건번호 외에 물건번호도 반드시 기재해야 합니다. 반면 일괄매각일 때에는 사건번호 외에 물건번호는 기재해도 되고, 하지 않아도 됩니다.

신매각과 재매각

신매각은 경매가 유찰되어서 새롭게 매각기일을 잡는 것을 말합니다. 이때에는 통상 최저매각가격을 저감하지요. 반면에 재매각은 낙찰이 되어 잔금을 납부하라고 했는데, 잔금을 납부하지 않았을 때 매각기일을 다시 잡는 것을 말합니다. 재매각 시에는 통상 최저매각가격을 저감하지 않습니다. 다만 입찰보증금을 할증하는 경우가 있습니다. 그러나 일부 법원은 할증을 안 하는 경우도 있다는 사실을 알아두세요. 만약 보증금을 20% 또는 30% 할증한다고 하면 반드시 그 금액 이상으로 보증금을 제공해야 한다는 점을 꼭 기억해두시기 바랍니다.

예전에 경매 개인 레슨을 해드렸던 모 회장님께서 혼자서 원주의 땅을 낙찰받으로 가셨는데요. 입찰금액은 1등인데 낙찰을 받지 못했습니다. 그 이유는 보증금액이 최저매각가의 20%인데, 방심하셔서 최저매각가의 10%만 보증금을 납부했기 때문입니다. 보증금은 많은 것은 상관없지만 정해진 금액에서 1원이라도 부족하면 입찰은 무효가 됩니다.

상계신청

배당받을 채권자가 낙찰 받은 경우, 낙찰 받은 금액에서 배당받을 금액을 뺀 금액을 잔금으로 납부하기 위해 신청하는 것을 말합니다. 다만 상계신청은 매각기일로부터 매각결정기일까지 신청해야 합니다. 상계신청은 웬만하면 다 받아주는데요. 만약 배당에 대한 이의가 있을 것 같은 채권자가 낙찰을 받은 경우라면 상계신청은 받아주지 않는 것이 실무례입니다.

설춘환 교수 **칼럼**

왜 선순위전세권을 떠안아야 했을까?

다음은 노고산동 빌라의 경매물건에서 있었던 선순위전세권 인수 사례입니다.
이 경매물건을 살펴보니 A의 전세권이 선순위전세권이었습니다. 입찰자 입장에서는 A의 배당요구가 중요한 사안이 되겠죠. 왜냐고요? 배당요구에 따라 전세금 5,000만 원을 떠안을 수도 있고, 인수하지 않을 수도 있기 때문입니다. 전세권자 A는 배당요구종기일 이전에 적법하게 배당요구를 하였고, 입찰자 입장에서는 전혀 문제가 없어 보이는 전세권자입니다.

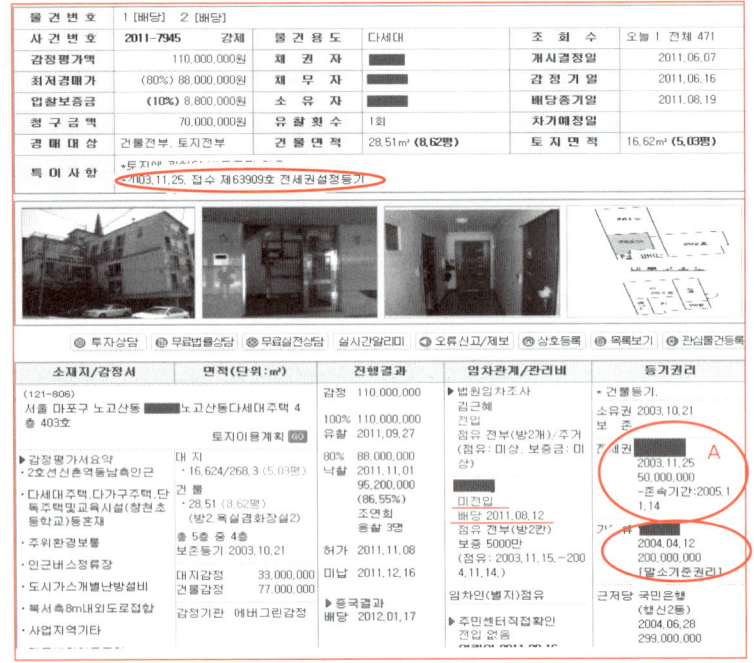

자, 그런데 다음 매각물건명세서를 볼까요?
경매를 입찰할 때 가장 중요하게 살펴봐야 하는 것은 매각물건명세서입니다. 법원 경매물건과 관련한 공적인 설명서이기 때문에, 가장 믿을 수 있는 자료입니다. 이 자

사건	2011타경7945 부동산강제경매		매각물건번호	2	작성일자	2011.10.7	담임법관(사법보좌관)	김영선
부동산 및 감정평가액 최저매각가격의 표시			부동산표시목록 참조		최선순위 설정 일자		03.11.25.(전세권)	

부동산의 점유자와 점유의 권원, 점유할 수 있는 기간, 차임 또는 보증금에 관한 관계인의 진술 및 임차인이 있는 경우 배당요구 여부와 그 일자, 전입신고일자 또는 사업자등록신청일자와 확정일자의 유무와 그 일자

점유자의 성명	점유부분	정보출처 구분	점유의 권원	임대차기간 (점유기간)	보증금	차임	전입신고일, 사업자등록신청일자	확정일자	배당요구여부 (배당요구일자)
■	전부(방2개)	현황조사	주거임차인	미상	미상	미상	미상(주민등록표등본발급안됨)	미상	
■	건물 전부	등기부등본(법정국)	주거전세권자	2003.11.15.~2005.11.14.	50,000,000		2003.11.25.(전세권설정등기)		
■	전부(방2칸)	권리신고	주거임차인	2003.11.15.~2004.11.14.	50,000,000				2011.08.12

<비고>
: 본 경매사건의 "전세권자"로서 "임차인"지위에서 권리신고 및 배당요구함.

최선순위 설정일 ... 의 임차보증금은 매수인에게 인수되는 경우가 발생할 수 있고, 대항력과 우선변제권이 있는 주택.상가건물 임차인이 배당 요구를 하였으나 보증금 전액에 관하여 배당을 받지 아니한 경우에는 배당받지 못한 잔액이 매수인에게 인수되게 됨을 주의하시기 바랍니다.

□ 등기된 부동산에 관한 권리 또는 가처분으로 매각허가에 의하여 그 효력이 소멸되지 아니하는 것
2003.11.25. 접수 제63909호 전세권설정등기.

료에서 중대한 하자가 있다면 낙찰자, 즉 최고가매수신고인은 매각불허가 내지는 즉시항고를 통해 구제받을 수 있습니다.

매각물건명세서에 "등기된 부동산에 관한 권리 또는 가처분으로 매각허가에 의하여 그 효력이 소멸되지 아니하는 것"에 2003년 11월 25일에 전세권설정등기가 기재되어 있습니다. 이를 통해 알 수 있는 것은, 결론적으로 낙찰자가 떠안으라는 의미가 되는 것입니다.

그 이유는 무엇일까요?

역시 매각물건명세서에 그 답이 있습니다. 선순위전세권자가 배당요구는 적법하게 했지만 '비고'란에서 보듯 전세권자는 임차인 지위에서만 배당요구를 하였다고 기재되어 있습니다. 즉 적법한 전세권자의 지위로 배당요구를 하지 않고 임차인 지위에서 배당요구를 하여 실제 전입신고 등이 전혀 없었기 때문에 단 한 푼의 배당도 받지 못하는 것입니다. 따라서 선순위전세권자는 전세권으로서 배당요구를 하지 않기 때문에 낙찰자가 인수하게 되는 것입니다.

Chapter 3.
경매는 어떤 절차로
진행될까?

자, 이번에는 경매는 어떻게 신청하며,
경매 절차는 어떻게 진행되는지에 대해 자세히
알아보도록 하겠습니다.

경매는 채무자에게 받을 돈이 있는 채권자가 판결문이나 근저당권 같은 집행권원을 가지고 있을 경우, 채무자가 돈을 변제하지 않았을 때 채권자가 일방적으로 판결문이나 근저당권에 기해서 채무자 소유의 부동산 소재 관할법원에 경매를 신청하는 것으로 시작합니다. 즉 경매로 부동산을 팔아서 배당을 받겠다는 의미입니다.

자, 그러면 여러분! 채권자가 경매신청을 할 때 어떻게 하는지에 대해서 조금만 더 깊이 들어가보도록 할까요? 어렵게 생각하지 마시고, 잘 따라오시기 바랍니다.

경매신청은 어떻게 할까?

경매신청은 서면으로 합니다. 당연히 말로 하면 안 되겠지요? 경매를 신청할 때에는 또 공짜로 하는 것이 아니고 일단 비용을 납부해야 합니다. 그럼 누가 납부해야 할까요? 일단 경매를 신청하는 채권자가 납부합니다. 그러나 이 비용은 나중에 경매가 끝나고 배당받을 때 0순위로 가장 먼저 배당을 받습니다. 단, 이런 경매비용은 언제나 0순위로 돌려받느냐? 라고 물어보면 또 아닐 수도 있습니다.

잉여주의라는 것이 있는데요. 경매는 경매신청 채권자가 최소한 1원이라도 배당을 받을 수 있어야 경매가 진행되는 것이라고 이해하면 됩니다. 예를 들어 5억 원인 아파트가 있습니다. 이 아파트에는 1순위 근저당권 5억 원, 2순위 근저당권 5억 원이 설정되어 있다고 가정해봅시다. 이 경우 근저당권은 물권으로, 우선변제권이 있습니다. 그래서 1순위 근저당권이 먼저 배당을 다 받고 남는 게 있으면 2순위 근저당권이 배당을 받게 됩니다.

그런데 아파트가 5억 원인데, 요즘 낙찰가율을 감안해서 4억 원에 낙찰이 되었다고 가정해보겠습니다. 그러면 1순위 근저당권자가 경매신청을 하면 잉여주의에 대해 문제가 없어서 차후에 낙찰되고, 낙찰자가 잔대금을 납부하면 경매를 신청한 1순위 근저당권자는 먼저 경매비용을 배당받습니다. 이후 자신의 채권에 대한 배당을 받습니다.

그런데 만약에 위와 같은 조건에서 2순위 근저당권자가 경매를 신청했고, 4억 원에 낙찰이 되었습니다. 이 경우 경매를 신청한 2순위 근저당권자가 1원이라도 배당을 받을 수 있을까요? 답은 '없습니다.'

이 경우 경매는 매각불허가 또는 취소됩니다. 또한 경매비용을 돌려받을 수 있는 방법도 없습니다. 그렇기 때문에 경매를 신청할 때 막연히 채무자 소유의 부동산이 있으니 경매를 신청해야겠다라고 생각하기보다는 등기부등본을 발급받아 보고 등기부상에 어떤 하자가 있는지 또 그 부동산의 가치는 어느 정도인지 그래서 내가 경매를 신청했을 때에 잉여주의는 문제가 있는지, 없는지 이런 부분까지 고민하고 경매를 신청해야 합니다.

 여러분! 간단한 경매신청서 하나를 보여드리겠습니다. 판결을 받아서 경매신청을 하는 경우로, 경매신청서 작성을 연습해보도록 하세요.

부동산강제경매신청

1
채권자   문태우
          서울 강남구 신사동 100-1

1-1
채무자   권점희
          서울 강남구 압구정동 200-2

3
경매할 부동산의 표시
별지 목록 기재와 같음.

4
청구채권의 표시
금 97,100,000원 및 이에 대한 이자금원.

5
집행권원의 표시
서울중앙지방법원 2013가합 2555호 공사대금청구사건의 집행력있는 판결문 정본.

신청취지

1. 채권자의 채무자에 대한 위 청구금액의 변제에 충당하기 위하여 별지목록 기재 부동산에 대한 강제경매 절차를 개시한다.
2. 채권자를 위하여 위 부동산을 압류한다.

라는 재판을 구합니다.

신청 원인

채권자는 채무자에 대하여 위 집행권원에 기한 청구채권 표시의 채권을 가지고 있는 바, 채무자가 이를 변제하지 않으므로 강제경매 개시의 절차를 구하기 위하여 본 신청에 이르렀습니다.

6
첨부서류

1. 집행력 있는 판결 정본   1통
1. 송달증명원   1통
1. 토지등기부 등본   1통

2014년 5월 1일

채권자   문태우

2
서울중앙지방법원 경매계   귀중

(별지)

압류할 부동산의 표시

1. 서울 강남구 청담동 300-3 대 200㎡

어렵지 않죠? 경매신청서는 누구나 작성할 수 있습니다.

경매신청서에 기재해야 할 사항에 대해 좀 더 구체적으로 알아볼까요?

1, 1-1. 채권자, 채무자의 표시

집행력 있는 판결문상의 표시와 일치하게만 기재하면 됩니다. 통상 판결문의 원고가 채권자, 판결문의 피고가 채무자이죠.

2. 집행법원의 표시

경매 절차를 진행할 법원을 표시합니다. 앞의 경매신청서에서 보면 어디죠? 그렇죠, 부동산소재지 관할법원입니다. 그 법원에서만 할 수 있다는 것이 전속관할이라는 것입니다. 다른 법원에서는 경매를 진행할 수 없습니다.

3. 부동산의 표시

등기부등본을 발급받아서 표제부를 봅니다. 그리고 표제부의 부동산 표시와 일치되게 작성하면 됩니다.

4. 청구채권의 표시

청구금액을 정확히 표시해야 합니다. 판결을 받았다면 원금과 이자에 대해 명시하면 됩니다.

5. 집행권원의 표시

판결일 때에는 판결문에 대한 기재를 합니다. 만약 근저당권에 기한 임의경매인 경우 근저당권을 표시하면 됩니다.

6. 기타 첨부서류

판결에 기한 것이라면 판결문에 집행문을 부여받고 판결문이 피고에게 송달되었다는 송달증명원이 필요합니다. 통상 금전채권에 대한 판결문은 가집행이 있어서 확정증명원이 불필요. 그리고 경매를 신청하는 부동산의 등기부등본이 있어야 합니다. 또는 공정증서에 의한 경매라면 공정증서에 집행문을 부여받아서 경매를 신청해야 합니다.

끝으로 근저당권에 의한 경매라면 근저당권이 표기된 등기부등본 및 근저당권설정계약서 및 채권원인증서, 즉 차용증 등을 첨부하면 됩니다. 일단 다른 게 없으면 근저당권이 표기된 등기부등본만 가지고 경매를 신청할 수 있습니다.

 자, 이렇게 경매를 신청하면 법원이 무엇을 할까요?

그렇죠. 경매신청채권자의 신청이 타당한지를 판단하겠지요. 타당하다면 바로 경매개시결정을 합니다. 채권자의 경매신청이 접수되면 집행법원, 즉 경매법원은 신청서의 기재 및 첨부서류에 의하여 일정한 요건 등이 문제가 없는지 판단합니다. 특별히 문제가 없다면 경매개시결정을 하게 됩니다. 실무적으로 경매신청을 하면 다음 날에 바로 경매개시결정을 합니다.

 이후에 법원에서는 무엇을 할까요?

바로 경매개시결정에 따른 채무자 소유의 등기부상에 경매개시결정기입등기를 촉탁해서 경매등기를 합니다. 이것이 경매개시결정기입등기입니다. 제3자에게는 채무자의 부동산이 압류되었고, 이제 경매를 진행한다는 사실을 공표함으로써 제3자들로 하여금 위 기입등기 이후에는 권리를 취득하더라도 경매신청인이나 매수인에게 대항할 수 없다는 것을 경고해주는 데 그 목적이 있습니다.

 자, 그럼 다음은 어떤 절차가 진행될까요?

바로 경매개시결정문의 송달입니다. 경매개시결정문을 꼭 송달해야 하는 사람 중 가장 중요한 사람은 바로 채무자입니다. 채무자에 대한 개시결정문의 송달은 경매 절차 진행의 적법 유효 요건이라고 하는데, 즉 채무자에 대한 개시결정문 송달 없이 진행된 경매는 무효화될 수 있다는 무서운 이야기입니다. 사람이 없어서 안 받으면 어떻게 하냐고요? 일부러 안 받는 경우도 있는데, 그러면 마지막 단계로 공시송달이 이루어지게 됩니다.

여러분, 공시송달이 뭔지 아시나요? 쉽게 설명해서 채권자가 채무자 주소 등을 다 알아본 후 수차례 송달을 하는데요. 끝내 폐문부재 이사불명 주소불명 등으로 송달이 안 되는 경우가 있습니다. 그러면 경매법원에 공시송달을 신청합니다. 채권자로서는 도저히 더 이상 채무자의 주소 내지는 어디에 있는지 알 수 없다, 그러니 제발 법에 의해 송달을 해달라고 하는 것입니다.

그래서 법원에서 공시송달이 허가되면 개시결정을 법원 게시판에 공고하고, 이후 14일이 지나면 법률상으로 송달이 되었다고 하는데요. 바로 이것이 공시송달입니다. 아주 중요한 것은 아닌데요. 법률사무소에 근무하면서 이런 경매신청 등을 하는 분들에게는 중요한 부분입니다. 더불어 경매법원에서도 채무자의 개시결정문 송달은 상당히 중요하다 보니까 경매 절차 중에 이 부분에 대하여 보다 꼼꼼히 체크하고 경매절차를 진행하고 있는 상황입니다.

입찰에 참여하는 입찰자들도 나중에 대법원경매정보사이트 문건송달내역을 통해서 개시결정문이 채무자에게 송달되었는지를 꼭 확인하는 습관을 가져야 합니다. 또는 좀 더 구체적으로 알고 싶다면, 차후 낙찰을 받게 될 경우 경매절차에서 이해관계인이 되어서 해당 경매계에서 경매기록 열람을 통해 확인이 가능합니다. 또한 경매개시결정문은 채권자에게도 송달이 되어야 합니다. 다만, 채권자에게 송달하지 않고 경매절차를 진행하였다 하더라도 매각허가의 효력에는 아무런 영향을 미치지 않습니다.

 경매에서 이해관계인 중요한데요, 이에 대해 간단히 정리해보도록 하겠습니다.

매각절차에서 이해관계인이란?

경매를 하면 이해관계를 가진 자가 많이 있고, 이러한 이해관계를 가진 자들은 경매가 적법하게 진행되는지 등에 따라 자신의 이해에 중대한 영향을 받습니다. 그렇기 때문에 이러한 이해관계를 가진 자 중에서 특히 보호해야 할 필요가 있는 자를 이해관계인으로 규정하고 있습니다.

또한 이러한 이해관계인은 경매에서 송달의 기준이 되기도 합니다. 사실 이해관계인의 중요한 권리들이 많이 있는데요. 실무에서 가장 중요한 권리 몇 가지만 추려보면, 먼저 매각기일과 매각결정기일을 통지받을 권리가 있습니다. 또한 매각결정기일에 매각허가에 관한 의견을 진술할 수 있는 권리도 있습니다.

그리고 매각허부 여부의 결정에 대해 즉시항고를 할 수 있는 권리도 있습니다. 또한 배당기일을 통지받을 권리도 있고요. 배당기일날 출석하여 배당표에 관한 의견을 진술할 수 있는 권리도 있습니다. 그러나 가장 이해관계인이 되고 싶은 이유는 뭐니 뭐니 해도 경매기록을 열람하고 복사할 수 있는 권리가 있기 때문일 것입니다. 이해관계인이 되면 누군가 유치권신고를 했다면 왜 했는지, 그 금액은 얼마인지 기록을 열람하면 알 수 있습니다.

또한 최고가매수신고인이 매각불허가 신청을 해서 매각이 불허가되었다면 그 매각불허가신청서에는 도대체 어떤 내용이 담겨 있는지에 대해 경매기록을 통해 쉽게 열람할 수 있는 장점이 있습니다.

그러면 누가 이해관계인이 될까?

자 먼저, 압류 채권자와 집행력 있는 정본에 기한 배당요구 채권자입니다. 압류 채권자는 경매를 신청한 집행 채권자를 의미하고요, 채무자에 대하여 판결 등을 받은 집행력 있는 정본을 가진 자가 배당요구를 했다면 역시 이해관계인에 포함됩니다. 그리고 채무자 및 소유자도 이해관계인이 됩니다. 채무자는 집행 채무자, 소유자는 경매개시결정등기 당시의 경매 목적 부동산의 소유자를 의미합니다.

강제경매에서는 통상 채무자와 소유자가 다르지 않은데요, 임의경매에서는 채무자와 소유자가 다른 경우도 종종 있습니다. 가령 소유자가 물상보증인인 경우, 예를 들어 아들이 은행에 가서 대출을 받으려고 했더니 은행에서 담보를 제공하라고 합니다. 그런데 아들은 담보를 제공할 만한 부동산이 없었고, 엄마 소유의 아파트를 담보로 제공했습니다. 이때 은행을 채권자, 아들을 채무자, 엄마를 소유자 또는 물상보증인이라고 합니다.

또 이해관계인이 되는 사람은 등기부에 기입된 부동산 위의 권리자입니다. 즉 경매등기를 기준으로 해서 그때 이미 등기가 되어 등기부에 기재되어 있는 근저당권자, 전세권자, 지상권자 등이 여기에 해당되어 이해관계인이 됩니다.

마지막으로 부동산 위의 권리자로서 그 권리를 증명한 자도 이해관계인이 됩니다. 경매법원, 즉 집행법원에 권리를 신고한 자로서, 경매개시결정등기 당시부터 이미 경매 목적 부동산에 대해 등기 없이도 제3자에게 대항할 수 있는 권리를 가진 자도 이해관계인이 됩니다. 즉 유치권자, 대항력을 갖춘 주택임차인, 대항력을 갖춘 상가임차인 등이 법원에 권리신고를 하게 되면 이해관계인이 되는 것입니다. 다만, 가압류권자와 가처분권자는 이해관계인이 되지 않습니다.

 자, 다음은 현황조사에 대해 알아보도록 하겠습니다.

현황조사는 왜 하는 걸까?

여러분, 현황조사는 누가 할까요? 바로 집행관입니다. 그럼 현황조사는 뭘 하는 것일까요? 그 부동산이 잘 있는지, 누가 점유하는지, 무슨 권리로 점유하는지 등을 조사하는 것입니다.

법원은 경매개시결정을 한 후 즉시 집행관에게 부동산의 현상, 점유관계, 차임 또는 임대차보증금의 수액 및 기타 현황에 관하여 조사할 것을 명하게 되는데요. 현황조사는 집행관 등이 정확히 조사, 파악하여 차후 일반인들에게 공시함으로써 매수하고자 하는 입찰자들에게 입찰 대상 물건에 관한 정확한 정보를 제공하여 불측의 손해를 보지 않게 하는 데 그 의의가 있습니다.

현황조사 할 내용은 부동산의 위치, 현상, 내부구조 등 부동산의 현상 및 점유관계, 임차인, 임차부분, 주민등록전입, 확정일자 여부 등 임대차 관계 그리고 기타 현황입니다.

그러나 현실은 현황조사가 상당히 어렵습니다. 집행관이 현장에 갔을 때 소유자 또는 임차인이 반기면서(?) 모든 내용을 잘 이야기해주면 좋을 텐데요. 현실은 현황조사가 실질적으로 이루어지기 어렵고, 형식적으로 운영되고 있습니다. 왜냐고요? 막상 경매부동산에 가면 사람이 일단은 없습니다. 있다고 하더라도 상당히 배타적이지요. 그럴 수밖에 없겠지요. 자기가 점유·사용하고 있는 집이 경매에 들어갔다는데 마냥 좋아할 사람은 없을 것입니다.

그래도 현황조사에서 의미가 있는 것은 매각부동산이 주택인 경우 그 소재지에 전입신고된 세대주 전원에 대한 주민등록등본을 집행관이 발급해서 또는 상가건물인 경우 상가 임차인 전원에 대해 등록사항 등의 현황서 등을 첨부하기 때문입니다. 그래서 입찰자들이 주택과 상가에 선순위임차인이 있는지 없는지 등을 확인하는데도 일정 부분 도움을 주고 있습니다.

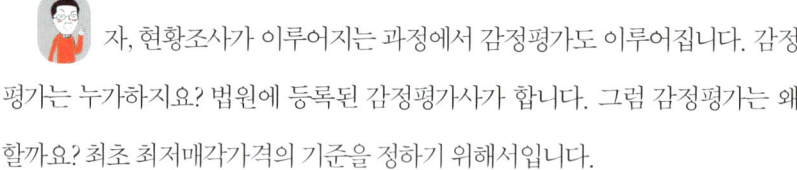 자, 현황조사가 이루어지는 과정에서 감정평가도 이루어집니다. 감정평가는 누가하지요? 법원에 등록된 감정평가사가 합니다. 그럼 감정평가는 왜 할까요? 최초 최저매각가격의 기준을 정하기 위해서입니다.

집행법원은 감정인에게 경매목적 부동산에 대한 감정을 명하고, 그 감정평가액을 기준으로 최저매각가격을 정합니다. 거의 감정평가금액이 최초 최저매각가격이라고 보면 틀리지 않을 것입니다. 실무적으로 감정평가액 자체가 시세보다는 조금 높은 경향이 있고요. 오히려 대출을 받을 때에 감정평가액은 시세보다 조금 낮게, 보수적으로 감정하는 경향도 있습니다.

  여기서 잠깐!
조만간 최초 최저매각가격이 지금의 패턴과는 좀 달라질 것으로 예상됩니다. 즉 최저매각가격이 하향 조정될 것으로 보이는데요.

경매법원은 감정평가액을 참작하여 '매각기준가격'을 결정하도록 하고, 위 매각기준가격에서 20%를 차감한 금액이 '최초 최저매각가격'이 되도록 하겠다는 취지입니다. 이것은 경매 절차를 보다 빨리 진행해서 채권자와 채무자가 모두 상생이 되도록 하겠다는 의미입니다. 이처럼 최초 최저매각가격을 지금보다 20% 저감해서 정하게 되면, 경매 신건의 낙찰율이 상당히 높아질 것으로 전망됩니다.

알아둡시다!
대법원 판례

부동산 현황조사에 대한 판례

대법원 2004년 11월 9일 자 2004마94 결정

판시사항

경매 절차에서 부동산현황조사 및 입찰물건명세서를 작성하도록 하는 취지

결정요지

경매절차에 있어서 부동산현황조사 및 입찰물건명세서의 작성은 입찰대상 부동산의 현황을 되도록 정확히 파악하여 일반인에게 그 현황과 권리관계를 공시함으로써 매수 희망자가 입찰대상 물건에 필요한 정보를 쉽게 얻을 수 있게 하여 예측하지 못한 손해를 입는 것을 방지하고자 함에 있다.

○○법원
현황조사명령

○○지방법원소속 집행관　　　귀하

사건 20타경 부동산강제(임의)경매

별지 기재 부동산에 대한 다음 사항을 조사하여 그 결과를 기재한 현황조사보고서를 20 년 월 일까지 제출하되(사본 1부 첨부), 야간 · 휴일 현황조사를 실시한 때에는 그 사유를 기재하여 주시기 바랍니다.

1. 부동산의 현상 및 점유관계

　가. 부동산의 위치, 현상, 사용용도 및 내부구조 등(현장도면 및 사진을 첨부하고, 특히 등기부상 지목은 농지이나 현황이 농지에 해당하는지 여부에 의문이 있는 경우에는 이를 즉시 집행법원에 보고)

　나. 현황조사 대상건물이 멸실되고 다른 건물이 신축되어 있는 경우에는 관계인의 진술과 신 · 구 건물의 동일성 상실 여부에 대한 집행관의 의견(구 건물에 관한 멸실등기가 경료되었으면 그 등기부등본을 첨부)

　다. 부동산의 점유자와 소유자가 다른 경우에는 점유자, 점유권원, 점유기간, 점유부분(일부를 점유하는 경우에는 점유부분을 도면에 특정하여 표시)

　라. 감정평가에 중대한 영향을 미칠 수 있는 부합물, 종물, 구성부분(제시 외 건물, 고가의 정원석, 건축 중인 건물 등)이 있는 경우에는 그 내용 및 제시 외 건물의 보존등기 여부(제시 외 건물의 본 건물에의 부합 여부와 종물성을 판단할 수 있는 제시 외 건물 부분에 대한 사진 등 자료 첨부)

2. 임대차 관계

　가. 임차 목적물의 용도, 주민등록(상가건물인 경우에는 등록사항 등의 현황서)상의 동 · 호수와 등기부 등 공부상에 표시된 동 · 호수가 상이한 경우에는 실제 동 · 호수, 주민등록(또는 등록사항 등의 현황서)상의 동 · 호수와 공부상의 동 · 호수(용도가 주거와 영업의 겸용인 경우에는 주거부분 및 영업용 부분을 명확히 도면에 구분하여 표시)

　나. 임대차계약의 내용(임차인의 이름, 임차보증금, 임차기간, 확정일자 유무 등)

　다. 매각 부동산에 여러 명의 임차인이 있는 경우에는 각 임차인의 해당 임차부분, 입주인원수, 임차 목적물이 주택인 경우에는 임차인 본인 및 그 가족들의 전 · 출입상황(건물이 내부구조와 각 부분별로 임차인을 표시한 도면 첨부)

　라. 매각 부동산이 주택인 경우 그 소재지에 전입신고된 세대주 전원에 대한 주민등록등 · 초본, 상가건물인 경우 임차인 전원에 대한 등록사항 등의 현황서 및 건물도면의 등본 첨부

3. 그밖의 현황

4. 야간 · 휴일조사를 실시한 사유

20　년　월　일
판사　　　　　인

자, 다음은 배당요구종기일에 대해 알아보도록 하겠습니다.

배당요구종기일은 배당요구를 할 수 있는 마지막 날!

배당요구종기일은 경매법원이 경매개시결정에 따른 압류의 효력이 생긴 때에는 경매법원은 절차에 필요한 기간을 감안해서 배당요구를 할 수 있는 종기를 첫 매각기일 이전으로 정한다고 규정되어 있습니다. 배당요구종기일은 쉽게 설명해서 배당요구를 할 수 있는 마지막 날입니다. 따라서 배당요구를 해야만 배당을 받는 채권자들은 배당요구종기일까지 배당요구를 해야만 배당을 받을 수 있습니다. 배당요구종기일은 첫 매각기일 이전에 지정되고요. 배당요구를 해야만 하는 채권자들은 이 배당요구종기일까지 배당요구를 해야만 배당을 받을 수 있습니다. 단, 배당순위에 따라서 말입니다. 무슨 말인지 아시겠죠?

배당요구종기일까지 배당요구를 해야만 배당을 받을 수 있는 채권자는 누구일까요? 가장 대표적으로 임차인이 있습니다. 임차인은 배당을 받기 위해서는 무조건 배당요구종기일까지 배당요구를 해야만 합니다. 물론 선순위임차인은 안 해도 되는데요, 실무적으로 선순위임차인은 그리 많지 않은 편입니다.

선순위임차인이란 말소기준권리보다 앞서서 대항력을 갖춘 임차인을 말합니다. 선순위임차인은 배당요구를 안 해도 나중에 못 받은 보증금을 낙찰자에게 주장할 수 있기 때문에 특별한 문제가 없습니다.

또 배당요구종기일까지 꼭 배당요구를 해야 하는 채권자로 경매등기 전에 등기된 담보가등기권자는 꼭 배당요구를 해야 합니다. 또 경매등기 이후에 등기된 가압류권자, 근저당권자, 전세권자 등은 반드시 배당요구종기일까지 배당요구를 해야만 배당순위에 따라 배당을 받을 수 있습니다.

   채무자에게 판결을 받은 자 또는 공정증서약속어음공정정서, 금전소비대차계약공정증서 등을 가진 자 등도 배당요구종기일까지 배당요구를 해야만 배당을 받을 수 있습니다. 배당요구종기일이 지나서 가압류나 근저당권을 설정하거나 또는 배당요구종기일 지나서 배당요구를 하는 것은 참으로 어리석은 행동입니다. 이 책을 읽은 여러분은 이런 어리석은 행동을 해서는 절대 안 됩니다.

   자, 다시 첫 매각기일로 넘어가겠습니다. 잠시 매각물건명세서와 관련된 부분을 살펴보도록 하겠습니다.

   집행법원은 매각물건명세서 및 현황조사보고서 그리고 감정평가서 사본을 법원에 비치하여 누구든지 열람할 수 있도록 하고 있습니다. 그러나 아무 때나 볼 수 있는 것은 아니고요. 매각기일이 7일 남았을 때부터 해당 경매계에서 오프라인으로 또는 대법원경매정보사이트에서 누구든지 열람할 수 있습니다.

   2002년 7월 1일 민사집행법이 제정, 시행되기 이전에는 매각기일 당일에는 경매원기록을 열람시켜주었습니다. 하지만 지금은 그러한 절차가 없습니다. 앞서 언급한 바대로 이해관계인만 경매기록을 열람할 수 있어서, 이해관계인이 아닌 입찰자들은 경매기록 중에 중요한 자료를 열람할 수 없게 되었습니다. 이러한 부분과 관련하여 입찰자는 최고가 매수신고인이 된 연후에 반드시 경매원기록을 열람하여 매각물건명세서에 기재된 내용과 다른 내용이 있는지 등을 꼼꼼히 확인하여 불측의 손해를 입지 않도록 유념해야 합니다.

임차인의 권리신고 겸 배당요구신청서

사건   　 　2013타경 2345호 부동산강제(임의)경매
채권자   　설춘환
채무자   　이용배
소유자   　이용배

본인은 이 사건 경매 절차에서 임차보증금을 우선변제받기 위하여 아래와 같이 권리신고 겸 배당요구를 하오니 매각대금에서 우선배당을 하여 주시기 바랍니다.

아   　　래
1. 계약일 : 2012년 1월 1일
2. 계약당사자 : 임대인(소유자)   　　이용배
　　　　　　　임차인   　　　　　이동호
3. 임대차기간 : 2012년 1월 1일부터 2013년 12월 31일까지(2년간)
4. 임대보증금 : 전세 2억 원
5. 임부분 : 전부(방 3칸), 일부(층   방   칸)
6. 주택인도일(입주한 날) : 2012년 1월 1일
7. 주민등록전입신고일 : 2012년 1월 2일
8. 확정일자 유무 : □ 유(2012년 1월 2일), □ 무
9. 전세권(주택임차권)등기 유무 : □ 유(년   월   일), □ 무

[첨부서류]
1. 임대차계약서 사본   　　1통
2. 주민등록등본   　　　　1통

　　　　　　　　　　　　　　　　　　　　　2013년 6월 4일
　　　　　　　　　　　　　　　　권리신고 겸 배당요구자 이동호(인)

서울중앙지방법원 경매 1계 귀중

배당요구신청서

사건   2013타경 2332호 부동산임의경매
채권자   삼성생명보험주식회사
채무자   정은주
소유자   명희언

위 사건의 당사자에 관하여 배당요구채권자는 아래 집행력 있는 판결정본에 기한 채권에 의하여 배당요구를 신청합니다.

아   래

1. 집행권원의 표시
 서울중앙지방법원 2013가합 100호 대여금반환청구 사건의 집행력있는 판결정본

2. 청구금액
금 50,000,000원 대여금 원금 및 위 원금에 대한 2010년 1월 1일부터 완제일까지 연 20%의 비율에 의한 지연손해금

2013년 11월   일
위 배당요구채권자 김애정

서울중앙지방법원 경매3계 귀중

배당요구신청서

사건   2014타경 12345호 부동산임의경매
채권자   최 병 일
채무자   조 서 현
배당요구 채권자 설 춘 환
              서울 용산구 한강로2가 137-1, 4층 경매와 엔피엘 재테크학원

위 배당요구 채권자는 위 경매사건의 부동산에 관한 근저당권자로서
다음과 같이 배당요구를 신청합니다.

다 음
1. 근저당권 채권최고액 : 5억 원
2. 배당요구 청구금액 : 4억 원
   (청구금액 4억 원에 대한 지연이자는 배당기일까지 계산해주시기 바랍니다.)

첨부서류
1. 부동산등기부등본   1부
1. 약정서   1부

2014년 4월 1일
배당요구 채권자 설 춘 환

서울중앙지방법원 경매4계 귀중

매각기일 매각조건이란?

매각조건이란 무엇일까요? 매각조건은 법원이 매각 목적 부동산을 매수인에게 취득시키는 조건을 말하는데요. 통상의 매매에서는 그 조건을 당사자끼리 자유롭게 정할 수 있지만, 경매는 소유자의 의사와 상관없이 이루어지고 이해관계인도 많기 때문에 법원이 매각조건을 획일적으로 정하고 있습니다. 이와 같이 민사집행법이 정한 매각조건을 법정매각조건이라고 합니다. 또한 법정매각조건 중에서 공공의 이익이나 경매의 본질과 관계가 없는 조건들은 관련되는 이해관계인들 모두의 합의가 있으면 바꿀 수 있게 되는데, 이를 특별매각조건이라고 합니다.

 먼저 법정 매각조건에는 어떤 것들이 있을까요?

최저매각가격 미만의 매각불허

입찰표를 기재할 때 입찰가격은 최소한 최저매각가격 이상으로 기재해야 합니다. 최저매각가격이 1억 원이면 최소한 1억 원 이상은 써야지 9,900만 원으로 입찰가격을 기재해서 제출하면 바로 이 조건에 위배되어 입찰이 무효가 됩니다.

부동산의 물적 부담 소멸과 인수의 범위

이 부분은 조금 어려울 수 있습니다. 매각 목적 부동산의 물적 부담을 매각으로 소멸시키는 원칙을 소멸주의 또는 소제주의라고 합니다. 쉽게 설명해서 낙찰자가 잔금을 모두 납부하면 말소기준권리를 포함해서 후순위 권리자들은 모두 말소시켜주겠다는 의미로 이해하시면 됩니다. 예를 들어 등기부상 근저당권, 저당권은 모두 소멸하고요. 지상권, 지역권, 전세권 등 용익권도 말소기준권리보다 앞서 등기되어 있으면 인수하고, 그렇지 않고 뒤에 등기되어 있으면 낙찰 후 모두 말소가 된다는 내용입니다. 다만 선순위전세권은 배당요구를 하면 말소되고 배당요구를 안 하면 낙찰자가 인수합니다. 아시겠죠? 선순위라는 개념은 말소기준권리보다 앞서 있다는 개념입니다. 만약에 말소기준권리보다 뒤에 있다면 후순위라고 합니다.

가등기 중에 돈을 받겠다고 하는 담보가등기는 부동산의 매각으로 모두 소멸됩니다. 주택과 상가임차인의 임차권은 원칙적으로 임차주택의 매각으로 소멸됩니다. 다만 보증금이 전액 변제되지 않은 선순위임차인은 낙찰자, 즉 매수인이 인수합니다. 선순위임차인이란 말소기준권리보다 앞서서 대항력을 갖춘 임차인을 말합니다. 한편 매수인은 적법한 유치권자의 채권을 인수하게 되고요, 말소기준권리보다 앞선 선순위가처분, 선순위소유권가등기는 매각에도 불구하고 매수인이 인수하게 됩니다.

 자, 여러분 여기서 잉여주의도 한 번 제대로 배워보고 가겠습니다.

잉여주의란?

"경매는 몇 번까지 유찰이 가능한가요?"라고 질문하면, 여러분들은 어떻게 답을 하시겠습니까? 제가 경매 강의를 하면서 수강생들에게 물어보면 1번, 5번, 10번, 낙찰될 때까지요 등등의 답변을 합니다. 하지만 이 중에는 정답이 없습니다. 과연 정답은 뭘까요? 정답은 정확하게 숫자로 1번, 4번 또는 8번 이렇게 말할 수 없습니다. 또한 낙찰될 때까지도 정답이 아닙니다.

정답은 경매를 신청한 채권자가 낙찰대금으로 우선 부담과 경매비용을 변제하고 남을 것이 있는 경우에 한하여 경매를 허용하고, 경매를 신청한 채권자가 자기의 채권을 변제받을 가망이 없는 경매는 허용되지 않는다는 원칙이 바로 잉여주의입니다. 쉽게 설명해서 경매를 신청한 채권자가 배당을 단 1원이라도 못 받는다면 무익한 경매로 취소된다는 것, 즉 잉여의 가망이 없는 경매는 취소하게 된다고 이해하시면 됩니다.

또 입찰자의 의무로는 보증금을 납부해야 하는데요. 아직도 입찰자의 입찰보증금을 제대로 이해하지 못하는 분들이 상당히 많습니다. 하지만 이러한 내용이 바뀐 지가 10년이 훌쩍 넘었습니다. 일단 여러분 입찰보증금의 기준은 최저매각가의 10%입니다. 즉 최저매각가가 1억 원인데 난 2억 원에 입찰할 거다라고 한다면 보증금은 얼마를 납부해야 할까요? 1,000만 원만 납부하면 됩니다. 얼마를 쓰든 중요하지 않습니다. 왜냐하면 최저매각가의 10%이니까요. 그래서 경매입찰보증금은 입찰자 누구나가 다 똑같습니다. 이해하시겠죠? 통상 보증금은 자기앞수표나 현금으로 내도 됩니다. 또는 서울보증보험증권에서 수수료를 납부하고 발급받은 보증보험증권을 제출해도 됩니다. 단 보증금액은 정해진 금액보다 많은 건 상관없지만 1원이라도 부족하면 입찰은 무효가 됩니다.

또 법정매각조건 중에 경매는 낙찰자가 잔금을 납부하면 소유권을 취득합니다. 일반 매매는 소유권이전등기를 해야만 소유권이 이전되는데요. 경매는 그렇지 않습니다. 낙찰자가 잔금을 은행에 내는 순간 소유권을 취득합니다. 더불어서 낙찰자가 잔대금을 납부한 날로부터 6개월 이내에 인도명령을 신청할 수도 있습니다. 가끔 인도명령은 소유권이전등기한 날로부터 6개월이라고 착각하는 분도 있는데요, 절대 아닙니다. 잔대금을 납부한 날로부터 6개월 또는 소유권을 취득한 날로부터 6개월입니다. 또한 공유자는 우선매수신청권이 있다는 것도 알아두시면 좋을 것입니다.

잉여주의에 대한 판례

대법원 2001년 12월 28일 자 2001마2094 결정

판시사항

이중경매개시결정이 되어 있는 경우, 민사소송법 제616조 소정의 무잉여 여부를 정하는 기준이 되는 권리

결정요지

강제경매개시 후 압류채권자에 우선하는 저당권자 등이 경매신청을 하여 이중경매개시결정이 되어 있는 경우에는 절차의 불필요한 지연을 막기 위해서라도 민사소송법 제616조 소정의 최저경매가격과 비교하여야 할 우선채권의 범위를 정하는 기준이 되는 권리는 그 절차에서 경매개시결정을 받은 채권자 중 최우선순위권리자의 권리로 봄이 옳다.

 자, 다음은 특별매각조건입니다.

특별매각조건이란?

실무에서 많지는 않습니다만, 그래도 알아두는 것이 좋습니다. 먼저 농지에 대한 경매에서 농지취득자격증명원을 얻지 못한 자의 보증금을 몰수한다는 조건이 특별매각조건입니다. 또한 근저당권부 별도등기 있는 집합건물경매에서 토지상의 근저당권을 인수하는 조건 등의 특별매각조건을 붙이는 경우도 있습니다. 과거에는 재매각사건인 경우 입찰보증금을 20% 또는 30%로 증액하는 조건을 특별매각조건으로 하였습니다. 하지만 이제는 민사집행규칙에 따라 입찰보증금의 인상이나 조정이 가능하게 되었습니다.

자, 이제 드디어 매각기일에 대해 공부해보도록 하겠습니다. 어렵다고 생각하지 마시고 잘 읽으면서 따라오세요.

매각기일이란?

실무에서 매각의 방법은 대부분 기일입찰 방식입니다. 과거에는 호가경매, 기일입찰, 기간입찰의 3가지 방식이 있었는데요. 호가경매는 1990년대 초반 폐지되었지만, 아직도 동산경매에서는 호가경매를 하고 있습니다. 더불어 공매처럼 경매에서도 기간을 주어서 입찰에 참여하게 하여 입찰자들에게 편리를 봐주자고 한 기간입찰도 2012년을 끝으로 전국 법원에서 사라졌습니다. 이제 오직 기일입찰만 있습니다.

기일입찰은 쉽게 설명해서, 서울로 예를 들어 보면 매각기일을 딱 정해놓고, 매각은 아침 10시부터 11시 10분 또는 20분까지 입찰을 실시하는데요. 입찰하고자 하는 본인 또는 대리인은 반드시 매각기일에 입찰진행시간에 가서 입찰표를 작성한 후 집행관에게 제출하는 방법으로 입찰하는 방식입니다.

당연히 입찰보증금도 제공해야 합니다. 아무리 입찰표의 입찰가격이 1등이라

경매 매각기일연기 신청서

사 건　　　2013타경 5670호 부동산강제경매
채권자　　　전명숙
채무자　　　박경훈

위 사건에 관한 매각기일이 2013년 10월 20일로 지정되었으나, 현재 채권자와 협의가 진행중이므로 위 기일을 연기하여 주실 것을 신청하는 바입니다.

2013년 10월 18일
채무자 박경훈

위 신청에 동의함.
채권자　전명숙(인)

서울중앙지방법원 경매4계 귀중

하더라도 정해진 입찰보증금을 납부하지 않으면 입찰은 무효가 됩니다. 매각기일이란 집행법원이 매각부동산을 매각하는 날을 의미하고요. 집행법원이 부동산을 매각하기 위해서는 매각기일과 매각결정기일을 지정해서 이를 공고하여야 합니다.

매각기일이 있으면 매각결정기일이 세트로 따라 다닙니다. 매각결정기일은 통상 매각기일로부터 1주일 이내에 정합니다. 예를 들어 매각기일이 1월 1일이면 매각결정기일은 1월 8일입니다. 매각결정기일은 매각이 실시된 후 최고가매수신고인이 정해졌을 때, 이해관계인들의 진술을 듣고 매각 절차의 적법 여부 등을 따져서 매각허가 또는 매각불허가의 결정을 선고하는 날입니다. 실무적으로 보면 매각허가는 99%, 매각불허가는 1% 정도가 되는 것 같습니다.

또한 매각기일의 변경 내지 연기는 채권자 신청과 법원이 직권으로 할 수 있습니다. 여러분 변경과 연기는 동일한 용어로 해석해도 됩니다. 채무자의 막연한 변경 내지 연기신청은 받아들여지지 않습니다. 단 채무자의 연기신청에 특별한 사정이 있다면 매각기일의 연기가 받아들여질 수 있습니다.

가령 집행정지서류가 제출된 때에 법원은 매각기일의 지정을 취소하거나 변경해야 합니다. 이해관계인은 매각기일 등의 지정 및 변경신청권이 없으나 실무상 경매신청 채권자가 매각기일의 연기를 신청하는 경우에는 2회까지 허용합니다. 단 1회의 연기기간은 2개월로 한다라고 규정되어 있습니다. 그러나 이러한 규정은 강행규정은 아니고 훈시규정이기에 횟수와 기간이 더 연기되는 경우도 있습니다.

결론적으로 매각기일의 연기는 경매를 신청한 채권자와 법원만이 할 수 있다고 생각하시면 됩니다. 또한 채무자 또는 소유자의 연기신청은 채권자의 동의가 없는 한 받아들여지지 않습니다. 즉 매각기일이 연기되지 않는다는 점을 알아두세요. 더불어 집행법원은 매각기일을 이해관계인에게 통지해야 합니다. 만일 이 통지를 하지 않게 되면 매각허가에 대한 이의사유가 됩니다. 통지를 받지 못한 이해관계인과 공유지분 경매에서 타 공유자도 매각이의나 매각허가결정에 대한 항고를 할 수 있습니다.

다시 한 번 정리해보면 매각기일의 변경은 원칙적으로 법원이 직권으로 또는 채권자의 동의가 필요하다는 점을 잘 알아두세요. 또한 채무자가 변제증서 등을 제출하면서 변경신청을 하면 변경이 되지만, 특별한 이유 없는 채무자의 매각기일변경신청은 받아들여지지 않는다는 점도 기억하세요.

가끔 채무자 측에서 전화상담하는 도중에 경매를 연기하고 싶은데 방법이 있을까요? 라고 질문합니다. 이 경우 먼저 채권자에게 동의를 구합니다. 그리고 만약 동의를 구하기 어렵다면 돈, 즉 채무를 변제한 후 경매를 연기할 수 있습니다.

설춘환 교수 칼럼

경매가 진행 중인 부동산에 대한 가압류는?

얼마전 지인 한 분이 급한 일정을 잡고 필자에게 와서 이런 상담을 하였습니다. 채무자에게 받아야 할 돈이 10억 원 있는데, 그 채무자의 부동산이 현재 경매진행 중이라서 어떻게 하면 채권을 회수할 수 있을까 궁금하다는 내용이었습니다. 그래서 필자가 물었습니다. "경매가 진행중이라면 더 이상 가압류 등은 불가능한가요?" 그랬더니 "경매가 들어갔으면 이젠 그 부동산에 대해 법률적인 조치는 물건너 간 것이 아닌가"라고 말씀하시더군요. 어떤 분은 이렇게 말씀하십니다. "경매가 진행 중이라도 낙찰 받고 배당되기 전까지는 가압류가 가능하다"고 말입니다. 경매가 진행 중인 채무자의 부동산에 대해 가압류가 가능할까요, 불가능할까요? 여기서 가압류 자체는 무조건 가능합니다. 단 그 경매사건에서 배당을 받을 수 있느냐 없느냐를 묻는 것입니다.

가압류를 신청해서 가압류결정이 나고 그 가압류결정 내용이 등기부 갑구에 기입되는데 걸리는 시간이 약 3~4주 정도입니다. 자, 경매가 진행 중인 부동산에 가압류를 했을 때 배당순위가 되느냐는 경매가 진행 중이어서 문제가 되는 것은 아닙니다. 경매 절차 중에 배당요구종기일이 있습니다. 배당요구종기일까지 반드시 가압류를 하고 그 내용이 등기가 되어야 하며, 더불어 반드시 해당 경매계에 배당요구를 해야 합니다

그러면 경매가 진행 중인 부동산의 배당요구종기일을 어떻게 알 수 있을까요? 배당요구종기일 확인을 어떻게 할까요? 먼저 경매가 진행 중인 부동산의 등기부등본을 발급받습니다. 그러면 갑구에 경매개시결정기입등기가 되어 있고, 그 내용에 보면 경매사건번호가 언급되어 있습니다. 그 경매사건번호를 확인한 후 대법원경매정보사이트의 경매사건검색란에서 그 경매사건을 열람하면 우측 상단에 배당요구종기일이 언급되어 있습니다.

유의할 점은 어떤 사람이 가압류채권자인데 배당을 받으려면 배당요구를 해야 하나, 하지 않아도 되나 질문할 수 있습니다. 이때 가압류등기가 경매개시결정기입등기 전에 되었나 이후에 되었나?만을 확인하면 됩니다. 만약 경매개시결정기입등기 전이라면 배당요구를 하지 않아도 당연배당권자가 됩니다. 반면에 경매개시결정기입등기 이후라면 반드시 배당요구종기일까지 배당요구해야 합니다. 배당요구종기일 이후의 배당요구는 무용지물이 됩니다.

자, 배당요구종기일 이전이라면 가압류를 해도 되는데, 문제는 배당요구종기일 1주일 남겨두고 가압류를 하겠다면 해당 법원에서 일처리를 빨리할 수 있도록 독촉해야 하겠지요. 앞서 언급한 것처럼 가압류 신청해서 결정되어 등기되는데까지 소요되는 시간이 3~4주이니까요. 더불어 가압류만으로 배당은 됩니다만, 직접 돈을 받기 위해서는 반드시 판결문 등 집행권원이 있어야만 한다는 점도 꼭 유념하시기 바랍니다!

Chapter 4.
실전에서 확인하는 **경매 절차**

자, 경매 절차에 대해 다시 한 번 확인해보도록 하겠습니다.
먼저 매각기일에 입찰하기 전 준비사항이나 확인할 사항에 대해 좀 더 자세히 살펴보도록 하겠습니다.

입찰하기 전 확인해야 할 것 중 가장 기본은 권리분석을 하는 것입니다. 권리분석은 다음과 같은 순서로 진행됩니다.

첫째, 등기부등본을 발급받아서 최종 권리분석을 한다

경매유료정보사이트의 등기부등본은 예전에 발급해둔 것이기 때문에 참고자료로만 활용합니다. 또한 최종 권리분석은 등기부등본을 새롭게 발급해서 확인합니다. 등기부등본의 발급은 등기소 또는 대법원인터넷등기소에서 발급이 가능합니다. 등기부등본을 발급받아서 먼저 말소기준권리를 찾습니다.

다음 6가지의 말소기준권리는 꼭 기억하시기 바랍니다.

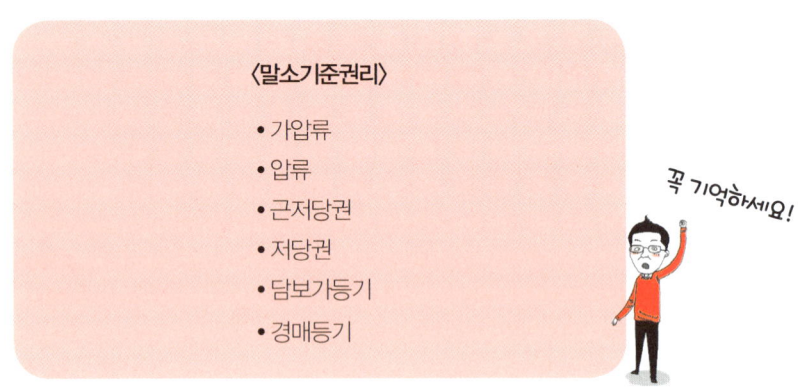

이중에 등기부등본상에 가장 먼저 기입된 것, 즉 접수번호가 가장 빠른 것이 그 사건의 말소기준권리가 됩니다. 그리고 낙찰 후에 인수되는 것이 있는지 확인합니다. 일반적으로 거의 모든 사건에서 인수되는 것은 거의 없습니다.

둘째, 매각물건명세서를 통해서 권리분석을 한다

매각물건명세서는 사실상 법원의 경매물건에 대한 상품 설명서이기 때문에 믿으셔도 됩니다. 법원이 만든 것이니까요. 하지만 법원이 만들었다 하더라도

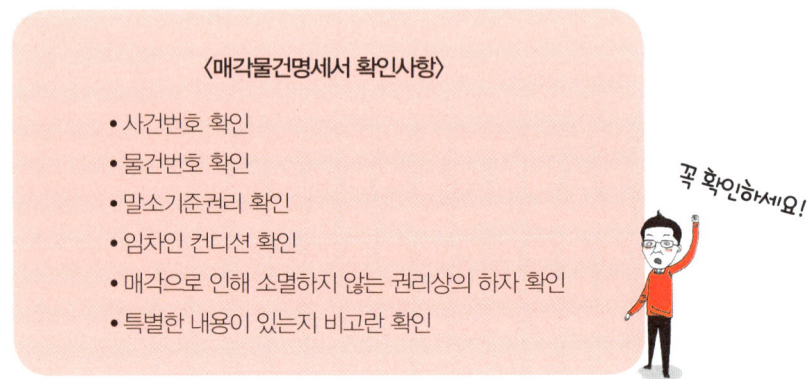

중대한 하자가 있을 수 있습니다. 그럴 경우 매각의 불허가 또는 즉시항고 등을 통해서 낙찰자가 구제를 받을 수도 있습니다.

셋째, 사전에 현장방문을 통해 현장분석을 제대로 해야 한다

주거용 부동산이라면 전입세대열람이 기본입니다. 경매로 나온 물건임을 입증하는 경매정보지를 가지고 주민센터로 갑니다. 전입세대열람을 통해 개략적으로 선순위임차인이 있는지를 파악합니다. 보존 상태 보존등기도 중요, 층과 방향에 따른 일조와 조망도 상당히 중요한 포인트입니다.

요즘에는 이 부분을 중점적으로 많이 챙깁니다. 교통도 중요하지요. 특히 지하철, 버스노선 등을 꼼꼼히 체크합니다. 교육도 중요합니다. 특히 자녀가 초·중·고등학생일 때는 상당히 중요합니다. 어떤 분은 서울대학교가 있는 신림동이 좋은 학군이라고 말씀하십니다. 정말 좋은 학군일까요?

수익형 부동산이라면 임대수요와 임대료 수준이 중요합니다. 물론 미래가치가 있다면 더욱 좋겠지요. 예를 들어 요즘 남부터미널역 국제전자센터와 강변역 테크노마트의 상가가 종종 경매에 나옵니다. 경매물건을 보면 감정가 1억 원 하는 상가를 2,000만 원 정도에 낙찰을 받을 수 있는 경우도 있습니다. 과연 괜찮은 것일까요? 이 상가들의 가장 큰 문제는 임대수요와 임대료 수준입니다.

일단 이 상가의 임대수요는 거의 없습니다. 상가 전체의 경기가 이미 상당히 침체되어 있습니다. 그렇기 때문에 금액은 싼 듯하지만 실제로 낙찰 받는 순간부터 손해를 볼 수도 있습니다. 또한 임대수요가 거의 없어서 공실이 될 가능성이 있고요. 만약 너무 싸게 세를 준다면 수익률이 맞지 않을 수도 있습니다.

매각기일에 입찰장에 가면 먼저 입찰법정 안에 있는 매각물건명세서, 현황조사보고서, 감정평가서 등을 재차 꼼꼼하게 확인합니다. 특히 매각물건명세서는 정말 꼼꼼히 확인해야 합니다. 현황조사서나 감정평가서는 사실 내용이 거의 바뀌지 않기 때문에 한 번 본 것을 그대로 이해하면 됩니다. 하지만 매각물건명세서는 어제 또는 오늘 아침 당일에도 내용이 변경될 수 있기 때문에 입찰법정에서는 매각물건명세서를 꼼꼼히 확인해야만 합니다.

 자, 다음은 입찰할 때 준비사항입니다.

입찰할 때 무엇을 준비해야 할까?

먼저 입찰에 참여할 수 있는 자에 대해 정확히 기억해두어야 합니다.

- 채무자 겸 소유자는 입찰에 참여할 수 없습니다 다만 임의경매 시 물상보증인인 소유자는 참여 가능.
- 무능력자 미성년자는 입찰에 참여할 수 없기 때문에 법정대리인이 참여해야 합니다. 현재 민법상 만19세 미만이 미성년자입니다.
- 재경매의 경우 종전 낙찰자 : 낙찰받아서 매각허가가 나고 잔대금까지 납부하라고 했는데 잔금을 납부하지 못해 다시 재매각이 되는 경우 종전 낙찰자는 입찰에 참여할 수 없습니다.
- 경매부동산의 감정인 및 그 친족
- 집행법원의 법관, 담당 법원 직원 등
- 강제집행 면탈 범죄자 및 경매를 교사하거나 방해한 자

다음은 입찰할 때 준비물입니다. 기본이지만 가장 중요한 것입니다. 화룡점정의 순간에 준비물로 인해 문제가 생긴다면 참 안타까운 일이 되겠죠?

본인인 경우

- 신분증 주민등록증이나 운전면허증 또는 여권
- 도장 막도장도 되고 인감도장도 가능
- 입찰보증금 최저매각가격의 10%, 재매각일 경우 보증금이 증액되는 경우도 있음

대리인인 경우 : 본인의 인감도장으로 날인된 위임장 반드시 인감도장으로 날인

- 본인의 인감증명서 발급된 지 6개월 이내의 것
- 대리인의 신분증
- 대리인의 도장
- 입찰보증금

법인인 경우 : 법인등기부등본

- 법인인감증명서
- 법인인감도장으로 날인된 위임장
- 대리인의 신분증
- 대리인의 도장
- 입찰보증금

 자, 이제 가장 중요한 입찰표의 기재방법에 대해 알아보겠습니다.

입찰표 작성하기

입찰표 기재방법에 대해서는 아무리 강조해도 지나치지 않습니다. 다음 입찰표를 기재해보세요. 먼저 입찰에 응찰하고자 하는 자는 먼저 입찰표에 사건번호 물건번호가 2개 이상 있으면 물건번호까지 반드시 기재해야 한다, 입찰자의 성명, 주소, 입찰가액, 보증금액을 기재하고 날인합니다.

입찰표는 매각기일 당일 입찰법정에 가면 준비가 되어 있습니다. 입찰표에 기재한 입찰가격에 따라 최고가 매수신고인이 결정됩니다. 물론 보증금도 제대로 넣어야겠지요?

(앞면)

기 일 입 찰 표

지방법원 집행관 귀하			입찰기일 : 년 월 일	
사 건 번 호			물 건 번 호	※물건번호가 여러 개 있는 경우에는 꼭 기재

입찰자	본인	성 명		전화번호	
		주민(사업자)등록번호		법인등록번호	
		주 소			
	대리인	성 명		본인과의 관계	
		주민등록번호		전화번호	
		주 소			

입찰가격	천억	백억	십억	억	천만	백만	십만	만	천	백	십	일	원	보증금액	백억	십억	억	천만	백만	십만	만	천	백	십	일	원

보증의 제공 방법	☐ 현금·자기앞수표 ☐ 보증서	보증을 반환 받았습니다. 입찰자

입찰표 작성 시 주의사항

1. 사건번호를 잘 기재한다. 틀린 글자가 있어서는 안 된다.
2. 물건번호가 별도로 있다면 반드시 기재해야 한다. 하나의 사건에 물건이 2개 이상인 경우의 개별매각 시 물건번호는 기재해야 한다.
3. 입찰자 인적사항을 정확히 기재한다. 주민등록상 주소지로 기재한다.
4. 입찰가격은 절대 수정해서는 안 된다. 수정하려면 새로운 입찰표를 사용한다.
5. 보증금은 입찰가격의 10%가 아닌 최저매각가의 10%이다.
6. '보증을 반환받았습니다'란은 나중에 패찰되고 보증금을 돌려받고 기재한다.

자, 여기서 잠깐!

많은 분이 '입찰의 대리는 아무나 할 수 있나요?'라고 질문을 합니다. 자, 정답은? 원칙적으로 입찰의 대리는 누구나 가능합니다. 다만 입찰의 대리와 관련하여 금전을 수수하게 되면, 변호사법 위반의 문제가 발생합니다.

돈을 받는 입찰의 대리는 아무나 할 수 없습니다. 변호사와 법무사 그리고 개업공인중개사 중에 매수신청대리등록이 된 개업공인중개사만이 가능합니다. 이 세 사람을 제외한 나머지는 금전을 수수하는 입찰대리가 불가합니다. 즉 금전을 수수하고도 입찰의 대리를 할 수 있는 자는 변호사, 법무사, 매수신청대리 등록이 된 개업공인중개사뿐입니다.

자, 다음은 입찰표와 보증금의 제출에 관련된 내용입니다.

입찰표와 보증금 제출하기

입찰에 응찰하고자 입찰표를 기재한 자는 입찰기일 입찰시간 완료 전에 집행관에게 입찰표를 제출해야 합니다. 실무에서는 입찰봉투를 입찰함에 투입하는 것을 집행관에게 제출하는 것으로 봅니다.

입찰표의 투입은 매수신고를 한 것과 동일한 효력이 있습니다. 아울러 한 번 제출한 입찰표는 취소나 변경 등이 어렵기 때문에 신중하게 작성해서 제출해야 합니다. 한 번 투입했다가 금액을 다르게 적고 싶다고 해서 기존에 투입한 입찰봉투를 돌려달라고 하는 것은 불가능합니다.

 자, 그럼 입찰보증금에 대해 살펴보도록 할까요?

입찰보증금은 최저매각가격의 10%입니다. 내가 입찰하는 금액의 10%가 아니고 최저매각가격의 10%이기 때문에 누구에게나 입찰보증금은 똑같다는 점을 다시 한 번 강조합니다. 다만 재매각일 경우에는 입찰보증금이 증액될 수 있음을 유념해야 합니다.

만약 입찰보증금이 증액되는 경우에는 통상 매각물건명세서상 비고란에 입찰보증금 20% 또는 30%라고 기재가 됩니다. 입찰보증금은 정해진 보증금보다 1원이라도 부족하면 입찰은 무효가 됩니다. 많은 것은 상관없습니다.

자, 다음은 입찰봉투의 작성과 관련된 부분입니다. 다음과 같은 경우 입찰이 무효화되기 때문에 잘 기억해두시기 바랍니다.

입찰이 무효화되는 경우

- 입찰표상 금액의 기재를 수정한 경우
- 매수신청보증금액이 부족한 경우
- 동일 사건에 관한 입찰자이면서 다른 입찰자의 대리인인 경우
- 동일 물건에 대하여 이해관계가 다른 2인 이상의 대리인이 된 경우
- 자격증명서면을 제출하지 않은 경우. 즉 위임장이나 인감증명서를 제출하지 않은 경우
- 한 장의 입찰표에 여러 개의 사건번호나 물건번호를 기재한 경우
- 채무자, 매각 절차에 관여한 집행관이나 매각부동산을 평가한 감정인 또는 재매각 절차에서 전의 매수인이 응찰한 경우
- 입찰가격이 최저매각가격 미만인 경우

자, 여러분 이제 입찰 절차의 마감에 대해 알아보도록 합시다.

입찰 절차의 마감

통상 입찰시간은 오전 10시부터 11시 10분_{법원마다 마감시간이 다를 수 있다}까지로 이 시간 내에 매각물건명세서 등을 확인한 다음 입찰표를 작성하여 입찰봉투에

넣고 입찰함에 투입합니다. 이후 약 10~20분 동안 집행관사무소 직원들이 입찰 봉투를 개찰하기 좋게 정리합니다. 정리가 완료되면 빠른 사건번호 순이거나, 또 어떤 법원은 입찰자가 일단 많은 사건순으로, 또 어떤 법원은 아이를 업고 온 엄마부터……. 그러나 통상 사건이 빠른 순서대로 개찰합니다. 어떤 법원은 1등부터 부르기도 하고요. 어떤 법원은 1등을 맨 마지막에 부르기도 합니다.

개찰할 때에는 긴장하게 되죠. 입찰자 중 최고의 가격으로 입찰가액을 기재하고 정해진 입찰보증금을 납부한 자가 최고가매수신고인으로 결정됩니다. 만약에, 이런 일은 드물지만, 최고의 입찰가액으로 매수신청을 하고, 정해진 입찰보증금을 제출한 자가 두 사람 이상일 경우에는 그들만을 상대로 추가 입찰을 실시합니다. 따라서 입찰가격을 쓸 때에는 만 원 단위 이하도 신경을 써서 기재하는 것이 좋습니다. 얼마 전에 부천지원에서는 100원 차이로 당락이 결정된 경우도 있었고, 서울중앙지방법원에서는 정말 1원 차이로 당락이 결정된 경우도 있었습니다. 아직까지 동점자를 보지는 못해서 아쉽네요.

최고가매수신고인이 되지 못한 나머지 응찰자들, 즉 패찰자들이죠. 집행관에게 입찰자용 수취증을 돌려주고, 본인임을 확인한 다음 바로 그 자리에서 보증금을 돌려받고 귀가하면 됩니다. 좀 씁쓸하겠지요. 1등과 금액 차이가 거의 없이 패찰하신 분들은 상당히 속이 쓰립니다. 차라리 패찰할 거면 3등 이하로 그리고 금액 차이도 많이 나면 속은 거의 쓰리지 않을 테니까요.

저도 예전에 부천에 있는 빌라를 낙찰 받으러 간 적이 있는데, 아내와 제가 1/2씩 공유로 낙찰을 받으려고 했습니다. 물론 저 대신 아내가 입찰법정에 갔습니다. 그런데 개찰 후 아내가 어찌나 속상해하던지. 입찰경쟁률은 22대1이었고, 20만 원 차이로 2등을 했습니다. 수익률도 나쁘지 않았던 물건이었는데요.

그런데 여러분, 사실 경매 낙찰은 결과로 판단됩니다. 누가 알 수 있나요?라는 가정은 아무 의미가 없습니다. 아울러 오늘의 영웅 최고가매수신고인은 입찰조서와 법원보관금 납부 명령서에 기명날인하고, 입찰보증금 영수증을 교부받고 입찰법정을 빠져나가며 대출 모집인들에게 명함 다발을 받고 멋지게 퇴장하면 됩니다.

자, 여러분! 이제 최고가매수신고인은 정해졌습니다. 그런데 집행관이 혹시 차순위매수신고를 할 사람 있나요?라고 물어봅니다. 그럼 차순위매수신고인은 어떤 사람일까요?

차순위매수신고인은 누가 될 수 있나?

최고가매수신고인이 낙찰 후 잔대금 납부를 미납한 경우에는 경매 절차를 되풀이하게 되고, 그러면 경매 절차의 지연과 비용낭비를 초래하게 됩니다. 이런 문제를 피하기 위해 차순위매수신고인 제도를 도입하여 재매각을 거치지 않고 매각 절차를 속행할 수 있게 하였습니다. 차순위매수신고인은 아무나 할 수 없습니다. 그럼 누가 할 수 있냐고요?

응찰자 중 최고가매수신고인의 최고가매수신고액에서 입찰보증금액을 뺀 금액을 넘는 가격으로 입찰에 참가한 매수신고인이 차순위매수신고인이 됩니다. 차순위매수신고인은 매각기일을 마칠 때까지 집행관에게 최고가매수신고인이 대금 지급기한까지 잔대금 납부를 하지 않으면 자기의 매수신고에 대해 매각을 허가해달라는 취지의 신고를 할 수 있습니다.

예를 들어 볼까요? 최저매각가격이 1억 원이고, 최고가매수신고인의 입찰가액이 1억 3,000만 원이라면 차순위매수신고를 할 수 있는 사람은 '최고가 금액 1억 3,000만 원-입찰보증금 1,000만 원', 즉 1억 2,000만 원을 초과하여 응찰한 사람이 차순위매수신고인이 될 수 있는 것입니다. 만약에 요건이 되는 사람이 여러 명일 경우에는 그 중에서 가장 높은 금액을 기재한 사람이 차순위매수신고인이 됩니다.

자, 문제 하나!
최저매각가격이 10억 원인데, 최고가매수신고인이 20억 원에 낙찰을 받았습니다. 이 경우 차순위매수신고를 할 수 있는 가장 낮은 금액은 얼마인가요? 정답은 19억 1원입니다 20억-1,000만 원=19억 원 초과. 이해 가시죠?

최고가매수신고인이 매각대금을 납부하지 않을 경우 다시 재매각을 실시하지 않고 바로 차순위매수신고인에게 잔금을 납부하게 하여 절차지연을 방지할 수 있습니다.

그런데 만약 이때 차순위매수신고인도 매각대금을 납부하지 않으면 재매각기일 3일 전까지 최고가매수신고인이나 차순위매수신고인 중 먼저 잔대금 잔대금+이자+추가 경매비용 을 납부하는 자가 매각 부동산의 소유권을 취득하게 된다는 점도 알아두세요.

 자, 다음은 입찰의 형태와 관련된 내용입니다.

어떤 방법으로 입찰할 수 있을까?

먼저 대리입찰입니다. 입찰 절차에는 아무나 대리로 입찰을 할 수 있습니다. 대리인에 관해서는 특별히 법률 전문가이거나 법원의 허가를 득할 필요도 없습니다. 다만 금전을 수수하고 대리입찰을 하는 데에는 제한이 있다는 점에 대해서는 앞에서 설명했습니다. 또한 대리인이 입찰에 참가할 때에는 앞서 언급한 바대로 본인, 즉 위임인의 인감도장으로 날인된 위임장과 인감증명서를 첨부해야 합니다. 이때 인감증명서는 발급한 지 6개월 이내의 것이어야 합니다.

다음은 공동입찰입니다. 2인 이상이 한 물건에 대해 같이 즉 지분으로 입찰에 참여하는 것을 공동입찰이라고 합니다. 일반적으로 가족끼리 낙찰 받을 때, 특히 부부가 공동입찰하는 경우가 실무적으로 많습니다. 공동으로 입찰할 경우에는 각 공유자별로 지분을 표시해야 하는데요. 만약 지분을 표시하지 않으면 균등한 비율로 낙찰 받는 것으로 봅니다.

 자, 다음은 개별매각에 대해 알아보도록 할까요?

개별매각이란?

한 사건에 매각 부동산이 여러 개인 경우, 각 부동산별로 최저매각가격을 정하여 각각 매각하는 것이 개별매각입니다. 개별매각일 때 입찰자는 입찰표 기재 시 사건번호 외에 물건번호를 반드시 기재해야 합니다.

반면 일괄매각은 한 사건에 매각 부동산이 여러 개인 경우, 하나로 묶어서 매각하는 것을 일괄매각이라고 합니다. 통상 다가구주택의 토지와 건물인 경우, 또는 여러 필지의 토지가 있는데 하나로 묶어서 매각하는 것이 합리적이라면 법원이 직권으로 일괄매각을 하게 됩니다. 한 사건의 여러 부동산을 하나로 묶어서 일괄매각한다면 차후 입찰표 기재 시 사건번호 외에 물건번호는 기재하지 않아도 입찰은 유효합니다.

 자, 다음은 공유자우선매수신청권에 대해 알아보도록 하겠습니다.

공유자우선매수신청은 언제 할까?

법원경매에서는 공유자의 우선매수신청권을 인정하고 있습니다. 공유물에 대한 이용과 관리에 대해서는 공유자들 간에 협의를 해야 하는 등의 어려움이 있습니다. 때문에 공유지분의 매각에 대해서는 새로운 사람이 공유자가 되는 것보다는 기존 공유자에게 우선권을 부여하여 그 공유지분을 매수할 수 있는 기회를 주는 데 그 의의가 있습니다.

경매에 나온 지분의 다른 공유자는 매각기일까지 매수신청에 필요한 입찰보증금을 제공하고 최고매수신고가격과 같은 가격으로 채무자의 지분을 우선 매수하겠다는 신고를 할 수 있습니다. 이 경우 집행법원은 최고가매수신고인이 있다고 하더라도 그 공유자에게 매각을 허가해야 합니다. 이때 최고가매수신고인은 차순위매수신고인의 지위를 얻을 수 있을 뿐입니다.

단, 공유물분할판결에 의한 경매 시에는 공유자의 우선매수신청권은 인정하지 않습니다. 만약 공유자의 공유자우선매수신고 시에 다른 매수신고인이 없다면, 즉 공유자가 우선매수신고를 하였으나 다른 매수신고인이 없을 때에는 최저매각가격을 최고매수신고가격으로 보아 우선매수를 인정합니다. 공유자우선매수신청은 그 사건의 매각이 종료될 때까지만 가능합니다. 또한 법이 개정되면서 공유자우선매수신청은 1회로만 제한하고 있습니다.

 자, 다음은 매각결정기일에 대해 알아보도록 하겠습니다.

매각결정기일이란?

매각기일 1주일 후 매각결정기일이 정해집니다. 매각결정기일 이전에는 집행법원이 매각기일의 종료 후 매각이 적법하게 진행되었는지, 이의사유가 있는지 여부를 조사합니다. 아울러 이해관계인들의 진술을 듣고 매각의 허부를 선고하는 날입니다. 실무적으로 매각결정기일에 매각이 허가되는 경우는 90% 정도, 불허가가 되는 경우는 10% 미만입니다.

그럼 매각불허가 되는 사유에는 어떤 것들이 있을까요? 가령 농지경매에서 농지취득자격증명원의 제출을 하지 못한 경우, 또는 과잉 매각될 때, 집행정지결정 정본이 제출된 때에도 매각이 불허가 됩니다. 잉여주의 위반도 매각불허가 사유가 됩니다. 매각물건명세서상의 중대한 하자가 있는 경우도 해당됩니다.

다만 매각허가에 대한 이의신청 시에는 자신의 권리에 관한 이유에 대해서만 가능하고, 타 이해관계인의 권리에 관한 이유로는 이의를 신청하지 못합니다. 가령 잉여의 가망이 없는 경매로 판단하여 매각 절차 취소 절차를 밟게 하는 것은 압류 채권자 또는 우선 채권자의 보호를 위한 것입니다. 그러므로 채무자는 위 절차를 거치지 않았다는 이유로 이의를 신청할 수 없습니다. 아울러 다른 이해관계인에게 매각기일 등의 통지가 결여되었음을 이유로 이의신청을 할 수 없다는 의미입니다.

 매각불허가가 되었다면 이후의 절차는 어떻게 될까요?

만약 매각불허가가 종국적으로 매각을 불허가할 사유에 의한 것이라면, 즉 매각 부동산이 멸실되거나 집행 취소 사유가 있어서 불허가 하고 그것이 확정된다면 그 후의 모든 매각 절차는 모두 소멸하고 경매는 종결됩니다. 반면에 매각불허가가 종국적으로 매각을 불허가할 사유가 아니어서 다시 매각기일을 지정해야 한다면 새 매각기일을 정합니다. 이때의 새 매각기일에는 기존 최저매각가격을 저감하지 않습니다.

 다음은 매각허가결정에 대해 알아보도록 하겠습니다.

매각허가결정이란?

집행법원은 이해관계인들의 이의에 대한 이유가 없다고 판단되고, 아울러 직권으로도 매각을 불허가할 이유가 없다고 인정하는 때에는 최고가매수신고인에게 매각을 허가한다는 결정을 내리게 됩니다. 매각허가 또는 불허가결정은 이해

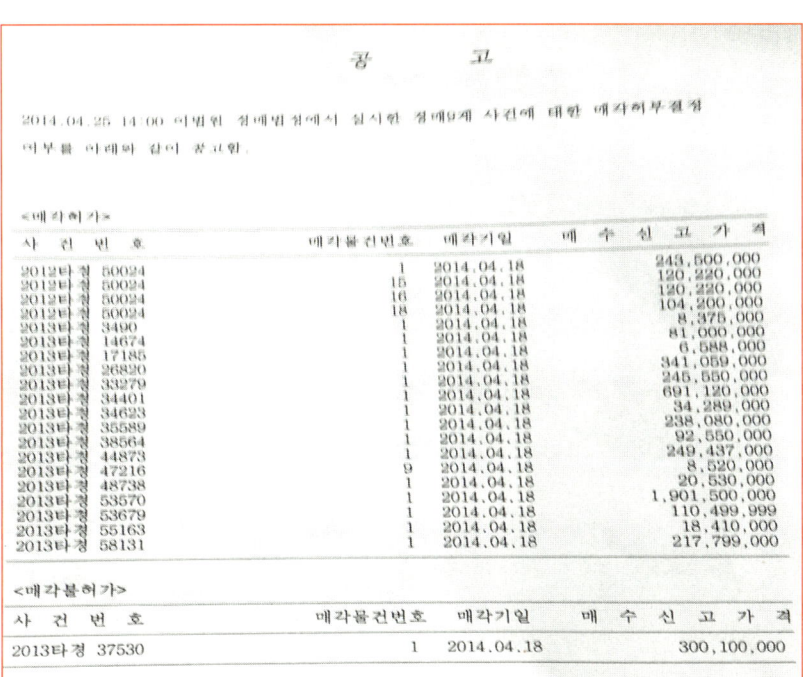

매각허부결정 공고문 | 매각허가 또는 불허가결정은 이해관계인들의 출석과는 상관없이 선고에 의하여 일률적으로 그 고지의 효력이 발생한다.

관계인들의 출석과는 상관없이 선고에 의하여 일률적으로 그 고지의 효력이 발생하게 되므로, 결정 정본을 이해관계인들에게 송달할 필요는 없습니다. 통상 실무에서는 매각결정기일날 이해관계인들이 직접 출석하지 않고, 그 이전에 매각허부에 대한 이의진술서 등을 제출하고, 당일에는 전화로 허가/불허가 여부를 확인합니다.

 그럼 매각허가/불허가에 대한 즉시항고에 대해 살펴보도록 합시다.

매각허가/불허가에 대한 즉시항고

자, 먼저 이해관계인들은 매각허가나 불허가 결정에 따라 손해를 볼 경우에만 매각 결정이 난 날로부터 7일 이내에 이의를 제기할 수 있는데, 이것을 즉시항고라고 합니다. 매각허부 결정에 대한 불복방법으로는 즉시항고만이 인정됩니다. 즉시항고 제기기간은 매각허가/불허가 결정을 한 날로부터 7일 이내에 항고장을 원심법원에 제출해야 합니다. 즉 매각허부결정을 선고한 날로부터 7일 이내에 항고를 제기해야 하고, 그 기간을 초과하면 항고는 각하됩니다. 7일이 매우 중요합니다. 꼭 기억해두세요.

 그럼 즉시항고는 어떤 방법으로 제기해야 할까요?

즉시항고장은 매각허부결정을 한 원집행법원에 제출합니다. 만약 즉시항고장에 항고 이유를 기재하였다면 추가로 항고 이유서를 제출하지 않아도 됩니다. 하지만 즉시항고장에 항고 이유를 기재하지 않은 경우에는 즉시항고장을 제출한 날로부터 10일 이내에 항고 이유서를 원집행법원에 제출해야 합니다. 이는 굉장히 중요한 부분입니다. 항고 이유서를 10일 이내에 제출하지 않으면 집행법원은 즉시항고를 각하합니다. 따라서 즉시항고장을 제출할 때 가급적이면 간단하게라도 항고 이유를 기재하는 것이 좋습니다.

 그럼 누가 즉시항고를 제기할 수 있을까요?

매각허부 결정에 따라 손해를 볼 수 있는 이해관계인이 즉시항고를 할 수 있습니다. 여기서 이해관계인은 민사집행법 90조에 언급된 경매 절차의 이해관계인을 의미합니다. 만일 이해관계인이 아닌 자가 항고를 하게 되면, 그 항고는 부적법하여 각하됩니다.

 즉시항고를 할 때에는 항고보증금을 납부해야 할까요?

허가에 대한 즉시항고 시에는 항고보증금을 납부하고, 불허가에 대한 즉시항고 시에는 항고보증금을 납부하지 않습니다. 자 먼저, 매각허가결정에 대해 항고하는 자는 그 항고보증으로 매각대금의 10%에 해당하는 금전 또는 법원이 인정하는 유가증권을 공탁해야 합니다. 다만 불허가결정에 대한 즉시항고 시에는 항고보증금 납부 의무가 없습니다. 항고보증금은 항고남발로 인한 경매 절차의 지연 등을 방지하기 위해 항고를 제기하는 모든 이해관계인들이 매각대금의 10%에 해당하는 보증을 제공하도록 정한 것입니다. 실제 항고보증금 제도 도입 후 항고 건수는 상당히 감소하였습니다.

 그렇다면 이 항고보증금은 차후에 어떻게 될까요?

만약 소유자와 채무자가 한 항고가 취하, 기각, 각하되면 항고가 잘못되면 항고보증금은 몰수되어서 차후 배당할 금액에 편입됩니다. 경매 절차에서 몰수되는 돈은 법원에 들어가는 것이 아닙니다. 차후에 모두 배당금액에 포함됩니다. 혹시 중간에 경매가 취소되면 납부한 자에게 다시 반환해줍니다. 만약 소유자와 채무자 이외에 나머지 항고인들이 항고를 했는데 항고가 역시 취하, 기각, 각하된 때에는 항고를 제기한 날부터 항고기각결정이 확정된 날까지의 매각대금에 대한 연 20%의 이자금액을 제외한 나머지 금액만을 돌려줍니다. 그리고 돌려주지 않는 돈도 배당할 금액에 포함됩니다. 경매가 취하되거나 매각 절차가 취소된 때에 항고인은 몰수된 항고보증금을 반환받을 수 있습니다. 당연히 즉시항고가 받아들여지면 항고보증금을 돌려받을 수 있습니다. 이자까지 쳐서요.

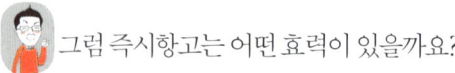 그럼 즉시항고는 어떤 효력이 있을까요?

원칙적으로 매각허가에 대한 즉시항고에는 집행정지의 효력이 없습니다. 다만 매각허가 여부의 결정이 확정되어야 효력이 발생합니다. 그래서 즉시항고가 있으면 집행법원은 대금지급 기한통지나 배당기일 또는 새 매각기일을 지정할 수 없습니다. 사실상 즉시항고로 인해 매각 절차를 진행할 수 없기 때문에 실질적으로는 집행정지의 효력이 있는 것과 같은 효과가 있다는 사실을 알아두세요.

재매각이란 무엇일까?

재매각은 새매각과는 달리 최고가매수신고인이 대금 지급기한까지 잔대금 납부 의무를 이행하지 않고, 아울러 차순위매수신고인도 없는 경우에 집행법원이 다시 매각을 실시하는 것을 말합니다.

재매각과 새매각을 비교해보면, 다시 매각 절차를 실시하는 것에서는 같습니다. 하지만 재매각은 매각허가결정 확정 후에 최고가매수신고인이 잔대금 납부 의무를 이행하지 않아 다시 매각 절차를 실시하는 것입니다. 새매각은 매각허가결정 또는 매각허가결정의 확정에 이르지 아니한 경우에만 다시 매각절차를 실시하는 면에서 다릅니다. 경매가 유찰되었을 경우에도 새매각을 하게 됩니다.

통상 재매각 시에는 입찰보증금을 20~30%로 증액시켜 입찰에 신중을 기하도록 하는 것이 실무례입니다. 또한 최고가매수신고인이 재매각기일 3일 이전까지 잔대금 지급기한이 지난 날로부터 지급기일까지의 잔대금에 대해 연 15%의 비율에 의한 지연 이자와 절차 비용을 지급한 때에는 재매각 절차를 취소하고 최고가매수신고인이 소유권을 취득합니다.

 그럼 잔대금 납부는 왜 중요한지에 대해 알아보겠습니다.

잔대금 납부는 왜 중요할까?

과거에는 최고가매수신고에 대한 매각허가결정이 확정되면 그로부터 4주 이내에 잔대금 납부기일을 지정해서 반드시 그 기일에만 잔대금을 납부할 수 있도록 하였는데요 잔대금 납부의 효력은 소유권의 이전을 의미. 그렇게 하다 보니 채무자나 소유자가 잔대금 납부기일 전에 채무를 변제하여 담보권 등을 말소시키고, 경매를 취소시키는 사례가 많았습니다. 그렇다 보니 짧게는 6개월, 길게는 몇 년 이상 진행되어서 많은 사람의 정신적·경제적 비용이 투입된 경매가 채무자의 변제로 인하여 모두 물거품이 되어 경매를 한순간에 무용지물로 만들어버리는 현상이 종종 발생했습니다.

그래서 민사집행법이 제정·시행된 이후에는 잔대금지급기한제도를 탄생시킴으로써, 최고가매수신고인이 정해진 대금지급기한 언제라도 매각대금을 납부하고 매각부동산의 소유권을 취득하게 하였습니다. 잔대금을 납부하는 순간 채무자가 돈을 변제하고 경매를 취소시키는 행위는 더 이상 할 수 없습니다.

여기서 질문 하나! 채무자가 돈을 변제하고 경매를 취소시킬 수 있는 종기는 언제까지일까요? 정답은 바로 낙찰자가 잔대금을 납부하기 전까지 가능합니다.

 그럼 잔대금 납부는 어떻게 할까요?

가장 대표적인 것이 현금 납부 방법입니다. 잔대금은 현금으로 납부해야 합니다. 통상 법원에서 최고가매수신고인에게 잔대금납부기한통지를 하게 되면 최고가매수신고인이 해당 경매계로 가서 잔대금을 납부하러 왔다고 하면 법원직원이 잔대금납부명령서를 줍니다. 그러면 법원 내 은행에서 잔대금을 납부하고 은행직원에게 영수증을 받습니다. 이후에 영수증을 가지고 경매담당 직원에게 보여주면서 잔대금완납증명서 2부를 받아서 1부는 소유권이전등기하는 데 사용하고, 1부는 부동산인도명령을 신청하는 데 사용합니다.

두 번째 방법은 상계신청입니다. 상계신청의 전제는 배당받는 채권자가 낙찰을 받은 경우입니다. 즉 매수인이 채권자일 경우 자신이 배당받아야 할 금액을 제외한 나머지 금액만을 납부하는 방법입니다. 다만, 이때에는 매수인이 최고가매수신고인으로 지정된 후 매각결정기일이 끝날 때까지 경매법원에 상계신청을 해야 합니다. 법원의 허가가 있으면 차액만 납부할 수 있습니다. 실무적으로 보면 배당에 대한 이의가 있을 것 같은 사람의 채권상계는 받아들여지지 않습니다. 배당에 대한 이의가 없을 것 같은 매수인의 채권상계는 받아줍니다.

상계신청은 최고가매수신고인이 되고 나서부터 매각결정기일까지 반드시 신청해야 한다는 사실도 알아두세요. 사실 더 중요한 것은 만약 법원에서 상계신청이 받아들여졌다고 하더라도 실제 잔대금 납부기한과 함께 잡은 배당기일에 누군가 낙찰자에 대하여 배당이의를 하면 일단 이의가 들어온 금액만큼은 먼저 납부해야 한다는 사실입니다. 즉 상계가 받아들여졌다고 방심하면 안 됩니다.

마지막으로 채무인수입니다. 20여 년 동안 경매를 해오면서 채무인수는 단 한 건도 보지 못했습니다. 그러나 최근 유행하고 있는 NPL에서 아주 가끔 채무인수가 언급이 됩니다. 매수인은 배당표의 실시에 대해 매각대금의 한도 내에서 관련되는 채권자의 승낙을 얻어 대금지급에 갈음하는 채무인수를 할 수 있습니다. 그렇게 되면 채무인수를 한 만큼의 금액은 납부해야 할 매각대금에서 제외되는 것입니다. 사전에 배당받는 채권자의 승낙을 얻어서 역시 매각기일로부터 매각결정기일까지 법원에 채무인수허가신청서를 제출해야 합니다.

경매에서 잔대금 납부의 효과는 상당히 큰데요. 매수인은 잔대금을 완납함으로써 매각부동산의 소유권을 취득하게 됩니다. 이때 매수인은 매각대금완납증명서를 발급받아 소유권이전등기 및 부동산인도명령을 신청할 수 있습니다. 매수인이 재산권을 행사하기 위해서는 소유권이전등기 및 말소등기촉탁을 해야 하는데요, 그 절차에 대해서 알아보도록 합시다.

소유권이전등기 및 말소등기촉탁의 절차는?

대출을 받을 때는 금융기관이나 수임을 받은 법률사무소에서 모든 업무를 처리해주니 특별히 할 일은 없습니다. 다만 나홀로 스스로 등기를 해볼 수는 있지만, 개인적으로는 법률사무소에 저렴하게 맡기는 게 좋을 것 같습니다.

잔대금을 모두 납부한 후 낙찰자인 나의 명의로 소유권이전등기를 하고, 동시에 기존 등기부상에 있었던 근저당권, 가압류, 경매등기 등은 말소등기를 해야 합니다. 이것은 해당 경매계에 신청을 해야만 가능한데, 만약 신청을 하지 않으면 해당 경매계에서 알아서 해주지는 않습니다. 소유권이전등기 및 말소등기를 하기 위해서는 매수인이 소유권이전등기 및 말소등기촉탁신청서를 작성하고, 아울러 첨부해야 할 서류, 비용 등을 납부한 후 신청합니다.

여기서 잠깐! 등기촉탁 시 말소되는 권리에는 어떤 것이 있을까요?

저당권과 근저당권 그리고 담보가등기는 모두 말소됩니다. 가압류와 체납처분에 의한 압류등기는 말소됩니다. 경매개시결정기입등기는 말소됩니다. 말소기준권리 이후에 등기된 지상권, 지역권, 전세권, 소유권가등기, 가처분은 말소됩니다. 단 가처분등기 중 토지 소유자가 그 지상건물 소유자에 대한 건물철거 및 토지인도청구권보전을 위한 가처분등기는 후순위라도 말소되지 않는다. 말소기준권리 이전에 등기된 전세권은 배당요구를 했다면 말소됩니다.

소유권이전등기 및 말소등기촉탁신청을 간단하게 정리하면 다음과 같습니다.

- 소유권이전등기 및 말소등기촉탁신청서 작성
- 시군구청에 가서 취득세 납부고지서 및 말소등록면허세 납부고지서 발급
- 은행에 가서 납부
- 은행에서 국민주택채권 매입
- 은행에서 수입증지 구입
- 신청서 및 비용영수증 첨부해서 해당 경매계에 제출

부동산소유권이전등기 및 말소등기촉탁신청서

사건　　　　2013타경3277호　부동산임의경매
채권자　　　최 남 열
채무자　　　유 정 희
소유자　　　이 경 섭

매수인　　　설 춘 환
　　　　　　서울시 용산구 한강로2가 137-1, 4층

 위 당사자간 귀원 2013타경3277호 부동산임의경매신청사건에 관하여 매수인은 귀원으로부터 매각허가결정을 받고 2014년 2월 10일자로 매각대금을 전액 납부하였으므로 관할등기소에 별지목록 (1)기재 부동산에 관하여 소유권이전등기 및 별지목록 (2) 기재 말소할 등기내역 표시와 같이 말소등기를 촉탁하여 주시기 바랍니다.

첨부서류
1. 부동산표시 및 말소할 등기 내역서　　　각 1부
1. 등록세 및 국민주택채권 과표산출내역서　1부
1. 부동산등기부등본　　　　　　　　　　　1통
1. 토지대장　　　　　　　　　　　　　　　1통
1. 주민등록표등본　　　　　　　　　　　　1통
1. 위 각 부본　　　　　　　　　　　　　　각 2부
1. 등록세 및 교육세영수필확인서(이전 및 말소)　1통
1. 국민주택채권 영수필증　　　　　　　　1부

1. 대법원수입증지
1. 우표

2014년   월   일

위 신청인 (매수인) 설 춘 환 (연락처 : 010-XXXX-XXXX)

수원지방법원 경매 5계   귀 중

별지 (1)

부동산의 표시

경기도 화성시 팔탄면 덕천리 342
전 1351㎡

별지 (2)

말소할 등기

1. 2011년 6월 15일   접수제82880호   압류등기
2. 2012년 8월 26일   접수제119796호   임의경매신청등기
3. 2013년 9월 10일   접수제86408호   근저당권설정등기
4. 2013년 9월 28일   접수제18829호   임차권설정등기

(말소할 등기 총 4건)

서류 편철 순서는 다음과 같습니다.

- 소유권이전등기 및 말소등기촉탁신청서
- 부동산 목록
- 말소할 사항
- 부동산등기부등본
- 토지대장
- 건축물관리대장
- 매수인 주민등록초본
- 국민주택채권 매입
- 등록면허세 영수증
- 매각대금완납증명원
- 수입증지
- 우표
- 부본 1부

이후에 해당 경매계에 제출하면 소유권이전등기와 말소등기를 하고, 마지막으로 낙찰자에게 등기필증을 교부하면 됩니다. 낙찰자가 송달료를 납부하였으면 우편으로 우송하고, 그렇지 않으면 직접 등기소에 가서 영수증을 작성하고 수령합니다.

경매에서 가장 어려운 부분은 인도와 관련된 것입니다. 저와 함께 쉽게 인도에 대해 알아보도록 하겠습니다.

인도란 무엇일까?

　인도와 명도라는 말은 동일하다고 보면 됩니다. 예를 들어 낙찰을 받은 후 기존 점유자소유자, 임차인 또는 그냥 공짜로 살고 있는 사람에게 잔대금을 납부하고 찾아가서 협의를 했습니다. 점유자에게 이사할 시간과 이사비를 조금 주고 나가겠다는 명도합의서를 작성하여 합의하에 인도를 하는 경우가 실무적으로는 90%가 넘습니다. 그럼에도 불구하고 끝까지 명도를 거부한다면 법의 힘을 빌리는 수밖에 없는데요. 이때 법의 힘을 빌려 집행관사무소에 명도를 부탁하려고 할 때에는 집행관사무소에서는 인도명령결정문이나 인도소송판결문을 가져와야 집행을 할 수 있습니다.

 그럼 인도명령은 무엇이고, 인도소송은 또 무엇일까요?

　먼저 부동산인도명령에 대해 알아보기로 할까요? 인도명령은 경매 절차에서만 있는 유일한 제도입니다. 매수인이 매각대금을 모두 완납하게 되면 그로부터 6월 이내에 채무자, 소유자 또는 매수인에게 대항할 수 없는 모든 점유자에 대하여 매각 부동산을 매수인에게 인도하도록 명할 수 있는 제도입니다.

　인도명령제도는 경매가 대중화되는 데 가장 결정적인 역할을 한 제도입니다. 일반인들이 통상 경매하면 낙찰받고 소유권이전등기까지만 하면 끝이라고 생각하는 분들이 많은데, 아쉽게도 하나의 절차가 더 남은 거죠. 바로 명도입니다.

　아무리 낙찰을 잘받은 부동산이라 하더라도 자신이 직접 사용, 수익하는 데 몇 년의 시간이 걸린다면 매수인의 입장에서는 오히려 잘못된 낙찰이 될 수도 있다는 점을 명심하시기 바랍니다. 흔히 매각 부동산의 점유를 회복하는 제도에는 인도명령과 명도소송이제는 법원에서도 명도소송보다는 인도소송이라는 명칭을 많이 사용하고 있다이 있는데, 저는 그냥 혼용해서 강의하겠습니다.

인도명령은 시간과 비용이 거의 들어가지 않는다는 점, 명도소송은 시간과 비용이 인도명령보다는 길고 많다는 점이 있습니다. 따라서 인도명령은 단 시일 내에 명령이 되어 강제집행을 실시할 수 있는 장점이 있는 반면에, 명도소송은 소송의 일종으로 상당한 비용과 기간이 소요되는 점을 감안하면 매수인으로서는 이 인도명령제도를 잘 이용하는 것이 좋습니다. 사실 경매에서 낙찰 받아서 명도할 때에는 99% 이상 인도명령의 대상이 됩니다.

 그러면 인도명령을 신청할 수 있는 사람은 누구일까요?

먼저 매수인이 가능하고, 매수인의 상속인 또는 합병된 회사는 인도명령을 신청할 수 있습니다. 그러나 매수인으로부터 매각부동산을 매수한 새로운 소유자는 신청할 수 없습니다. 단, 이때에도 매수인은 인도명령신청이 가능합니다.

 그러면 인도명령의 상대방이 될 수 있는 사람은 누구일까요?

상당히 중요한 부분입니다. 한마디로 말하면 매수인에게 대항할 수 없는 모든 점유자에 대해서 인도명령신청이 가능합니다. 가령 소유자 겸 채무자 그리고 말소기준권리 이후에 대항력을 갖춘 임차인 등은 모두 인도명령의 상대방이 됩니다.

 그러면 인도명령을 신청할 수 없는 점유자는 누구일까요?

매수인에게 대항할 수 있는 점유자는 인도명령의 대상이 되지 않습니다. 이들은 차후 명도소송을 해야 하는데, 다음과 같은 점유자들이 있습니다.

첫째, 1원이라도 배당을 못 받은 선순위임차인
둘째, 배당요구를 안 한 선순위전세권자
셋째, 적법한 유치권자

그러나 실무적으로 이렇게 매수인에게 대항할 수 있는 사람은 거의 없습니다. 굳이 비율로 따져보면 1%가 안 될 것입니다.

 인도명령은 아무 때나 신청할 수 있을까요?

그렇지 않습니다. 인도명령의 신청은 집행법원 즉 해당 경매계에 서면으로 신청하는데요. 매각대금 완납 후 6개월 이내에 신청해야 합니다. 6개월이 경과하면 아쉽게도 명도소송을 제기해야 합니다.

더불어 통상 인도명령은 소송처럼 변론기일을 열거나 또는 법원에서 심리를 거의 하지 않고 대부분의 사건이 서면심리로 결정이 나고 있는 상황입니다. 통상 소유자나 채무자에 대해서는 심리를 하지 않고 곧바로 인도명령결정을 내리고 있습니다. 이외의 점유자들에 대해서는 심리를 해야 하지만, 점유자들이 매수인에게 대항할 수 없는 자임이 기록상 명백한 경우에는 심리를 하지 않을 수도 있습니다. 실무상으로 인도명령은 거의 서면으로만 심리한다고 볼 수 있습니다.

간단히 인도명령 신청부터 강제집행까지 다시 한 번 정리해보도록 하죠.

인도명령 신청에서 집행까지

```
인도명령 신청
   ↓
인도명령 결정
   ↓   이후 상대방에게 송달된 것을 확인한 후 신청인은
       인도명령결정문을 가지고 해당 경매계에 가서 집
       행문과 송달증명원을 받는다.
관할집행관사무소에
강제집행신청
   ↓
집행관 사무소 직원이 계고
   ↙                    ↘
명도를 안 해줄 경우      부재중일 경우
강제집행기일지정         • 집행기일을 잡아 집행
및 집행                 • 짐을 가져갈 능력이 안 되면 이삿짐센
                         터에 보관(비용 추가)
                           ↓
                       집행관사무소에
                       매각명령신청(동산경매신청)
                           ↓
                       매각명령 결정 후 매각
                           ↓
                       강제집행 완료
```

인도명령결정을 받으면 이후에 관할집행관사무소에 가서 강제집행신청을 하면 되는데요. 무작정 가면 안 되고 다음과 같은 준비물이 필요합니다.

- 인도명령결정문
- 집행문
- 송달증명원

인도명령을 당한 상대방은 인도명령결정에 대해 즉시항고 할 수 있습니다. 다만 즉시항고는 집행정지 효력이 없기 때문에 집행정지명령을 받아 이를 집행관에게 제출해야만 매수인의 인도명령에 의한 강제집행을 막을 수 있습니다.

 자, 다음은 경매의 마지막 절차인 배당 절차에 대해 알아보도록 하겠습니다.

배당 절차는 어떻게 진행될까?

집행법원은 매각대금이 납부되면 곧바로 배당 절차를 밟습니다. 먼저 배당요구는 집행채권자에 의해 개시된 집행 절차에 참가하여 그 매각대금에서 변제를 받고자 채권자들이 배당을 신청하는 것을 말합니다.

배당요구와 대비되는 것 중에 권리신고라고 하는 것이 있는데요. 권리신고로 경매 절차상에 이해관계인이 되지만, 권리신고한 것만으로 당연히 배당을 받는 것은 아니기 때문에 배당을 받고자 한다면 별도로 배당요구를 해야 합니다. 특히 임차인들은 권리신고만 할 게 아니라 반드시 배당요구를 해야 합니다. 물론 선순위임차인은 권리신고만 해도 된다.

배당요구는 반드시 서면으로 해야 합니다. 배당요구를 꼭 해야 하는 채권자는 집행력 있는 정본을 가진 채권자, 소유자에게 판결을 받은 사람, 경매등기 후에 등기된 가압류권자, 근저당권자, 전세권자, 임차권등기명령권자, 소액임차인, 임금채권자, 조세징수권자 등도 배당요구종기일까지 배당요구를 해야 합니다.

다만 배당요구를 하지 않아도 배당순위에 따라 배당을 받는 자에는 배당요구종기일까지 경매신청을 한 이중압류 채권자, 경매등기 전에 등기된 가압류권자, 근저당권자, 전세권자 선순위전세권 제외, 조세징수권자 등입니다.

앞서 언급한 바대로 배당요구는 서면으로 하고요. 배당요구는 배당요구종기일까지 합니다. 배당요구종기일이 지난 배당요구는 받아들여지지 않습니다. 다만 배당요구 철회와 관련해서 꼭 알아두서야 할 것이 있습니다. 배당요구에 따라 매수인이 인수해야 할 부담이 바뀌는 경우에는 배당요구를 한 채권자는 배당요구종기일이 지난 뒤에는 이를 철회하지 못합니다. 바로 선순위임차인과 선순위전세권자입니다. 만약 위 두 채권자가 배당요구를 했다가 배당요구종기일이 지난 후에 배당요구 철회를 해도 집행법원은 배당요구가 있는 것으로 취급하여 배당순위에 따라 배당합니다.

 자, 이제 배당기일의 지정과 통지에 대해 살펴보도록 하겠습니다.

배당기일의 지정과 통지

매수인이 매각대금을 완납하면 집행법원은 배당기일을 지정하고, 배당기일을 이해관계인과 배당요구를 한 채권자에게 통지합니다. 매수인에게는 배당기일의 통지를 하지 않습니다. 하지만 매수인이 상계신청이나 채무인수 등을 신청하였다면 통지하게 됩니다. 그리고 집행법원은 통상 배당기일 3일 전까지 배당표를 작성해놓고 채권자와 채무자의 요구가 있으면 이를 열람시켜주어야 합니다.

또한 경매 절차에서 외화 채권자에 대하여 배당을 할 때에는 특별한 사정이 없는 한 배당기일 당시의 외국환시세를 우리나라 통화로 환산하는 기준으로 삼아야 합니다. 또한 배당을 하고 남은 금액이 있다면 소유자에게 지급합니다.

배당기일에 배당표가 확정되는데요. 배당기일에 집행법원은 배당표원안을 출석한 이해관계인들에게 열람시켜줍니다. 이해관계인들의 의견을 듣고, 추가할 것이 있으면 추가하고, 정정할 것이 있으면 정정해서 배당표를 최종 확정합니다. 만약 배당에 대해 이의가 있는 자는 배당기일날 사법보좌관 앞에서 배당이의가 있음을 진술합니다.

7일 이내에 집행법원에 배당이의 소송을 제기한 후 그 증명원을 발급받아 해당 경매계에 제출해야만 합니다. 위와 같이 배당이의 소제기 증명원을 경매계에 제출하면 경매법원은 배당이의가 있는 배당금을 공탁하고, 차후 배당이의 소송에서 승소한 자가 그 배당금을 교부받을 수 있습니다. 배당이의는 채무자를 제외하고, 출석한 자들만이 할 수 있습니다. 만일 배당기일날 출석하지 않았다면 그 배당에 동의한 것으로 간주합니다.

 배당액을 공탁하는 경우도 있습니다. 어떤 경우일까요?

채권에 조건이 붙은 경우

가령 주택임차인의 보증금은 목적물의 인도와 동시이행관계에 있기 때문에,

목적물의 인도를 조건으로 배당액을 공탁하고 임차인이 목적물의 인도를 증명한 때에 지급합니다.

가압류권자 채권인 경우

확정판결 같은 집행권원을 제출하면 배당금을 지급받습니다. 배당이의 소송이 제기된 때에도 공탁을 합니다. 더불어 배당받을 채권자가 배당기일날 불출석한 경우에도 공탁합니다.

Chapter 5.
주택임대차보호법이란
무엇이며, 왜 생겼을까?

자, 이번 시간에는 굉장히 중요한 주택임대차보호법에 대해 중요한 키포인트만 제대로 알아보도록 하겠습니다. 상식적으로 꼭 알아야 할 내용과 더불어 경매에서는 꼭 알아야 할 내용만 설명해드리겠습니다.

경매물건 및 경매상담 중에서 가장 많은 부분을 차지하는 부분이 바로 주택임대차와 관련된 부분입니다. 다가구, 다세대, 아파트, 주상복합건물 등 주택의 범위는 다양하지요. 주택임대차보호법은 주택 소유자에 비해 상대적으로 사회적 약자인 임차인을 보호하기 위하여 제정된 것입니다. 그래서 사실상 임대인보다는 임차인에게 유리한 내용이 상대적으로 많은 편입니다. 주택임대차보호법을 제대로 공부하면 상가건물임대차보호법은 거의 덤으로 이해할 수 있습니다. 여러분, 집중해주세요!

주택임대차보호법은 임차인에 대해서는 한없이 좋은 법일지는 모르나, 임대인의 입장에서는 상당히 부담스러운 법입니다.

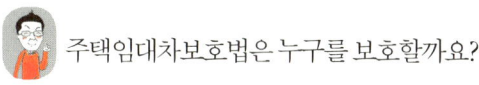 주택임대차보호법은 누구를 보호할까요?

주택임대차보호법은 자연인을 보호합니다. 원칙적으로 법인은 보호를 하지 않습니다. 다만 2013년 8월 13일 법이 개정된 내용 중에 중소기업기본법에 근거한 중소기업도 법이 보호를 하기로 하였다는 사실 정도만 이해하고 계시면 됩니다. 또한 주택임대차보호법은 외국인도 보호를 합니다. 즉 외국인등록을 한 외국인도 보호대상이 됩니다.

 그럼 왜 주택임대차보호법이 임차인에게 중요할까요?

예를 들어 어떤 아파트에 대해 임대인과 임차인 사이에 다음과 같은 임대차 계약을 체결한 후 2013년 1월 1일에 이사를 가서 전입신고를 하였다고 가정해보죠.

- 임대차기간 : 2013년 1월 1일~2014년 12월 31일까지
- 임대차보증금 : 3억 원

주택임대차보호법이 없는 경우

위 임차인은 임대인이 이 아파트를 새로운 소유자에게 매각하고, 새로운 소유자는 2013년 10월 1일 소유권이전등기까지 완료한 후 임차인에게 계약기간이 많이 남았음에도 불구하고 명도를 요구했습니다. 이 경우 임차인으로서는 명도를 거절할 수 있을까요?

주택임대차보호법이 없다면 특별히 민법상 임대차에 의거해서 대항력이라고 하는 것이 없기 때문에 새로운 소유자의 명도를 거부할 권리가 없습니다. 이런

임차인은 이런 명도에 대한 부담을 덜기 위해 기존 임대인과 임대차계약을 체결한 후 전세권등기를 해놓으면 새로운 소유자 등 제3자에게 기간과 보증금을 주장하고 대항할 수 있게 됩니다. 전세권은 임대인의 동의가 필요하다고 하는 점과 일정한 비용이 들어간다는 것이 부담입니다.

주택임대차보호법이 적용되는 경우

임차인은 점유와 전입신고를 2013년 1월 1일에 마쳤기 때문에 2013년 1월 2일 0시에 대항력이 생기게 됩니다. 새로운 소유자가 소유권이전등기를 하기 전에 대항력이 생기는 것이죠. 새로운 소유자가 명도를 요구하면 기존의 임대인과 맺은 임대차계약을 승계하라고 주장할 수 있습니다. 즉 임대차기간과 임차보증금을 보호받게 되는 것입니다. 이것이 바로 대항력입니다.

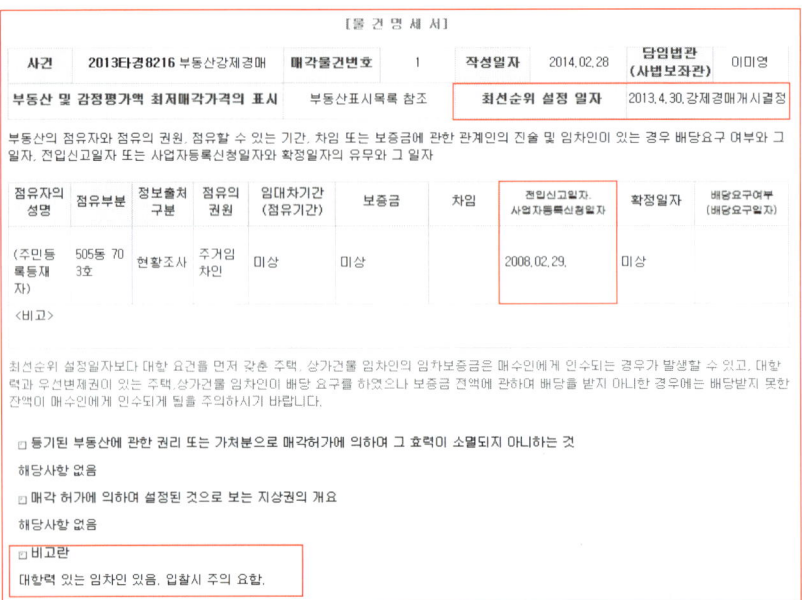

임차인은 명도에 대한 부담을 덜기 위해 기존 임대인과 임대차계약 체결 후 점유와 전입신고를 통해 대항력을 취득한다.

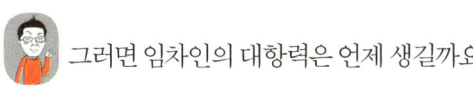 그러면 임차인의 대항력은 언제 생길까요?

주택의 임차인이 임차주택에 대한 점유이사 후 그 주택에 대해 자신 또는 가족원의 주민등록전입신고를 하게 되면 그다음 날 0시부터 법조문은 다음 날. 대법원 판례가 0시라고 기술하고 있다 대항력이 발생해서 제3자에게 대항할 수 있는 것입니다. 즉 그다음 날부터 주택이 타인에게 양도되더라도 새로운 양수인에게 계속해서 기존의 임대차를 주장하여 임대차기간이 만료될 때까지 거주할 수 있고, 또한 임대차기간이 만료되더라도 임대차보증금을 반환받을 때까지 주택의 명도를 거절할 수 있는 권리가 대항력입니다.

대항력이 발생하려면 전입신고를 해야 하는데요. 다가구주택은 번지까지 제대로 신고해야 되고, 다세대주택과 아파트는 번지 및 동·호수까지 제대로 신고를 해야 합니다. 임차주택의 실제 지번과 임차인이 전입신고를 한 지번이 서로 일치하지 않거나, 실제로 존재하지도 않는 지번으로 주민등록을 한 경우에는 부실한 주민등록으로서 대항력을 취득할 수 없게 됩니다.

주민등록전입신고는 현황이 중요하지 않습니다. 원칙적으로 건축물관리대장대로 신고해야 합니다. 그러나 실무적으로는 건축물관리대장을 감안해서 등기가 이루어지기 때문에 사실상 등기부등본을 발급받아 그 표제부대로 신고하면 가장 올바른 전입신고가 될 것입니다. 다만 아파트, 연립주택, 다세대주택은 공동주택으로서 임차인은 지번이외에도 동과 호수를 정확히 신고해야 합니다.

주택임차인의 대항력은 점유와 전입신고를 하면 둘 중 늦은 날을 기준으로 다음 날 0시에 발생합니다.
꼭 암기해두세요!

대항력 발생 시점

임차인	점유	전입신고	대항력 발생
갑	2014년 1월 7일	2014년 1월 7일	2014년 1월 8일 0시
을	2014년 4월 6일	2014년 4월 7일	2014년 4월 8일 0시
병	2014년 5월 7일	2014년 5월 2일	2014년 5월 8일 0시

가끔 세대합가의 경우도 있습니다. 세대주가 먼저 전입신고를 하고 차후에 세대원이 들어오는 것을 세대합가라고 하지 않습니다. 세대합가는 세대원이 먼저 전입신고2014년 5월 6일한 후 세대주가 차후 전입신고2014년 9월 30일 하게 된 경우, 차후 전입세대열람내역을 보면 전입신고가 세대주 2014년 9월 30일, 최초 전입일자 세대원 2014년 5월 6일로 기재되어 열람이 됩니다.

이때 임차인의 대항력 기준일인 전입신고는 세대주가 전입신고한 2014년 9월 30일이 아니고, 세대원이 전입신고한 2014년 5월 6일이 기준이 되어 동 임차인의 대항력은 2014년 5월 7일 0시에 발생하게 됩니다. 전입세대열람 시 꼭 한 번은 확인해봐야 하는 내용입니다. 점유보조자인 배우자나 자녀 등 동거가족의 주민등록을 포함하는 것입니다.

가끔 다음과 같은 경우도 있습니다. 소유자가 새로운 소유자에게 주택을 매도하면서 기존 주택에 새롭게 임대차계약을 맺고 임차인의 지위를 갖고자 할 때가 있는데요. 이런 경우 기존 소유자의 전입신고가 빨라 말소기준권리보다 앞서서 마치 대항력을 갖추고 있는 것처럼 보입니다. 하지만 기존 소유자의 임차인으로서의 대항력은 새로운 소유자의 명의로 소유권이전등기된 다음 날 0시부터 발생하기 때문에, 사실상 선순위임차인이 아님을 알 수 있습니다.

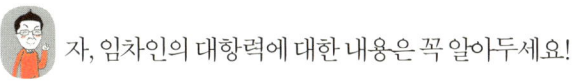 자, 임차인의 대항력에 대한 내용은 꼭 알아두세요!

일반매매 vs 경매에서 임차인의 대항력 비교

다음과 같은 부담이 있는 다가구주택을 2014년 9월 30일에 매매나 경매로 소유권을 취득하게 된다면 새로운 소유자는 기존에 있었던 임차인을 인수해야 하는지 또는 인수를 하지 않아도 되는지 임대차승계에 대한 특약이 없다는 전제하에 알아보도록 하겠습니다.

- 2014년 1월 2일 임차인 보증금 2억 원 : 같은 날 점유와 전입, 확정일자 취득
- 2014년 2월 4일 근저당권 4억 원 설정
- 2014년 3월 4일 임차인 보증금 2억 원 : 같은 날 점유와 전입, 확정일자 취득

첫째, 매매로 소유권을 취득한 매수인은 위 임차인 2명을 모두 인수합니다. 따라서 매매대금 지급 시 위 보증금 4억 원 2억 원+2억 원 을 감안하여 매매대금을 지급해야 합니다. 소유권이전등기 전에 대항력을 갖춘 임차인을 모두 인수합니다. 매매는 선순위임차인, 후순위임차인에 대한 개념이 없습니다. 오직 새로운 소유자가 소유권을 취득하기 전에 대항력을 갖추고 있느냐, 그렇지 않느냐가 중요할 뿐입니다.

둘째, 만약 경매로 소유권을 취득한 매수인은 위 임차인 중 근저당권 설정 이전에 대항력을 갖춘 2억 원의 선순위임차인 1명만 인수하게 됩니다 만약 선순위임차

인이 배당요구가 적법하여 배당을 다 받는다면 낙찰자로서는 임차인에 대한 부담은 전혀 없다. 더불어서 임차인에 확정일자는 상당히 중요합니다. 임차인에게도 우선변제권 같은 것을 주어서 배당을 받게 해주는 좋은 제도입니다.

 그럼 임차인은 확정일자를 어떻게 받을까요?

알아둡시다!
대법원 판례

주택임차인의 대항력에 대한 판례

대법원 1999년 5월 25일 선고 99다9981 판결

판시사항

주택임대차보호법 제3조에 의한 대항력이 생기는 시점인 '익일'의 의미(=익일 오전 영시)

판결요지

주택임대차보호법 제3조의 임차인이 주택의 인도와 주민등록을 마친 때에는 그 '익일부터' 제3자에 대하여 효력이 생긴다고 함은 익일 오전 영시부터 대항력이 생긴다는 취지이다.

임차인은 임대차계약서를 가지고 동사무소주민센터, 등기소, 공증사무실 등에서 확정일자를 받습니다. 그러면 우선변제권이 생깁니다. 다만 우선변제권이 생기려면 대항력을 겸비해야 합니다. 즉 대항력을 갖추지 못한 임차인은 확정일자를 받았다 하더라도 우선변제권을 갖지 못하게 되는 것입니다.

가끔 이런 질문을 받습니다. "전입신고와 확정일자 중에 뭐가 더 중요한가요?" 물론 둘 다 중요합니다. 그런데 그 중 하나를 꼽자면 당연히 전입신고입니다. 이유는 전입신고를 하면 대항력이라도 생기기 때문입니다. 확정일자를 받고 전입신고가 없으면 대항력도, 우선변제권도 아무것도 안 생깁니다.

확정일자는 임대차계약서에 받습니다. 계약기간 중에 보증금액이 증액되면 그 증액된 계약서 원본에 별도로 확정일자를 받아야만 증액된 보증금액에 우선변제권이 생깁니다. 확정일자라는 제도가 없었을 때에는 주택임차인이 경매 배당 절차에서 배당금을 수령하려면 우선변제권이 있는 전세권등기 등을 설정해야만 했습니다. 하지만 확정일자라는 제도를 통해 임차인이 굳이 전세권등기를 하지 않아도 우선변제를 받을 수 있는 길을 열었다는 데 그 의미가 있습니다. 더불어 임대인들은 전세권등기를 잘 해주지 않고, 비용도 상당히 들어갑니다. 그러나 확정일자는 1,000원이면 되는 거죠!

주택임대차계약서상에 확정일자를 갖춘 임차인대항력을 갖춘 것을 전제로은 임차주택이 경매되는 경우에 임차주택대지 포함의 환가대금에서 후순위 권리자에 우선하여 임차보증금을 변제받을 권리가 있다는 점을 꼭 알아두세요.

확정일자에 의한 우선변제권은 확정일자를 받은 날 낮(0시가 아니라, 아침 9시~저녁 6시 사이라는 의미)에 발생합니다. 단, 대항력이 겸비되지 않으면 우선변제권은 발생하지 않습니다. 따라서 확정일자를 받을 당시 이미 대항력이 있었다면 우선변제권은 확정일자를 받은 날 낮에 발생합니다. 확정일자를 받을 당시에 대항력이 있지 않았다면 차후 대항력이 발생할 때 대항력과 우선변제권이 동시에 함께 발생한다는 점 꼭을 이해하시기 바랍니다. 이 부분은 굉장히 중요한데요, 많은 분이 간과하고 있는 부분이기도 합니다.

확정일자에 의한 우선변제권

임차인	점유	전입신고	확정일자	우선변제권
갑	5월 6일	5월 6일	5월 6일	5월 7일 0시
을	5월 6일	5월 6일	5월 7일	5월 7일 낮
병	5월 7일	5월 8일	5월 1일	5월 9일 0시

주의사항
- 본건 토지는 공부상 지목이 "전"으로 되어 있으나, 현황 다세대주택의 부지임.
- 본건 발코니 바깥쪽으로 보일러실 및 창고 등으로 사용하고 있는 것으로 탐문되는 부합물(판넬조 판넬지붕 단층 건)이 소재함.
- 채무자(소유자)점유, 임차인(별지)점유
- 임차인 김○○이 본건 목적물 방3개중 우측 입구 방2개 를 점유함, 2.소유자의 처의 진술과 주민등록표등본을 참고로 하여 조사함.

소재지/감정서	면적(단위:㎡)	진행결과	임차관계/관리비	등기권리
(120-100) 서울 서대문구 홍은동 101호 [지도] [등기] · 홍은중학교북서측인근 · 주위는벽련산자락동측과 그랜드힐튼호텔북측으로 형성 · 인근마을버스정류장 · 인근버스정류장및3호선홍제역 · 차량출입다소불편 · 북서측부정형평탄지대 · 지적도상맹지 · 개별난방설비 ▶건물구조 · 철근콘크리트조 · 슬래브(평) ▶토지이용계획 · 도시지역 · 대공방어협조구역(위탁고도77-257M)	대지 · 47,58/136 (14,39평) 건물 · 57,48 (17,39평) (방3) 총 3층 중 1층 보존등기 2003.01.13 대지감정 68,000,000 건물감정 102,000,000 감정기관 명인감정	감정 170,000,000 100% 170,000,000 유찰 2012.04.24 80% 136,000,000 변경 2012.05.29 80% 136,000,000 유찰 2014.01.28 64% 108,800,000 유찰 2014.03.04 51% 87,040,000 진행 2014.04.08 [법원기일내역]	▶법원임차조사 김○○ 전입 2006.07.28 확정 2012.02.14 배당 2012.02.14 점유 1층 방1칸 보증 5000만 (점유: 2006.7.5.-) *총보증금 50,000,000 ▶관할주민센터 홍은2동 주민센터 [GO] 모래내길 334 ☎ 02-330-8503	*집합건물 등기. 근저당 김 2009.05.21 65,000,000 ((주)제일파이낸셜 의근저이전) [말소기준권리] 임 의 윤 2012.01.18 (2012타경1272) 청구액 65,000,000원 소유권 김 이 전 2012.05.11 130,000,000 전소유자:김영록 매매(2012.04.20) 근저당 정 2012.05.25 150,000,000 [등기부채권총액] 215,000,000원 열람일 2014.01.10

확정일자를 받을 당시 대항력을 겸비했다면 우선변제권은 확정일자를 받은 날 낮에 발생합니다.

전세권등기 vs 대항력, 확정일자의 장단점

전세권등기는 물권으로서 계약서를 분실해도 여전히 등기부에 설정된 등기를 기준으로 우선변제권을 주장할 수 있다는 장점이 있습니다. 단, 비용이 많이 드는 편입니다. 가령 확정일자는 1,000원의 비용만 소요되면 되는데 반해 전세권등기는 전세금에 따라 최소 0.24%의 비용이 소요됩니다. 가령 전세금이 1억 원이라면 24만 원, 전세금이 2억 원이라면 48만 원이 소요됩니다.

대항력과 확정일자를 갖춘 임차인은 채권이지만 확정일자를 통해 우선변제권을 부여받게 됩니다. 다만 대항력과 확정일자를 갖추는 데에는 비용이 저렴하지만, 만약 확정일자를 받은 임대차계약서를 분실하게 되면 불측의 손해를 입을 수도 있습니다. 차후 보증금과 우선변제권을 주장하는 데 문제가 발생할 수도 있습니다.

전세권은 물권으로서 경매신청권도 있습니다. 전세권자 마음대로 양도 및 전대가 가능합니다. 반면에 대항력과 확정일자를 갖춘 임차인은 경매신청권은 없어서 차후 임대인이 보증금 반환하지 않으면 임차보증금반환청구소송을 제기해야 합니다. 더불어 임대인의 동의 없이 전대가 불가능합니다.

자, 다음은 주택임차인의 일정기간 임대차기간의 보호와 관련된 내용입니다.

주택임차인의 임대차를 보호하는 기간은?

주택의 경우 임차인이 임대차계약을 통해 거주할 수 있는 기간은 최소 2년이 보장이 됩니다. 가령 임차인과 임대인이 임대차계약기간을 2013년 1월 1일부터 2013년 12월 31일까지 1년간으로 하는 임대차계약을 체결하였다면, 임차인은 임대차기간을 1년 또는 2년 중 자신이 유리한 기간을 선택하여 주장할 수 있습니다. 반면에 임대인 입장에서는 1년만 임대를 주고 싶다고 하더라도 임차인이 2년을 주장하면 임대차기간은 2년이 되는 것입니다.

다음에 설명한 소액임차인의 최우선변제권은 중요합니다.
자, 집중하세요.

소액임차인의 최우선변제권의 조건

사실 경매에서 소액임차인은 낙찰자 입장에서 굳이 신경 쓰지 않아도 됩니다 만(물론 배당이의가 있게 되면 명도절차가 지연될 여지는 있지만), 차후에 NPL을 공부하게 되면 소액임차인의 최우선변제권은 상당히 중요합니다.

소액임차인의 보증금 중 일부를 담보물권보다 우선해서 변제받을 수 있는 권리입니다. 임차주택이 경매되더라도 임차주택(대지 포함)의 낙찰가액의 1/2 범위 안에서 일정 금액까지는 후순위담보권자 및 일반 채권자뿐만 아니라 선순위담보권자보다도 우선하여 변제받을 수 있도록 하여 소액임차인을 보호하는 제도입니다. 다만 소액임차인이 최우선변제를 받기 위해서는 임차주택에 대하여 경매등기가 경료되기 전에 점유 및 전입신고를 마쳐야 합니다.

소액임차인의 최우선변제를 받기 위한 조건

- 경매개시결정기입등기 전까지 대항력을 갖추어야 한다.
- 배당요구종기일까지 반드시 배당요구를 해야 한다.

개인적으로는 소액임차인제도보증금액이 100만 원만 차이가 나도 누구는 소액임차인이 되고, 누구는 소액임차인이 되지 못하는 것은 제도상 문제가 있다보다는 오히려 적법한 임차인임에도 불구하고 배당을 한푼도 받지 못하는 임차인들을 위해 최저배당금제도를 신설하면 어떨까 생각해봅니다. 예를 들어 최저배당금제도를 두어 1,000만 원 정도를 낙찰대금에서 최우선배당해준다면 임차인 보호와 명도를 용이하게 해주어 경매절차가 보다 긍정적으로 대중화되는 데 일정한 역할을 할 것이라고 생각합니다.

실무에서 명도협상을 할 때 이사비 한 푼도 못 받고 배당도 한 푼도 못 받는 임차인들을 배려하는 제도가 탄생되길 기대하는 마음입니다. 예를 들어 2014년 1월 1일부터 서울 주택의 소액임차인 보증금액이 9,500만 원으로 증액되었는데요. 가령 보증금이 9,500만 원과 9,600만 원인 경우 경매절차가 진행된다면 9,500만 원 소액임차인이 3,200만 원을 최우선변제를 받는 반면에, 9,600만 원의 임차인은 100만 원 차이로 소액임차인이 되지 못해서 한 푼도 배당받지 못한 사례도 발생하게 될 것입니다. 소액임차인이 되는지 여부는 현재 임차인의 보증금액도 중요합니다만, 보다 중요한 것은 경매가 들어간 부동산등기부상에 설정된 담보물권의 설정일입니다. 소액보증금액이 법과 시행령의 개정으로 계속 증액되어 왔는데요. 담보물권 당시에 소액임차보증금액이 맞아야만 소액임차인으로 최우선변제를 받을 수 있습니다.

소액임차인의 범위와 최우선변제액

담보권 설정일	대상 지역	보증금 범위 (이하)	최우선 변제금
2001년 9월 15일 ~2008년 8월 20일	서울, 인천, 과밀억제권역	4,000만 원	1,600만 원
	광역시(인천, 군지역 제외)	3,500만 원	1,400만 원
	기타 지역	3,000만 원	1,200만 원
2008년 8월 21일 ~2010년 7월 25일	서울, 인천, 과밀억제권역	6,000만 원	2,000만 원
	광역시(인천, 군지역 제외)	5,000만 원	1,700만 원
	기타 지역	4,000만 원	1,400만 원
2010년 7월 26일 ~2013년 12월 31일	서울특별시	7,500만 원	2,500만 원
	과밀억제권역(인천 포함)	6,500만 원	2,200만 원
	광역시(인천 제외), 안산, 김포, 용인, 광주	5,500만 원	1,900만 원
	기타 지역	4,000만 원	1,400만 원
2014년 1월 1일부터 ~2016년 3월 30일	서울특별시	9,500만 원	3,200만 원
	과밀억제권역(인천 포함)	8,000만 원	2,700만 원
	광역시(인천 제외), 안산, 김포, 용인, 광주	6,000만 원	2,000만 원
	기타 지역	4,500만 원	1,500만 원
2016년 3월 31일 ~2018년 9월 17일	서울특별시	1억 원	3,400만 원
	과밀억제권역(인천 포함)	8,000만 원	2,700만 원
	광역시(인천 제외), 안산, 김포, 용인, 광주	6,000만 원	2,000만 원
	기타 지역	5,000만 원	1,700만 원
2018년 9월 18일~현재	서울특별시	1억 1천만 원	3,700만 원
	과밀억제권역(서울제외), 용인, 세종, 화성	1억 원	3,400만 원
	광역시(과밀억제권역에 포함된 지역과 군지역 제외), 안산, 김포, 파주, 광주	6,000만 원	2,000만 원
	기타 지역	5,000만 원	1,700만 원

※ 더 자세한 소액임차보증금 내역은 대법원 인터넷 등기소 소액보증금란 확인할 것.

가령 서울에 현재 소액임차인의 보증금액은 9,500만 원이고, 이 금액이 소액소임차보증금액으로 증액된 때가 2014년 1월 1일입니다. 따라서 만약 근저당권이 2014년 1월 1일 이후에 설정되어 있다면 위 임차인은 소액임차인으로 보호받습니다. 반면에 만약 근저당권 등 담보물권이 2014년 1월 1일 이전에 설정되어 있다면 9,500만 원의 임차인은 그 담보물권자에게 소액임차인임을 주장하지 못하게 되는 것입니다. 단, 앞선 담보물권이 전액 배당을 받은 이후 배당금액이 남은 상태에서 담보물권이 2014년 1월 1일 이후에 설정되었다면, 그 담보물권자에 대해서는 다시금 소액임차인으로 최우선변제를 요구할 수 있습니다.

더불어 최근의 대법원 판례 2013다62223는 잘 살펴보아야 합니다. 소액임차인으로 최우선변제를 받기 위해서는 경매등기 전에 대항력과 배당요구만 하면 되는데요. 이 판결은 악의적으로 집도 소유하고 있으며 실질적 담보가치가 전혀 없는 주택을 시세보다 월등하게 저렴하게 소액임차보증금 상당액만 지급하고 최우선변제를 받고자 하는 소액임차인은 보호해줄 수 없다는 내용의 판결입니다.

마지막으로 임차권등기명령제도에 대해 살펴봅시다.

임차권등기명령제도란?

임차권등기명령제도는 IMF 당시 역전세 현상이 일어났을 때 만들어진 제도인데요. 먼저 임차권등기명령제도는 무엇일까요? 임대차기간이 끝났음에도 임대인이 보증금을 돌려주지 않는 경우 임차인이 법원에 일방적으로 신청하여 임차권을 단독으로 등기할 수 있도록 한 제도입니다. 즉 임차인이 개인 사정상 먼저 이사를 가더라도 기존에 가지고 있던 대항력 및 우선변제권을 상실하지 않고, 그대로 유지해주기 위해 만든 제도입니다.

 임차권등기명령을 신청하기 위한 요건은 무엇일까요?

임대차가 종료된 후 임대차보증금을 반환받지 못한 임차인은 임차권등기명령을 신청할 수 있습니다. 그러나 전제는 임대차계약이 종료되어야 합니다. 더불어 보증금을 반환받지 못한 경우여야 합니다.

 임차권등기명령의 절차는 어떻게 될까요?

임차인이 임차권등기명령을 신청하면 법원에서 임차권등기명령 결정을 내리고, 그 결정문을 임대인에게 송달합니다. 그리고 즉시항고의 기회를 줍니다. 만약 항고하지 않으면 확정이 되고, 확정이 된 연후에 임차권등기명령이 등기부 을구에 기재되면 그로부터 임차권등기 명령 효력이 발생합니다. 그렇게 되면 임차인은 등기완료가 된 후에는 다른 곳으로 이사를 가도 됩니다.

 임차권등기명령의 효과는 어떤 것이 있을까요?

기존의 대항력과 우선변제권을 그대로 유지하죠. 만약 임차인이 대항력과 우선변제권을 취득하지 못한 상태에서 임차권등기명령등기가 경료되면 그때부터 대항력과 우선변제권이 발생합니다. 임차권등기명령에 의한 임차권은 등기부상에 등기된 날짜보다는 그 안의 내용이 더욱 중요합니다.

 여기서 잠깐!
주택임대차보호법의 보호를 받는 건물에는 무엇이 있을까요?

주택임대차보호법의 보호를 받는 건물

- 등기된 주택, 즉 아파트, 빌라, 다가구, 연립, 주상복합 등
- 미등기 건물
- 무허가 건물

이러한 건물은 모두 보호대상이 됩니다. 그런데 보호를 받지 못하는 건물도 있습니다. 즉 일시 사용을 위한 임대차특히 호텔이나 여관, 모텔, 콘도 등는 주택임대차보호법의 보호를 받지 못합니다.

 또 하나 꼭 알아두어야 할 것은 대항력의 존속기간입니다.

주택임차인이 경매절차에서 우선변제, 즉 배당을 받기 위해서는 배당요구종기일까지 대항력을 유지해야 해야 합니다. 다만 가급적이면 낙찰자가 잔금을 모두 납부할 때까지 유지하는 것이 좋습니다. 이유는 배당요구종기일까지 대항력을 유지했다가 다른 곳으로 이사를 갔는데, 만약 중간에 경매가 취소되어버리면 기존에 임차인이 가지고 있던 대항력과 우선변제권은 모두 상실하게 되기 때문입니다. 다만 선순위임차인이 낙찰자에게 못 받은 보증금을 주장하기 위해서는 낙찰자가 낙찰대금을 완납할 때까지 대항력을 유지해야 합니다.

임차인의 대항력이 배제되는 경우도 있습니다.

근저당권자가 담보로 제공된 건물에 대한 담보가치를 조사할 당시 대항력을 갖춘 임차인이 그 임대차 사실을 부인하고, 임차보증금에 대한 권리를 주장하지 않겠다는 내용의 확인서를 작성해준 경우입니다. 또는 무상임차확인서를 작성해준 경우에도 차후 이를 번복하여 대항력 있는 임대차의 존재를 주장하여 그 임차보증금반환채권에 대한 배당요구는 허용되지 않습니다.

이때 중요한 것은 위와 같은 권리주장을 하지 않겠다는 내용의 확인서나 무상임차확인서를 임차인이 직접 작성하였다는 확인이 필요합니다. 임대인이 작성한 무상임차확인서 등은 임차인에게 아무런 효력이 없습니다.

실무에서 가장 어려운 임차인 문제는 선순위임차인으로 보이는 자가 입도 뻥긋하지 않을 때입니다. 즉 선순위임차인의 보증금을 알게 되면 배당요구 여부 및 배당금액을 감안해서 낙찰을 받으면 되는데요. 선순위임차인으로 보이는 자가 어디에도 권리신고 및 배당요구도 하지 않고, 또한 본인의 보증금액을 언급하지 않는다면 제3자 입장에서는 낙찰을 받기가 곤란하겠죠? 이유는 그 자가 적법한 선순위임차인이라면 낙찰자가 낙찰대금 외에 추가로 그 보증금액을 떠안아야 하기 때문입니다.

알아둡시다
대법원 판례

주택소액임차인 보호 관련 판례

대법원 2013년 12월 12일 선고 2013다62223 판결

판시사항

갑이 아파트를 소유하고 있음에도 공인중개사인 남편의 중개에 따라 근저당권 채권최고액의 합계가 시세를 초과하고 경매가 곧 개시될 것으로 예상되는 아파트를 소액임차인 요건에 맞도록 시세보다 현저히 낮은 임차보증금으로 임차한 다음 계약상 잔금지급기일과 목적물인도기일보다 앞당겨 보증금 잔액을 지급하고 전입신고 후 확정일자를 받은 사안에서, 갑은 주택임대차보호법의 보호대상인 소액임차인에 해당하지 않는다고 본 원심판단을 수긍한 사례

판결요지

갑이 아파트를 소유하고 있음에도 공인중개사인 남편의 중개에 따라 근저당권 채권최고액의 합계가 시세를 초과하고 경매가 곧 개시될 것으로 예상되는 아파트를 소액임차인 요건에 맞도록 시세보다 현저히 낮은 임차보증금으로 임차한 다음 당초 임대차계약상 잔금지급기일과 목적물인도기일보다 앞당겨 보증금 잔액을 지급하고 전입신고 후 확정일자를 받았는데, 그 직후 개시된 경매 절차에서 배당을 받지 못하자 배당이의를 한 사안에서, 갑은 소액임차인을 보호하기 위하여 경매개시결정 전에만 대항요건을 갖추면 우선변제권을 인정하는 주택임대차보호법을 악용하여 부당한 이득을 취하고자 임대차계약을 체결한 것이므로 주택임대차보호법의 보호 대상인 소액임차인에 해당하지 않는다고 본 원심판단을 수긍한 사례이다.

Chapter 6.
상가건물임대차보호법이란
무엇이며, 왜 생겼을까?

자, 이번 장에는 상가건물임대차보호법에서 꼭 알아야 하는 상식과 경매에서 꼭 알아야 하는 내용을 강의하도록 하겠습니다.

    상가건물임대차보호법은 2002년 11월에 제정, 시행되었는데요. 왜 이 법이 생겨났을까요? 상가는 주택이 아니라서 주택임대차보호법의 적용을 받지 못합니다. 그래서 대항력이나 우선변제권 등이 하나도 없었습니다. 그래서 소유자만 바뀌면 언제나 쫓겨나야 할 처지가 되고, 경매가 들어가도 배당도 못 받습니다. 또한 상가임대차 1년이 계약을 하고 1년 지나면 임대인이 월세를 대폭 올려달라고 하고, 안 된다고 하면 나가라고 합니다. 이렇듯 상가임차인의 애로사항이 많았습니다. 그래서 상가건물임대차보호법을 전격적으로 만들고 시행을 하게 된 것입니다. 그런데 상가건물임대차보호법에서 다소 아쉬운 점은 환산보증금과 관련된 부분입니다.

환산보증금이란?

상가임차인이라고 해서 무조건 보호를 해주는 게 아닙니다. 그나마 서울은 지금 환산보증금이 4억 원까지 올랐는데요. 처음 법이 시행될 때에는 2억 4,000만 원이었습니다. 환산보증금이 2억 4,000만 원 이하여야 법의 보호를 받을 수 있었다는 의미입니다.

 그럼 환산보증금이 뭘까요? 공식을 먼저 암기하세요.

환산보증금 = 보증금 + (월세×100)

먼저 적용 대상은 환산보증금이 지역별 일정 금액 이하여야 합니다. 더불어 금액이 계속적으로 변하고 있습니다. 이 금액을 알려고 하면 상가건물임대차보호법 시행령을 통해서 확인이 가능합니다. 이런 내용은 법제처 사이트를 통해서 확인이 가능합니다.

상가건물임대차보호법 적용 대상(보증금액 기준)

시행일자 : 2002년 11월 1일~2008년 8월 20일			
지역 구분	상가임대차 적용대상	소액환산보증금	최우선변제액
서울특별시	2억 4,000만 원 이하	4,500만 원 이하	1,350만 원
수도권과밀억제권역 (서울 제외)	1억 9,000만 원 이하	3,900만 원 이하	1,170만 원
광역시 (군지역과 인천 광역시 제외)	1억 5,000만 원 이하	3,000만 원 이하	900만 원
그밖의 지역	1억 4,000만 원 이하	2,500만 원 이하	750만 원

시행일자 : 2008년 8월 21일~2010년 7월 25일			
지역 구분	상가임대차 적용대상	소액환산보증금	최우선변제액
서울특별시	2억 6,000만 원 이하	4,500만 원 이하	1,350만 원
수도권과밀억제권역 (서울 제외)	2억 1,000만 원 이하	3,900만 원 이하	1,170만 원
광역시 (군지역과 인천광역시 제외)	1억 6,000만 원 이하	3,000만 원 이하	900만 원
그밖의 지역	1억 5,000만 원 이하	2,500만 원 이하	750만 원

시행일자 : 2010년 7월 26일~2013년 12월 31일			
지역 구분	상가임대차 적용대상	소액환산보증금	최우선변제액
서울특별시	3억 원 이하	5,000만 원 이하	1,500만 원
수도권과밀억제권역 (서울 제외)	2억 5,000만 원 이하	4,500만 원 이하	1,350만 원
광역시 (군지역과 인천광역시 제외)	1억 8,000만 원 이하	3,000만 원 이하	900만 원
그밖의 지역	1억 5,000만 원 이하	2,500만 원 이하	750만 원

· 광역시 중 군지역은 기타 지역 기준을 적용하고 인천광역시는 과밀억제권역 기준을 적용한다.
· 2010년 7월 26일 이후 광역시는 광역시 및 안산, 용인, 김포, 광주를 말한다.

 그럼 과밀억제권역에는 어디가 있을까요?

서울특별시, 인천광역시강화군, 옹진군, 서구 대곡동·불로동·마전동·금곡동·오류동·왕길동·당하동·원당동, 인천경제자유구역 및 남동 국가산업단지는 제외, 의정부시, 구리시, 남양주시호평동, 평내동, 금곡동, 일패동, 이패동, 삼패동, 가운동, 수석동, 지금동 및 도농동만 해당, 하남시, 고양시, 수원시, 성남시, 안양시, 부천시, 광명시, 과천시, 의왕시, 군포

시, 시흥시반월특수지역은 제외. 그러나 반월특수지역에서 해제된 지역을 포함

2014년 1월 1일부터 개정된 내용

시행일자 : 2014년 1월 1일~2018년 1월 25일			
지역 구분	상가임대차 적용대상	소액환산보증금	최우선변제액
서울특별시	4억 원 이하	6,500만 원 이하	2,200만 원
수도권과밀억제권역 (서울 제외)	3억 원 이하	5,500만 원 이하	1,900만 원
광역시 (군지역과 인천 광역시 제외)	2억 4,000만 원 이하	3,800만 원 이하	1,300만 원
그밖의 지역	1억 8,000만 원 이하	3,000만 원 이하	1,000만 원

시행일자 : 2018년 1월 26일~현재			
지역 구분	상가임대차 적용대상	소액환산보증금	최우선변제액
서울특별시	6억 1천만 원 이하	6,500만 원 이하	2,200만 원
과밀억제권역 (서울 제외)	5억 원 이하	5,500만 원 이하	1,900만 원
부산광역시 (기장군 제외)	5억 원 이하	3,800만 원 이하	1,300만 원
부산광역시 (기장군)	5억 원 이하	3,000만 원 이하	1,000만 원
광역시 (과밀억제권역에 포함된 지역과 군지역, 부산광역시 제외) 안산시, 용인시, 김포시 및 광주시	3억 9천만 원 이하	3,800만 원 이하	1,300만 원
세종특별자치시, 파주시, 화성시	3억 9천만 원 이하	3,000만 원 이하	1,000만 원
그밖의 지역	2억 7천만 원 이하	3,000만 원 이하	1,000만 원

환산보증금의 산정기준

환산보증금의 계산식 '보증금+(월세×100)'을 기억하고 계시죠? 예를 들어 보증금 2억 원에 월세가 200만 원이라면, 2억 원+(200만 원×100) = 4억 원이 됩니다. 보증금 3억 원에 월세가 250만 원이면 환산보증금은 5억 5,000만 원이 되는 것입니다. 아시겠죠? 더불어 월세에 부가되는 부가세는 환산보증금에 포함하지 않는다는 것이 하급심판례의 입장입니다. 중요한 것은 환산보증금을 초과하면 상가건물임대차보호법 보호대상이 되지 못한다는 것입니다. 중요한 것은 환산보증금을 초과하면 상가건물임대차보호법 보호대상이 되지 못한다는 것입니다 단. 환산보증금을 초과해도 10년 계약갱신요구권과 대항력은 발생합니다.

자, 여러분 먼저 사례를 하나 볼까요?

사례 1. 합법적 명도 거절은 가능할까요?

대학로 상가에 어떤 임차인이 호프집을 하려고 다음과 같은 임대차계약을 체결하였습니다. 이후 2013년 8월 1일 점유와 사업자등록을 마쳤습니다.

- 기간 : 2013년 8월 1일~2015년 7월 31일
- 보증금 : 1억 원
- 월세 : 500만 원
- 별도로 권리금 : 3억 원
- 인테리어 비용 : 2억 원

그런데 임대인이 위 상가를 제3자에게 매각을 했습니다. 그 제3자는 2013년 10월 1일 소유권이전등기를 하고, 임차인에게 2013년 10월 31일까지 상가를 비워달라고, 즉 명도하라고 요구했습니다. 과연 이럴 때 임차인은 합법적으로 명도를 거절할 수 있을까요?

[물건명세서]

사건	2008타경13068 부동산임의경매	매각물건번호	12	작성일자	2009.08.17	담임법관 (사법보좌관)	이홍욱
부동산 및 감정평가액 최저매각가격의 표시		부동산표시목록 참조		최선순위 설정 일자		2007.7.11.(근저당)	

부동산의 점유자와 점유의 권원, 점유할 수 있는 기간, 차임 또는 보증금에 관한 관계인의 진술 및 임차인이 있는 경우 배당요구 여부와 그 일자, 전입신고일자 또는 사업자등록신청일자와 확정일자의 유무와 그 일자

점유자의 성명	점유부분	정보출처 구분	점유의 권원	임대차기간 (점유기간)	보증금	차임	전입신고일자. 사업자등록신청일	확정일자	배당요구여부 (배당요구일자)
정	215호	현황조사	병원임차인	6년전계약~	3억5,000만원	월880만원	미상	미상	
	215호	권리신고	병원임차인	2004.4.28.-	72,500,000원	653,000원		없음.	2008.07.07

<비고>

최선순위 설정일자보다 대항 요건을 먼저 갖춘 주택, 상가건물 임차인의 임차보증금은 매수인에게 인수되는 경우가 발생할 수 있음. 대항력과 우선변제권이 있는 주택, 상가건물 임차인이 배당 요구를 하였으나 보증금 전액에 관하여 배당을 받지 아니한 경우에는 배당받지 못한 잔액이 매수인에게 인수되게 됨을 주의하시기 바랍니다.

□ 등기된 부동산에 관한 권리 또는 가처분으로 매각허가에 의하여 그 효력이 소멸되지 아니하는 것

해당사항 없음

□ 매각 허가에 의하여 설정된 것으로 보는 지상권의 개요

해당사항 없음

□ 비고란

-206호, 209호, 210호, 212호, 213호, 214호, 215호는 경계구분없이 일단의 근린생활시설로 이용중임. -정   으로부터 금 987,224,000 원의 유치권신고가 있었으나, 그 성립여부는 불분명함. -임차인 정   과 유치권자 정   은 동일인임.

상가건물임대차보호법의 적용 대상이 되는지는 환산보증금으로 정한다.

아쉽게도 이 임차인은 상가건물임대차보호법의 보호를 받지 못합니다. 그 이유는 환산보증금을 초과하기 때문입니다. 아쉽게도 이 임차인은 상가건물임대차보호법의 보호를 받지 못합니다. 그 이유는 환산보증금을 초과하기 때문입니다. 환산보증금을 초과하는 임차인도 2015년 5월13일 이후 최초로 계약이 체결되거나 갱신되는 임대차부터는 대항력이 발생한다. 이 사례를 보면서 계약기간이 남아 있고, 비용을 그렇게 많이 투자했는데 계약기간 동안은 버틸 수 있지 않느냐고 오히려 저에게 항변하기도 합니다. 환산보증금의 중요함이 느껴지시죠? 주택임대차보호법 공부를 제대로 했으면 상가건물임대차보호법은 쉽게 이해할 수 있습니다.

자, 먼저 대항력에 대해 살펴보도록 하겠습니다.

상가건물임대차보호법에서의 대항력이란?

상가임대차는 등기가 없는 경우에도 임차인이 건물의 인도와 사업자등록을 신청한 때에는 그다음 날부터 제3자에 대하여 효력이 생깁니다. 바로 대항력이 생긴다는 이야기입니다. 즉 주택임대차보호법과 같이 대항력이 생기면 그 이후에 새로운 소유자에게 기존의 임대인과 맺었던 임대차계약을 승계하라고 주장할 수 있는 힘이 생기는 겁니다. 사실 임차인에게 중요한 것은 계약기간의 보호와 보증금의 보호가 되겠지요. 아울러 건물의 인도_{즉 점유}와 사업자등록은 대항력의 취득요건일 뿐만 아니라, 존속요건이기도 합니다.

 자, 그러면 상가임차인의 대항력은 언제 생길까요?

상가임차인의 대항력은 점유와 사업자등록신청을 하면 둘 중 늦은 날을 기준으로 다음 날 0시에 생깁니다. 날짜로 꼭 암기해두세요. 그래야 문제가 나올때 쉽게 풀 수 있습니다. 주택임대차와 거의 동일합니다. 자, 집중해서 다음 내용을 확인해봅니다.

임차인	점유	사업자등록신청	대항력 발생
갑	2013년 4월 7일	2013년 4월 7일	2013년 4월 8일 0시
을	2013년 4월 6일	2013년 4월 10일	2013년 4월 11일 0시
병	2013년 6월 7일	2013년 6월 3일	2013년 6월 8일 0시

임대차 기간

임대기간은 임대인과 임차인 사이에 자유로이 정할 수 있는데요. 최단기간은 1년입니다. 다만 1년 미만으로 정한 임대차는 그 기간을 1년으로 봅니다만, 이때에도 임차인은 1년 미만으로 정한 기간이 유효함을 주장할 수 있습니다.

임차인은 최초의 임대차기간을 포함한 전체 임대차기간이 5년을 초과하지 않는 범위 내에서 계약갱신을 요구할 수 있습니다. 따라서 그럴 경우 임차인은 재계약을 원하면 임대차기간 만료 전 6개월부터 1개월까지 계약갱신 요구를 해야 합니다.

5년 동안 계약갱신요구권

상가건물임대차에서 임차인은 임대인에게 임대차기간 만료 전 6개월부터 1개월까지 사이에 계약갱신을 요구할 수 있고, 임차인의 계약갱신요구권은 최초의 임대차기간을 포함한 전체 임대차기간이 5년을 초과하지 않는 범위 내에서 행사할 수 있습니다. 따라서 상가임대차의 경우 특별한 사정이 없는 한 임대차의 존속기간은 최초 임대차기간으로부터 5년간 계속될 수 있습니다다.

그런데 2013년에 법이 일부 개정되었습니다. 환산보증금을 초과하는 임차인도 기존 임대인에 대해서는 5년 동안 계약갱신요구권을 행사할 수 있게 되었습니다. 더불어 환산보증금을 초과했을때 이제는 대항력도 발생합니다. 따라서 환산보증금을 초과한 임차인도 새로운 양수인이 명도를 요청하면 명도를 거절할 수 있습니다.

자, 상가가 경매에 들어갔을 때 상가임차인이 경매에서 배당을 받으려면 우선변제권을 가져야 하는데요. 그럼 우선변제권은 언제 생길까요?

알아둡시다!
대법원 판례

상가임차인의 대항력에 대한 판례

대법원 2008년 9월 25일 선고 2008다44238 판결

판시사항

상가건물임대차보호법 제3조 제1항에서의 '사업자등록'이 임대차를 공시하는 효력이 있는지 여부의 판단 기준

판결요지

상가건물임대차보호법 제3조 제1항에서 건물의 인도와 더불어 대항력의 요건으로 규정하고 있는 사업자등록은 거래의 안전을 위하여 임차권의 존재를 제3자가 명백히 인식할 수 있게 하는 공시방법으로서 마련된 것이므로, 사업자등록이 어떤 임대차를 공시하는 효력이 있는지 여부는 일반 사회통념상 그 사업자등록으로 당해 임대차건물에 사업장을 임차한 사업자가 존재하고 있다고 인식할 수 있는지 여부에 따라 판단하여야 한다.

　　임차인이 대항요건을 갖추고, 관할 세무서장으로부터 임대차계약서상에 확정일자를 받으면 임차인은 경매, 공매 시 임차건물대지 포함의 환가대금에서 후순위 권리자, 그 밖의 채권자보다 우선해서 보증금을 변제받을 권리가 생깁니다.

과거에는 전세권 등의 등기를 설정해야만 임차인이 우선변제권이 있었습니다. 그런데 이 법을 통하여 간이한 절차, 즉 관할세무서에서 확정일자를 받게 되면 우선변제권이 발생하게 되었습니다. 다만 확정일자를 통해 우선변제권을 가지려면 그 전제로 대항요건을 갖추어야 합니다. 만약 대항요건을 구비하지 못한 임차인이 대항요건을 갖추고, 관할 세무서장으로부터 임대차계약서상에 확정일자를 받으면 임차인은 경매, 공매 시 임차건물대지 포함의 환가대금에서 후순위권리자, 그 밖의 채권자보다 우선해서 보증금을 변제받을 권리가 생깁니다.

역시 주택임대차보호법에서도 전입신고가 중요하듯 상가건물임대차보호법에서도 사업자등록신청이 중요합니다. 왜냐하면 기본은 대항력이기 때문입니다. 자, 상가는 확정일자를 받아야 하는 곳이 딱 한 곳으로 정해져 있습니다. 확정일자를 부여할 수 있는 기관으로는 관할세무서장임차건물의 소재지 관할세무서장이 유일합니다. 주택임대차계약서에 확정일자를 부여해주는 기관은 등기소, 동사무소, 공증사무실 등이 가능하지만, 상가임차인의 확정일자 부여는 관할세무서장만이 가능합니다.

 그러면 확정일자에 의한 우선변제권이 언제 발생하는지 알아볼까요?

확정일자에 의한 우선변제권

임차인	점유	사업자등록신청	확정일자	우선변제권
갑	6월 6일	6월 6일	6월 6일	6월 7일 0시
을	6월 6일	6월 6일	6월 7일	6월 7일 낮
병	6월 7일	6월 8일	6월 1일	6월 9일 0시

배당은 우선변제권의 순서에 따라 배당됩니다. 확정일자에 의한 우선변제권은 확정일자를 받은 날 대낮0시가 아니라는 개념. 아침 9시부터 오후 6시에 받았으므로에 발생합니다. 단, 대항력이 없다면 우선변제권은 발생하지 않습니다. 따라서 확정일자를 받을 당시 이미 대항력이 발생했다면 확정일자를 받은 날 대낮에 우선변제권이 생깁니다. 그러나 확정일자를 받을 당시 아직 대항력이 발생하지 않았다면 차후 대항력이 발생할 때 대항력과 우선변제권이 동시에 함께 발생합니다. 여러분 이러한 패턴을 이해하시겠죠? 자, 그럼 간단하게 한 번 더 확인해볼까요?

점유	사업자등록신청	확정일자
3월 4일	4월 6일	4월 6일

이 경우 우선변제권과 대항력 발생시기는 언제일까요?

우선변제권은 4월 7일 0시, 대항력도 4월 7일 0시에 발생하게 됩니다. 만일 위와 같은 조건에서 확정일자만 5월 6일이라면 우선변제권은 5월 6일 낮, 대항력은 4월 7일 0시에 발생하게 됩니다. 이 정도는 꼭 이해하고 있어야 합니다.

자, 대항력의 발생시기를 다시 한 번 정리하고 넘어가도록 하겠습니다.

대항력은 건물의 ① 인도점유 ② 사업자등록신청의 두 가지 요건을 모두 갖추어야 하고, 두 가지 요건 중 늦게 갖춘 날의 다음 날 0시에 대항력이 생깁니다.

확정일자 순위에 따른 우선변제권은 건물의 ① 인도, ② 사업자등록신청, ③ 확정일자라는 세 가지 요건을 모두 갖추어야 합니다. 세 가지 요건 중 가장 늦은 날을 기준으로 우선변제권이 발생합니다. 언제 우선변제권과 대항력이 발생하게 되는지에 대해서는 꼭 확실하게 알아두세요.

 자, 다음은 소액임차인의 최우선변제권입니다.

상가건물임대차보호법에서 소액임차인의 최우선변제권은?

소액임차인의 최우선변제권은 주택임대차와 거의 유사합니다. 임차건물이 경매되는 경우 임차인의 보증금이 소액보증금 요건을 갖추면 보증금 중 일정액을 모든 권리자보다 최우선해서 배당받을 수 있는 권리입니다.

최우선변제권은 임차인이 대항력을 갖추면 생깁니다. 단 대항력이 생겼다고 해서 아무 때나 생기는 것은 아닙니다. 주택임대차처럼 경매등기 전에 대항력을 갖추어야 합니다. 또한 소액임차인과 확정일자는 아무런 관련이 없습니다. 대항력과 확정일자는 아무런 관련이 없다는 것은 아시죠? 임차인의 보증금 중 일정액이 상가건물 가액의 2분의 1을 초과하는 경우에는 상가건물 가액의 2분의 1낙찰 금액에서 경매비용은 먼저 빼고에 해당하는 금액에 한해서만 최우선변제권이 있습니다.

소액임차인의 최우선변제권에 대해 조금 더 깊이 있게 알아볼까요?

소액임차인은 보증금 중 일정액을 다른 담보물권자보다 우선하여 변제받을 권리가 있습니다. 이 경우 임차인은 경매등기 전에 대항력을 갖추어야 합니다. 즉 소액임차인이 경매에서 최우선변제를 받으려면 다음과 같은 요건을 갖추어야 합니다.

첫째, 경매등기 전에 대항력을 갖추어야 한다.
둘째, 배당요구종기일까지 배당요구를 해야만 한다.

앞서 주택임대차의 소액임차인과 요건은 동일합니다. 더불어 소액임차인과 확정일자는 아무 관련이 없다는 점을 꼭 기억하세요.

상가건물임대차보호법에서 임차권등기명령이란?

임차권등기명령의 형식은 주택임대차보호법의 임차권등기명령과 동일합니다. 임대차기간이 끝났음에도 임대인이 보증금을 돌려주지 않는 경우에 임차인이 법원에 신청하여 임차권을 단독으로 등기할 수 있도록 한 제도입니다.

임대차계약이 끝나고 임차인이 개인 사정상 먼저 이사를 가더라도 기존에 임차인이 가지고 있었던 대항력 및 우선변제권을 상실하지 않고 그대로 유지해주는 데 의미가 있는 제도입니다.

 임차권등기명령은 언제 법원에 신청할 수 있을까요?

임대차계약이 종료된 후에 임대차보증금을 반환받지 못한 임차인은 임차권등기명령을 신청할 수 있습니다. 전제는 임대차계약이 종료가 되어야 합니다. 더불어 임차인이 보증금을 반환받지 못한 경우여야 합니다.

사례 2. 우선변제권은 생길까요?

- 서울 상가 : 5억 원
- 임차보증금 : 3억 원(2012년 1월 2일 점유와 사업자등록신청, 확정일자를 받음)
- 근저당권 : 2012년 4월 4일 5억 원 설정
- 가압류 : 2013년 3월 5일 5억 원 등기

이런 상황에서 사실 임차인은 그리 부담스럽지 않습니다. 왜냐하면 선순위임차인에다가 더불어 경매에 들어가도 1순위로 우선변제권이 있으니까요. 그런데 만약 위 임차인이 계약기간이 끝났는데요. 임대인이 보증금 3억 원을 반환하지 않으니까 사정상 일단 다른 곳으로 이사를 가고 이후에 가압류를 3억 원에 등기를 했다고 하면, 이제는 임차인은 상당히 문제가 있는 겁니다. 이사를 갔으니 기존의 대항력과 우선변제권은 모두 사라졌고, 더불어 이후에 3억 원을 가압류등기했다면 이전에 설정된 근저당권 5억 원과 가압류 5억 원 때문에 사실상 보증금을 회수하기는 상당히 어려워집니다.

이런 경우를 회피하기 위해 반드시 임차권등기명령에 의한 등기를 하고 다른 곳으로 이사를 가야 합니다. 그러면 이사를 가더라도 기존에 가졌던 선순위임차인으로서의 지위와 1순위 우선변제권의 지위를 그대로 유지하는 것입니다.

또한 임차권등기명령에 의한 임차권등기는 등기부에 등기된 날짜가 중요한 것이 아니고, 그 내용이 더욱 중요합니다. 즉 점유날짜, 사업자등록신청일, 확정일자 날짜가 중요합니다.

임차권등기명령에 대해 다시 한 번 정리해보면 임대차가 종료된 후, 보증금을 반환받지 못한 임차인은 임차건물의 소재지를 관할하는 지방법원 등에 임차권등기명령을 신청할 수 있습니다. 그리고 임차권등기가 등기부에 기재되면 이후 임차인이 이사를 가더라도 기존에 가지고 있었던 대항력과 확정일자에 의한 우선변제권은 그대로 유지되는 것입니다.

설춘환 교수 칼럼

대지권미등기 vs 대지권 없음

집합건물 즉 아파트나 빌라에 입찰하려고 할 때 가끔 언급되는 것 중에 하나가 대지권 미등기 또는 대지권 없음입니다. 이것은 입찰하는 입장에서는 굉장히 중요한 문구입니다. 대지권미등기는 원칙적으로는 대지권이 있지만 어떠한 사정에 의해서 대지권이 아직 등기가 되지 않은 것을 말합니다. 다만 실무적으로 감정평가에 대지권을 감정하고 차후 낙찰자가 대지권을 취득하게끔 하고 있는 것이 실무례입니다.

대지권미등기일 때는 대지권이 감정되었는지가 가장 중요합니다.

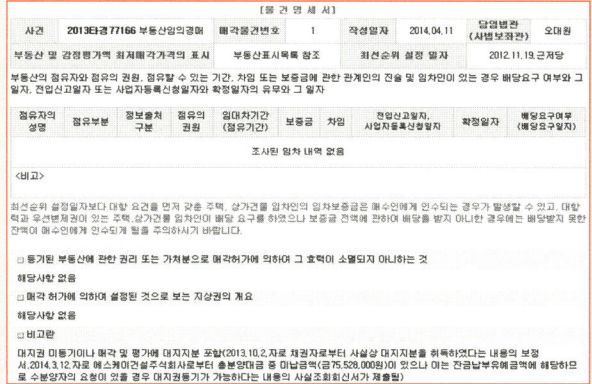

하지만 대지권 없음은 상당히 위험한(?) 멘트입니다. 왜냐하면 대지권이 없는데, 실제 건물만 낙찰을 받은 것이기 때문입니다. 실무적으로 대지권 없는 물건을 낙찰 받기란 쉽지 않습니다. 얼마 전 이태원에 3층짜리 다세대빌라 전체가 경매에 나온 적이 있습니다. 8억 원이 넘는 다세대가 2억 7,000만 원에 낙찰이 되었습니다. 이미 토지 소유자가 건물 소유자를 상대로 건물철거 소송을 제기해서 승소판결을 받은 경우였습니다.

이러한 건물은 싸다고 낙찰 받을 수 있는 것이 아닙니다. 왜냐하면 싸게 낙찰 받을 수 있지만, 곧바로 건물철거 승소판결을 받은 토지 소유자가 건물을 철거할 수 있기 때문이죠. 따라서 대지권 없음의 건물을 낙찰 받을 때에는 이러한 부분을 감안해서 가급적 입찰을 피하는 것이 좋습니다. 다만 토지소유자와 협의가 되어 토지 지분을 매입할 수 있다면 입찰에 참여해도 좋습니다.

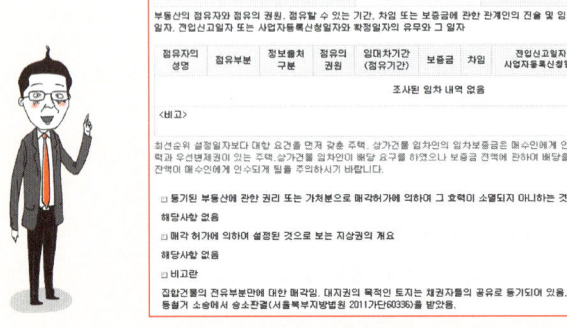

Chapter 7.
권리분석, 제대로 해야 한다

여러분, 이번 시간의 강의는 권리분석입니다.
경매에서 중요한 부분 중의 하나가 바로 권리분석입니다.
꼼꼼하게 제대로 정확하게 해야 합니다.
더불어 책을 보고 어렵거나 의문이 생기면
다음카페 〈설춘환 교수의 경매개인레슨〉에서
질문하셔도 됩니다.

권리분석에 대한 하자는 원칙적으로 모두 낙찰자가 부담합니다. 그러니까 섣불리 해서도 안 되고, 또 대충해서도 안 됩니다. 그런데 막상 권리분석을 해보면 그렇게 어렵지는 않습니다. 기본을 제대로 이해하면 모두 확인할 수 있고, 해결할 수 있습니다. 자, 권리분석을 제대로 한 번 해보죠.

경매를 당하는 부동산에 대한 권리분석은 등기부상, 현황상, 임대차 조사상 등 여러 가지 권리들을 비교, 분석해서 권리상의 하자 여부를 판단하는 것입니다. 그리고 그에 따라 인수 또는 소멸 여부를 파악한 다음 입찰에 참여하게 됩니다.

경매에 있어서 중요한 부분 중의 하나가 경매 절차의 정확한 이해 그리고 인도, 명도라고 한다면 그보다도 좀 더 중요한 것이 바로 정확한 권리분석입니다.

권리분석은 왜 필요할까?

경매는 금액이 적게는 몇백만 원에서 많게는 수백억 원 또는 수천억 원이 투입되기도 합니다. 경매는 일반인들이 생각하는 만큼 재테크의 한 수단으로서 수익성이 좋은데요. 수익성이 좋은 만큼 그에 상응하는 리스크, 즉 위험부담도 늘 있다는 점을 명심해야 합니다. 저 역시도 경매 20년 차이며, 강의는 15년 동안 하고 있습니다. 베테랑이라고 할 수 있죠. 하지만 그 긴 기간 동안 주위에서 경매 절차를 잘못 이해하거나, 또는 권리분석을 잘못하여 낭패를 보는 사례를 많이 보아왔습니다.

경매를 처음 했는데 손해를 보면 어떻게 될까요? 거의 대부분 경매를 포기합니다. 그럼 왜 경매에서 손해를 볼까요? 첫 번째는 정말 경매를 잘 모르는데 주먹구구식으로 대충 이해했기 때문이고, 두 번째는 너무 큰 욕심을 부리다가 그러한 결과를 초래하는 경우입니다. 그래서 여러분 첫 단추가 중요합니다. 경매를 통해 너무 큰 욕심을 부리지 마시고, 너무 급하게 서두르지 마시고, 천천히 경매에 다가가기 바랍니다. 또한 제대로 된 멘토를 만나기 바랍니다. 공신력과 실력이 있는 분을 만나면 금상첨화가 되겠지요.

경매는 한 번의 실수로 낙찰자, 즉 매수인에게 돌이킬 수 없는 손해를 주는 경우가 대부분인데요. 이러한 실수를 하지 않고 경매를 통해 수익을 내기 위해서는 정확한 권리분석을 할 줄 알아야 합니다.

정확한 권리분석을 할 수 있는 능력이 없는 사람이라면 차라리 경매 입찰에 절대 참여하지 말라고 충고하고 싶습니다. 그냥 공신력 있고, 제대로 된 경매컨설팅 업체에 수수료를 주고 맡기는 것이 백 배, 천 배 나을 듯합니다. 아시겠죠?

선순위임차인은 왜 중요할까?

경매 권리분석에서 가장 많이 언급되는 것 중의 하나가 선순위임차인입니다. 뒤에서 자세히 설명을 하겠습니다만, 말소기준권리보다 앞서서 대항력을 갖춘 임차인을 의미합니다.

 그럼 이러한 선순위임차인이 왜 중요할까요?

선순위임차인이 배당요구를 했거나 하지 않았거나 못 받은 보증금이 있다면 차후에 낙찰자가 낙찰대금 외에 추가로 떠안아야 합니다. 다만 선순위임차인도 못 받은 보증금을 낙찰자에게 달라고 주장하려면 최소한 낙찰자가 잔대금을 납부할 때까지는 대항력을 유지하고 있어야 합니다.

선순위임차인에 대하여 간략하게 설명하면 말소기준권리보다 앞서서 대항력을 갖춘 임차인을 말합니다. 앞에서도 6가지의 말소기준권리에 대해서 잘 외워두라고 말씀드렸죠? 다시 한 번 말소기준권리에 대해 살펴보겠습니다.

말소기준권리

가압류 / 압류 / 근저당권 / 저당권 / 담보가등기 / 경매등기

소재지/감정서	면적(단위:㎡)	진행결과	임차관계/관리비	등기권리
(121-866) 서울 마포구 연남동 4층 402 호 [지도] [등기] • 위치: 서울특별시 마포구 연남동 경성고교 북측인근 다세대주택 밀집지역내에 위치하는 5층다세대주택(연남아크빌라)4층 402호 물건으로써 서울 서부지방법원의 경매목적을 위한 평가물건임. 주위환경: 기존 연남동다세대주택 밀집지역내에 위치하여 주거환경 양호함. • 전철2호선 홍대입구역 이용과 시내버스 정류장에서 약 5분거리로 대중교통 편리하고, 차량통행 가능함. • 철근콘크리트구조(철근)콘크리트지붕 5층 다세대주택으로써외벽:돌붙임. 내벽:벽지마감창호:알미늄샷시,창틀유리 • 방3, 거실, 주방/식당, 발코니 • 위생설비:상하수도,위생설비 되어있음,냉난방 및 기타설비: 개별도시가스 보일러 시설. ▶토지이용계획	대지 • 41,6461/368 (12.6평) 건 물 • 68,39 (20.69평) 총 5층 중 4층 보존등기 2008,12,11 토지감정 90,000,000 건물감정 150,000,000 감정기관 한성감정	감정 240,000,000 100% 240,000,000 유찰 2013.09.04 80% 192,000,000 유찰 2013,10,10 64% 153,600,000 낙찰 2013,11,13 175,800,000 (73,25%) 구 응찰 1명 불허 2013,12,04 64% 153,600,000 유찰 2014,01,28 51% 122,880,000 유찰 2014,03,04 41% 98,304,000 유찰 2014,04,08 33% 78,643,000 예정 2014,05,13 [법원기일내역]	▶법원임차조사 신 전입 2011,04,26 점유 전부 보증 1억9000만 (점유: 2011,4-)(현황서상) *총보증금190,000,000 ▶태인세대열람 [GO] 표 전입 2011,04,26 열람일 2013,08,29 ▶관할주민센터 연남동 주민센터 [GO] 연남동 250-9 ☎ 02-3153-6860	* 집합건물 등기, 소유권 김· 보 존 2008,12,11 근저당 오케이 2011,04,29 22,400,000 [말소기준권리] 근저당 이 2011,06,29 120,000,000 (홍창균의근저이전) 압 류 성남세무서 2012,01,25 임 의 오케이 대부 2013,03,14 (2013타경5301) 청구액 22,400,000원 압 류 국민건강보험공단 (부천남부지사) 2013,05,15 압 류 성남시분당구 2013,08,05 [등기부채권총액] 142,400,000원 열람일 2013,08,20

등기부등본에 등기권리 항목을 살펴보면 말소기준권리를 확인할 수 있다.

이 6가지 권리들 중에서 등기부에 가장 먼저 기입된 것을 그 사건의 말소기준권리라고 합니다. 가령 등기부에 다음과 같이 명시되어 있다고 해봅시다.

2010년 2월 2일   근저당권

2011년 3월 4일   가압류

2011년 5월 6일   압류

2012년 7월 8일   담보가등기

2013년 2월 3일   경매등기

이러한 순으로 기재가 되어 있다면 이 사건의 말소기준권리는 2010년 2월 2일의 근저당권이 되는 것입니다. 이렇게 말소기준권리 찾는 것은 어렵지 않지요. 반드시 이 6가지 말소기준권리를 꼭 외우세요. 자, 다 같이 한 번 읽어볼까요? "가압류, 압류, 근저당권, 저당권, 담보가등기, 경매등기!"

 임차인이 대항력을 갖고 있다면, 언제 대항력이 발생하게 될까요?

일단 주택임차인이라면 점유, 즉 이사한 후 전입신고를 하면 둘 중에 늦은 날의 다음 날 0시에 대항력이 발생합니다. 다음 날 0시가 중요합니다.

문제를 하나 풀어볼까요? 어떤 임차인이 2월 4일 점유신고를 하고 2월 4일에 전입신고를 했다면 대항력은 언제 생길까요? 답은 2월 5일 0시입니다. 다음 날 0시, 반드시 기억해두세요!

그럼 3월 4일 점유를 하고, 3월 5일 전입신고를 했다면?
그렇죠, 대항력은 3월 6일 0시에 발생하게 되는 것입니다.

하나 더! 4월 5일에 점유를 하고 4월 1일에 전입신고를 했다면? 둘 중 늦은 날의 다음 날 0시, 즉 4월 6일 0시에 대항력이 발생하게 되는 것입니다.

아시겠죠? 기계적으로 암기해두셔도 좋습니다. 그런데 실무적으로는 점유는 정확하게 알기 어려워서 대항력은 통상 전입신고 다음 날 0시로 계산하고 있습니다.

소재지/감정서	면적(단위;㎡)	진행결과	임차관계/관리비	등기권리
(132-738) 서울 도봉구 창동 825 북한산아이파크 522동 12층 1204호 [지도] [등기] • 본건(1)은 서울특별시 도봉구 방학동 소재 "도봉구청" 남측 인근에 위치하는 방학동삼성 래미안아파트 106동 22층 건내 9층 902호로서 인근으로 아파트단지와 주상복합아파트및 다세대주택, 단독주택등이 입지하고 대로변으로 구청, 대형마트, 의원, 근린상가와각급학교가 입지하는 제3종일반주거지역내 아파트로서 주거환경은 보통시됨. 본건(2)은 서울특별시 도봉구 창동 소재 "창동초등학교" 북측 인근에 위치하는 북한산아이파크 522동 24층 건내 12층 1204호로서 인근으로 아파트단지와 다세대주택, 단독주택과 학교등이 입지하고 자동차학원, 정비공장, 은행, 음식점등 상가가 소재하는1호선(경원선) 철로변의 준공업지역내 아파트로서 주거환경은 보통시됨. 본건(3)은 서울특별시 도봉구 도봉동 소재 전철1호선 "도봉역" 북측 인근에 위치하는동아에코빌아파트 101동 21층 건내 16층 1602호로서 인근으로 아파트단지와 학교 및 자동차서비스센터, 체육시설등이 소재하고 인근 대로변으로	대 지 • 39.99/85445.5 (12.1평) 건 물 • 101.9176 (30.83평) 총 24층 중 12층 보존등기 2004.09.17 토지감정 227,040,000 건물감정 300,960,000 감정기관 샘림감정	감정 528,000,000 100% 528,000,000 유찰 2014.04.07 80% 422,400,000 예정 2014.05.12 [법원기일내역]	▶법원임차조사 최** 전입 2011.11.11 확정 2011.11.11 배당 2013.12.18 점유 전부(방3칸)/주거 보증 2억8000만 (점유: 2011.11.11.부터 현재까지)(강**의 배우자) *총보증금 280,000,000 ▶태인세대열람 [GO] 강** 전입 2011.11.11 열람일 2014.04.03 ▶관리비체납내역 •체납액:0 •확인일자:2014.03.21 •14년1월까지미납없음 • ☎ 02-994-4596 ▶관할주민센터 창5동 주민센터 [GO] 창동 224-41(도봉로136나길 20) ☎ 02-2091-5784	* 집합건물 등기, 소유권 이** 이 전 2005.02.15 전소유자:삼풍물산(주) 매매(2001.12.28) 가압류 전북은행 (군산지점) 2012.12.31 255,434,033 [말소기준권리] 가압류 (주)건창이앤텍 2013.01.14 240,000,000 가압류 부안수협 (평화동지점) 2013.04.25 371,868,040 가압류 황** 2013.05.14 680,514,377 가압류 이** 2013.05.29 250,000,000 가압류 군산오룡신협 2013.07.03 103,952,746 강 제 (주)건창이앤텍 2013.11.12 (2013타경27596) 청구액 241,509,364원

선순위임차인이 확정일자를 빨리 받고 배당요구해서 모두 배당을 받게 되는 경우로 낙찰자에게 문제 없는 경우

 자, 그러면 선순위임차인이 있는지 없는지에 대해 한 번 살펴볼까요? 어떤 다가구 주택이 있습니다. 등기부에는 다음과 같이 명시되어 있습니다.

2월 5일 가압류

5월 6일 근저당권

7월 8일 압류

9월 8일 경매등기

1층의 임차인 : 2월 4일 점유, 2월 4일 전입, 3월 5일 확정일자

2층의 임차인 : 2월 3일 점유, 2월 6일 전입, 2월 2일 확정일자

3층의 임차인 : 2월 5일 점유, 2월 5일 전입, 2월 4일 확정일자

이러한 상태라면 선순위임차인은 총 몇 명이 있을까요? 대항력이 발생하는 시기를 확인해보시면 됩니다. 정답은? 1명이네요. 그렇죠? 그럼 몇 층의 임차인이 선순위임차인이 될까요? 그렇습니다. 1층의 임차인입니다.

선순위임차인을 따질 때에는 확정일자는 아무런 관련이 없습니다. 자, 그럼 대항력은 점유와 전입신고, 다음 날 0시에 발생한다는 것을 염두에 두고 보면, 1층의 임차인 2월 5일 0시, 2층의 임차인은 2월 7일 0시, 3층의 임차인은 2월 6일 0시입니다. 그런데 이 사건의 말소기준권리는 2월 5일 가압류가 됩니다. 여러분, 가압류는 새벽 0시에는 등기부에 기재될 수는 없지요. 그래서 말소기준권리는 2월 5일 낮이라고 합니다. 0시기 아니라는 의미로 해석하면 된다. 등기부에 아침 9시부터 저녁 6시 사이에 기재되었다는 의미.

왜일까요?

그럼 이러한 선순위임차인이 왜 중요할까요?

네, 맞습니다. 배당요구를 했거나 하지 않았거나 못 받은 보증금은 낙찰자가 추가로 떠안아야 되기 때문입니다.

그러면 이러한 권리분석을 하기 위해서는 어떤 자료들을 살펴봐야 할까요? 권리분석을 하기 위해 필요한 자료들을 살펴보도록 하겠습니다.

권리분석에 필요한 자료

부동산등기부등본

권리분석에서 가장 기본적인 자료가 바로 부동산등기부등본입니다. 등기부등본의 종류로는 토지등기부등본, 건물등기부등본, 집합건물등기부등본이 있습니다. 통상 등기부등본은 표제부와 갑구 그리고 을구로 구성되어 있습니다. 경매 유료정보사이트에 각 사건마다 등기부등본이 첨부되어 있습니다. 자주 보는 습관을 길러주시고요.

또 실제 입찰에 참여할 때에는 등기부등본을 제대로 발급받아서 정확하게 확인하고 입찰에 참여해야 합니다. 여러분 등기부등본은 온라인으로 대법원인터넷등기소에서 또는 직접 등기소에서 발급받을 수 있습니다.

 자, 그 내용을 살펴볼까요?

- 표제부에는 부동산의 표시가 나타나 있습니다. 즉 부동산의 위치, 지번, 면적 등이 기재되어 있습니다. 나중에 인도명령, 인도소송, 점유이전금지가처분, 처분금지가처분, 경매신청시에 부동산의 표시를 해야 하는데요. 그때 표제부를 보고 표시를 하시면 됩니다.

- 갑구에는 소유권에 관한 사항이 표시되어 있습니다. 즉 소유권보존, 소유권이전, 가압류, 가처분, 가등기, 압류, 경매개시결정기입등기 등이 표시되어 있습니다.

잘 모르면 등기부등본 자주 찾아보세요. 이는 경매를 떠나 삶의 상식입니다.

등기부등본 표제부에는 부동산의 표시가 나타나 있다.

등기부등본 갑구에는 소유권에 관한 사항이 표시되어 있다.

임차인들 중에 가끔씩 이런 문의전화를 하는 사람이 있습니다. 내가 임차해서 살고 있는 아파트가 경매에 들어갔는지 알고 싶다. 그리고 경매에 들어갔다면 지금 어떻게 진행되고 있는지 알고 싶다. 어떻게 하면 알 수 있을까요?

여러분은 어떻게 생각해봤나요? 답은 간단합니다. 임차인이 살고 있는 집에 대한 등기부등본을 발급해보면 알 수 있습니다. 등기부등본 갑구에 경매개시결정기입등기가 기입되어 있다면 현재 경매진행 중에 있는 거죠. 또 경매개시결정 기입등기란에 경매사건번호가 기재되어 있는데요. 그 사건번호를 가지고 대법원경매정보사이트에 가서서 경매사건검색란을 이용하면 현재 그 경매사건의 진행 상황도 개략적으로 알 수 있습니다. 아시겠죠? 여러분, 이렇게 안다고만 하지 마시고 직접 등기부등본 발급받아보고, 경매등기란 봐서 사건번호를 보고, 대법원경매정보사이트에 가서 경매사건을 검색해봅니다. 그래서 경매 절차가 어떻게 진행되고 있는지 확인해보세요.

등기부등본 자주 보면 별 거 아닌데 처음 보면 약간 어려울 수 있습니다. 자, 그럼 다음 항목으로 넘어가볼까요?

- 을구에는 소유권 이외의 사항, 즉 근저당권, 저당권, 지상권, 지역권, 전세권 등이 표시되어 있습니다. 그런데 실무적으로 저당권이나 지역권 등기는 거의 본 적이 없는 듯해요. 그래서 사실상 무시하고 있지요.

흔히 낙찰 시 문제가 되는 등기부상 권리들은 선순위전세권, 선순위소유권가등기나 선순위처분금지가처분, 선순위지상권 등입니다. 가령 선순위전세권이 있다면 낙찰 후에 낙찰자가 그 전세금을 떠안을 수 있습니다. 우리가 권리분석을 할 때 선순위 또는 후순위라는 말을 많이 듣는데요. 그 의미는 먼저 선순위는 말소기준권리 보다 앞서서 있는 권리이고, 후순위는 말소기준권리보다 뒤에 있는 권리라고 이해해도 좋습니다.

[집합건물] 서울특별시 강서구 내발산동 693의 1필지 천우네오젬 제4층 제403호   고유번호 2542-2006-000299

순위번호	등 기 목 적	접 수	등 기 원 인	권 리 자 및 기 타 사 항
2	공유자건원기분건부이건	2006년1월24일 제5045호	2005년12월20일 매매	소유자 반 650103-2****** 서울 강서구 화곡동 805-16 남경에이스빌 201
2-1	2번등기명의인표시변경	2006년3월6일 제14706호	2006년3월2일 전거	반 의 주소 서울 강서구 내발산동 천우 아파트 -403
3	소유권이전	2010년2월2일 제5435호	2009년12월16일 매매	소유자 윤! 640515-2****** 서울특별시 강서구 화곡동 우장산 거래가액 금610,000,000원
3-1	3번등기명의인표시변경	2010년4월5일 제17442호	2010년2월8일 전거	윤 의 주소 서울특별시 강서구 내발산동 천우 403호
4	임의경매개시결정	2012년6월22일 제29658호	2012년6월22일 서울남부지방법원의 임의경매개시결정(2012 타경19641)	채권자 허 500507-1****** 서울 강남구 압구정동

【   을   구   】 (소유권 이외의 권리에 관한 사항)

순위번호	등 기 목 적	접 수	등 기 원 인	권 리 자 및 기 타 사 항
1	근저당권설정	2006년1월26일 제5619호	2006년1월26일 설정계약	채권최고액 금240,000,000원 채무자 박 서울 강서구 화곡동 근저당권자 주식회사우리은행 110111-0023393 서울 중구 회현동1가 203

[집합건물] 서울특별시 강서구 내발산동 693의 1필지 천우네오젬 제4층 제403호   고유번호 2542-2006-000299

순위번호	등 기 목 적	접 수	등 기 원 인	권 리 자 및 기 타 사 항
7	근저당권설정	2009년7월27일 제49556호	2009년7월27일 설정계약	채권최고액 금378,000,000원 채무자 박 서울특별시 강서구 내발산동 근저당권자 영등포농업협동조합 115136-0000279 서울특별시 영등포구 신길동 197-2 (무분점관)
8	2번근저당권설정등기말소	2009년7월27일 제49557호	2009년7월27일 해지	
9	1번근저당권설정등기말소	2009년7월27일 제49676호	2009년7월27일 해지	
10	7번근저당권설정등기말소	2010년2월2일 제5434호	2010년2월2일 해지	
11	근저당권설정	2010년2월2일 제5436호	2010년2월2일 설정계약	채권최고액 금334,800,000원 채무자 윤 서울특별시 강서구 화곡동 근저당권자 주식회사우리은행 110111-0023393 서울특별시 중구 회현동1가 203번지 (목동중앙지점)
12	근저당권설정	2011년9월29일 제67574호	2011년9월28일 설정계약	채권최고액 금100,000,000원 채무자 윤 서울특별시 강서구 내발산동 트

을구에는 소유권 이외의 사항, 즉 근저당권, 저당권, 지상권, 지역권, 전세권 등이 표시되어 있다.

그래서 선순위임차인이나 선순위전세권이 있다면 낙찰자가 낙찰대금 외에 추가로 떠안을 금액이 있을 수 있다는 부담을 알아야 하는 것입니다. 선순위소유권가등기나 선순위처분금지가처분이 되어 있다면 낙찰을 받고 잔금을 납부하였음에도 불구하고 차후에 소유권을 빼앗길 수 있다는 부담을 알아야 합니다. 더불어 선순위지상권이나 선순위지역권이 있다면 돈을 부담하거나 소유권을 빼앗길 염려는 없는데요. 내가 낙찰 받은 땅을 내 맘대로 사용할 수 없는 부담이 생길 수 있다는 점입니다.

 그다음으로 중요한 것이 등기순위의 문제입니다.

물권과 물권 사이에서는 순위가 앞설수록 권리가 우선한다고 보면 됩니다. 반면에 채권과 채권 사이에서는 우열이 없다는 점을 꼭 알아야 합니다.

배당에서도 중요한 부분입니다. 등기부상의 권리 순위에 관해서는 일단 같은 동구, 즉 갑구 내에서 또는 을구 내에서는 순위번호가 빠를수록 권리가 앞섭니다. 그러나 별구, 즉 갑구와 을구 사이에서는 접수번호가 빠를수록 권리가 앞섭니다. 그런데 통일해서 동구든 별구든 접수번호가 빠를수록 권리가 앞선다고 보면 될 것 같습니다. 이러한 등기순위는 권리분석 시 대단히 중요한 역할을 하고요. 그에 따라 매각에 참여 여부를 판단하게 됨을 유념하시기 바랍니다.

 자, 다음으로 중요한 자료가 바로 매각물건명세서입니다.

매각물건명세서를 통한 권리분석

집행법원, 즉 경매법원에서는 매각기일 7일 전까지 매각물건명세서를 작성해서 법원에 비치, 누구든지 열람할 수 있도록 하고 있습니다. 즉 매각물건명세서를 비롯 현황조사보고서, 감정평가서 등의 사본을 열람할 수 있습니다.

가령 오늘이 4월 7일인데, 매각기일이 4월 13일이라면 매각물건명세서 등을 열람할 수 있습니다. 만약 매각기일이 4월 20일이라면 열람할 수 없습니다. 왜냐고요? 매각기일이 7일이 더 남았기 때문입니다.

 자, 그러면 이러한 매각물건명세서는 어디서 볼까요?

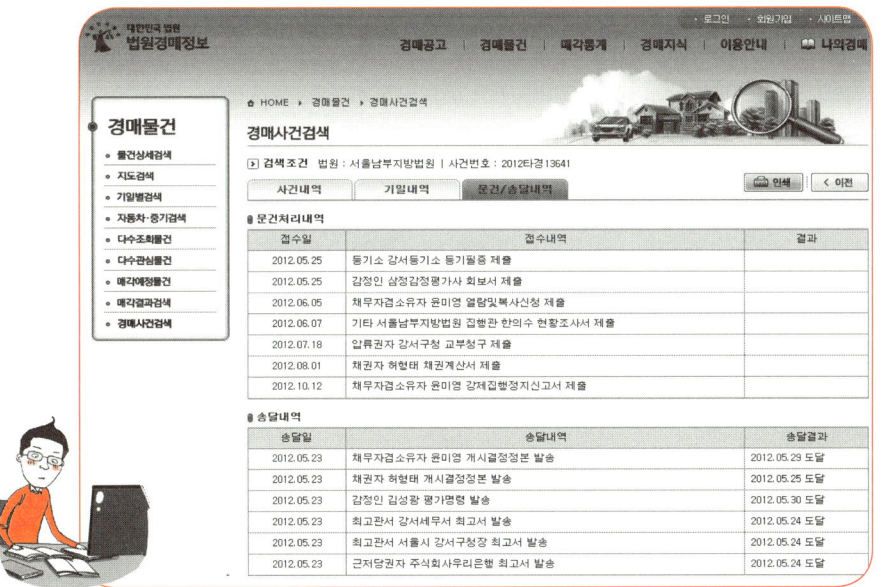

대법원경매사이트_ 경매물건 검색

먼저 대법원경매정보사이트를 통해서 온라인으로 볼 수 있습니다. 또는 경매법원경매계 앞에서 오프라인으로 볼 수 있습니다. 만약 입찰하고 싶은데 시간이 없어서 권리분석을 하지 못했다면 일단 매각물건명세서만 신뢰하고도 입찰참여 하셔도 됩니다. 만약 낙찰이 안 되었다면 그만이고요. 만약 낙찰이 되었다면 역으로 권리분석을 한 다음에 매각물건명세서상에 언급되지 않았던 중대한 하자가 있는 것을 발견하였다면 매각물건명세서상의 중대한 하자를 들어 경매법원, 즉 집행법원에 매각불허가신청 또는 즉시항고 또는 매각취소신청 등을 하여 구제받을 수 있습니다.

앞서 설명한 바와 같이 매각물건명세서는 매수신청인, 즉 낙찰자에게 부동산의 물적 부담 상태, 취득할 종물, 종된 권리의 범위등과 최저매각가격 산출의 기초가 되는 사실을 공시하여 신중한 판단을 거쳐 매각 절차에 참가하게 함으로써 적정가격에 매각이 되도록 마련된 부분입니다.

부동산 현황조사서를 통한 권리분석

더불어 부동산현황조사서가 있는데요. 부동산현황조사서에는 부동산의 현황 및 점유관계조사서, 임대차관계조사서 등이 첨부되어 있습니다. 이를 통해 현재 부동산의 현상이 어떻고 소유자가 점유하고 있는지 또는 임차인이 점유하고 있는지 등을 파악하게 됩니다.

이러한 부동산현황조사는 집행관이 하는데요. 아쉽게도 부동산현황조사는 점유자가 없고 문이 잠겨져 있었다면 더 이상 조사할 방법이 없습니다. 즉 상당히 형식적이라고 하는 부분은 아쉬운 점입니다. 다만 현황조사 시 주민등록등본 발급 그리고 상가일 때에는 사업자등록 열람을 해서 그 내용을 현황조사서 등에 언급해주는 것은 상당히 의미가 있는 부분입니다.

특히 2014년 1월 1일부터 전입세대열람을 관할주민센타가 아닌 다른 주민센터에서도 할 수 있는데요. 이제는 개인정보 등을 이유로 전입세대열람 시 전입신고자의 이름이 제대로 나오지 않습니다. 2013년 12월 31일까지는 전입세대열람 시에 전입신고자의 오만열 2013년 2월 4일, 이렇게 나왔다면 이제는 오** 2013년 2월 4일 이렇게만 볼 수 있습니다.

무슨 차이가 있을까요? 물론 전입신고 날짜가 말소기준권리보다 같거나 느리면 전혀 상관이 없는데요. 만약 전입신고 날짜가 말소기준권리보다 빠르다면 소유자인지 아닌지 정도는 알 수 있어야 합니다. 그런데 이번에 바뀐 부분, 즉 전입세대열람 시 전입신고된 사람의 이름이 모두 나오지 않고 성만 나오게 하는 것은 타당하지 않은 것 같습니다.

가령 소유자가 설춘환인 아파트의 전입세대열람을 해보니 결과가 전입신고한 자가 설춘환이라고 나오면 소유자니까 전입신고가 말소기준권리보다 빠르더라도 문제가 없다는 걸 아는데 반해서 지금처럼 설**으로 나오면 소유자가 설춘환이라 하더라도 설**이 설춘환인지 아닌지 알수 없다는 데 문제가 있습니다.

집행관의 현황조사 시 전입세대열람 내지는 주민등록등본을 발급받음으로써 기존 전입세대열람 시 소유자인지 아닌지는 곧바로 알 수 있었던 데 비하면, 이번 전입세대열람 결과물의 방식 변경은 타당하지 않은 듯합니다. 이해가시나요?

 그리고 다음의 감정평가서가 있습니다.

감정평가서를 통한 권리분석

감정평가서를 꼼꼼히 읽어보고 확인하는 습관을 길러주시기 바랍니다. 왜 이런 감정평가의 결과가 나왔는지 정도는 제대로 알아야 합니다. 그저 감정평가가 잘 되었겠지라고 생각하고 감정평가서도 제대로 보지 않는 습관들을 대부분의 투자자가 가지고 있는 것 같습니다.

감정평가는 최초매각가격의 기준을 삼기 위해서 하는 것입니다. 그래서 현재는 감정평가금액 자체가 최초매각가격이 되고 있습니다만, 차후에는 감정평가금액에서 일정한 비율을 저감한 금액가령 20% 정도을 최초매각가격으로 정함으로써 경매 절차가 보다 신속하고 역동적으로 진행될 예정입니다. 그러면 경매가 신건최초매각기일에서 매각될 가능성이 상당히 높아지는 것이지요.

또한 대지권미등기인 아파트 감정평가 시 대지권이 감정평가되었는지가 상당히 중요합니다. 원칙적으로 대지권이 감정평가되었다면 낙찰로 대지권의 소유권을 취득하는 것이 되고요. 만약 대지권이 감정평가되지 않았다면 낙찰로 대지권의 소유권을 취득하지 못한다는 점을 꼭 유념해주시기 바랍니다.

경험적으로 보면 대지권미등기 아파트인 경우 대부분 대지권에 대한 감정평가를 함으로써 낙찰로 인해 낙찰자에게 대지권에 대한 소유권을 취득하게끔 하고 있습니다.

권리분석에 필요한 기타 자료들

경매정보지나 건축물대장, 토지대장, 토지이용계획확인원, 지적도 등도 상당히 중요한 자료로서 참고해야 합니다. 일단 경매물건을 찾고 그다음 개략적으로 권리분석을 하는 데에는 유료정보사이트만한 것도 없습니다. 다만 최종적인 권리분석은 매각물건명세서 등 모든 공적장부 등을 제대로 발급받아서 확인하는 습관이 필요합니다.

더불어 건축물관리대장을 통해 건물의 현황을 제대로 인식해야 합니다. 또한 위법건축물에 대한 표기가 있을 때에는 어떤 내용이 위법한지에 대한 부분을 제대로 파악하고 그 대안을 찾을 수 있어야 합니다.

통상 위법건축물표기가 되어 있다면 원칙적으로 원상복구가 원칙입니다. 입찰 전에 시군구청 등 담당부서에 위법건축물 내용 등을 정확히 확인하고 낙찰 후 어떻게 해야 하는지를 제대로 파악해야 합니다. 만약 원상복구가 되었을 경우 내가 낙찰 받는 콘셉트와 맞지 않는다면 입찰에 참여해서는 안 되겠지요.

예를 들어 현재 1층 상가로 사용 중인데, 원래는 주차장이었던 것을 불법으로 개조해서 상가로 사용하고 있어 위법 건축물 표기가 되었다면 차후에는 원상복구를 해야 한다면 상가를 통해 수익을 올리려고 했던 내용을 수정해야 합니다. 토지 등을 낙찰 받을 경우 토지대장을 통해서 정확한 면적 등을 확인해야 합니다. 또한 토지이용계획확인원을 통해서 용도지역 및 진입로 등이 있는지 등을 확인하고, 건축할 수 있는 건축물과 건폐율과 용적률 등을 개략적으로 확인할 수 있습니다. 역시 지적도를 통해 토지의 경계 등을 제대로 파악할 수 있을 것입니다.

가장 중요한 것은 권리분석의 처음이자 마지막은 바로 현장확인, 현장분석입니다.

현장확인, 현장분석을 통한 권리분석

낙찰 받을 부동산에 대한 권리분석에서 가장 중요한 것 중 하나가 바로 현장확인과 현장분석입니다. 현장확인과 현장분석을 할 때에는 자동차를 이용하여 낙찰 받으려는 부동산까지 가는 것도 좋습니다. 하지만 가급적이면 도보로 현장 및 현장주변을 확인하는 것이 더 좋겠죠?

입지를 정확히 파악하고, 주변 환경 및 부동산의 위치가 역세권인지, 혐오시설이나 유해시설은 없는지, 인프라 등은 어떠한지를 제대로 확인해야 합니다. 시세와 임대료 수준 그리고 미래가치 파악은 기본이겠지요. 실제 매각 부동산 현장에 가서는 매각 부동산의 상태가 제대로 되어 있는지, 사용상의 문제는 없는지, 실

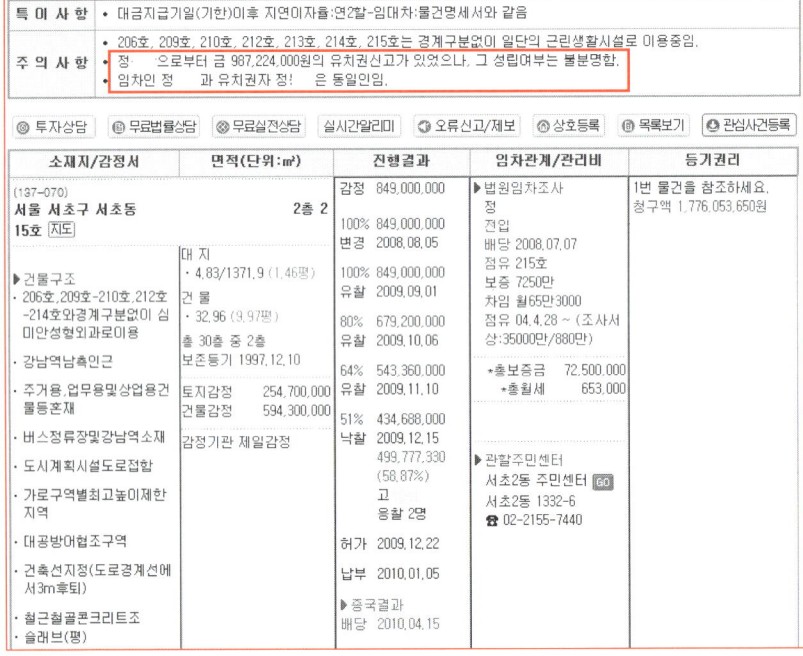

경매 물건정보지를 보면 유치권에 대한 사항을 볼 수 있다.

제 누가 점유하고 있는지, 혹은 누군가 유치권 등을 주장하고 있는지 등을 반드시 확인해야 합니다. 그리고 현장은 한 번만 다녀오는 곳이 아닙니다. 입찰하고자 한다면 적어도 4~5번은 다녀와야 합니다.

경매 권리분석에서 가장 기본은 소멸주의를 제대로 아는 것입니다. 소멸주의란 낙찰 후 말소기준권리를 포함한 말소기준권리 후에 기재된 권리상의 하자들은 모두 말소시켜준다는 내용입니다. 그러면 그 사건의 말소기준권리를 찾는 것도 매우 중요하겠지요. 자, 여러분! 다음은 말소기준권리에 대한 내용입니다. 꼭 암기하세요. 그리고 반드시 이해하세요.

말소기준권리를 통한 권리분석

매각부동산을 낙찰 받은 매수인은 매수대금, 즉 잔대금의 완납과 함께 소유권이전등기 없이도 법률상으로 그 매각부동산의 소유권을 취득하게 됩니다. 일반 매매는 소유권이전등기를 해야만 소유권을 취득하는데 반해서, 경매나 공매는 낙찰자가 잔대금을 모두 완납함으로써 소유권을 취득하게 됩니다.

그런데 소유권이전등기를 해오는 과정에서 낙찰 받은 부동산 등기부상의 권리들 중 어떠한 권리들은 말소등기촉탁의 대상이 되어서 말소가 되는 경우도 있습니다. 반면 어떤 권리들은 말소등기촉탁의 대상이 되지 않아서 계속적으로 등기부상에 남아 매수인, 즉 낙찰자가 인수해야 하는 부담으로 남아 있는 경우도 있습니다. 이와 같이 어떤 권리들은 말소가 되고, 어떤 권리들은 인수가 되는 기준이 되는 권리를 바로 말소기준권리라고 합니다.

그러면 말소기준권리가 될 수 있는 것에는 어떠한 것들이 있을까요? 앞에서도 말소기준권리로 근저당권, 저당권, 가압류, 압류, 담보가등기, 경매개시결정기입등기 경매등기의 6가지가 있고, 매우 중요하다고 강조했습니다. 자, 위 6가지 말소기준권리가 될 수 있는 것 중에 부동산의 등기부상에 가장 먼저 기입된 것이 그 사건의 말소기준권리가 됩니다.

예를 들어 등기부등본을 발급받아 보았더니 다음과 같이 기재되어 있습니다.

2월 5일 가압류
4월 6일 근저당권
5월 8일 압류
7월 8일 경매등기

이 사건에서 말소기준권리는 뭐가 될까요? 맞습니다. 바로 2월 5일 가압류입니다. 등기부상에 가장 먼저 기입된 것이 바로 그 사건의 말소기준권리라고 하는 것, 아시겠죠?

말소기준권리가 될 수 있는 것 중에 예외적으로 전세권이 있습니다. 비율적으로 거의 없습니다만, 아주 가끔 한 번 정도 튀어나올 때가 있으니 간단히 이해하고 넘어가도록 하겠습니다. 전세권이 말소기준권리가 될 수 있는 경우는 물론 다른 말소기준권리보다 앞서 등기부 전체에 전세권등기가 되어 있다는 전제하 이 전제가 중요하다. 일단은 가장 먼저 등기부에 기입되어 있어야 한다와 등기부 전체에 전세권이 설정되어 있어야 한다에 전세권자가 배당요구를 했거나, 즉 말소기준권리 중에 가장 먼저 기입되고, 등기부 전체에 설정되었고, 배당요구를 했다면 말소기준권리가 되는 것입니다. 또 가장 먼저 기입하였거나 등기부 전체에 경매신청을 했다면 그러한 전세권도 말소기준권리가 됩니다. 이해가 가시죠? 하지만 실무적으로는 거의 없어서 사실상 무시하고 있다는 점도 알아두세요.

소멸주의란?

경매는 민사집행법에 근거해서 진행됩니다. 2002년 7월 1일 이후에 제정 시행되고 있는 민사집행법은 담보물권에 대해서는 소제주의를, 용익물권에 대해서는 인수주의를 취하고 있습니다. 즉 근저당권, 담보가등기, 가압류 등은 매각으로 소멸합니다. 이러한 것들, 즉 매수인이 부담하지 않는 등기상의 권리는 모두 말소된다는 것이 바로 소제주의 혹은 소멸주의입니다. 이러한 소제주의에 해당하는 권리는 매각으로 인하여 모두 소멸됨으로 말소촉탁의 대상이 됩니다. 그렇다면 매각으로 소멸하는 권리들에는 어떠한 것들이 있을까요?

매각으로 소멸하는 권리
- 근저당권, 저당권
- 가압류, 압류
- 경매개시결정기입등기
- 담보가등기
- 말소기준권리보다 앞선 선순위전세권자이나 배당요구를 신청하였을 경우
- 말소기준권리보다 후순위 용익물권즉 전세권, 지상권, 지역권
- 말소기준권리보다 후순위 권리즉 가처분, 가등기

소제주의라는 것은 매각으로 인해 소멸하는 권리로서 경매대금을 완납하고 말소촉탁등기에 의해 모두 말소되는 권리를 말합니다. 이러한 소제주의 내지는 소멸주의가 있기 때문에 시세 5억 원 하는 아파트의 등기부에 권리상의 하자가 20억 원이 있어도 경매로 낙찰을 받을 수 있는 것입니다. 만약 5억 원짜리 아파트를 낙찰 받았는데 등기부상 권리의 하자로 인해 20억 원을 떠안으라고 한다면 어느 누가 입찰에 참여할 수 있을까요?

자, 우리가 권리분석을 공부하는 이유는 바로 인수주의 때문입니다. 낙찰로 모두 말소만 된다면 굳이 경매 권리분석을 공부할 이유가 없습니다.

인수주의란?

매각으로 인하여 소멸되지 않고, 매수인에게 인수되는 권리가 있다면 이러한 내용을 사전에 잘 확인해야 합니다. 더불어 낙찰 후 인수되는 부담이 있다면 그 부담을 감안하고 입찰에 참여해야 합니다. 돈일 수도 있고, 권리상의 하자일 수도 있겠지요.

앞에서 설명한 것처럼 말소기준권리보다 **빠른** 권리들은 매각부동산이 매각되더라도 그 권리들은 매수인이 인수하게 됩니다. 이들 권리들은 매각부동산의 매각대금에서 해결되는 것이 아니고, 매수인이 낙찰대금 외에 별도로 직접 책임을 져야 하는 부분입니다.

[물건명세서]

사건	2012타경28667 부동산임의경매		매각물건번호	1	작성일자	2013.10.31	담임법관 (사법보좌관)	김병길
부동산 및 감정평가액 최저매각가격의 표시			부동산표시목록 참조		최선순위 설정 일자		2011.07.11. 근저당권	

부동산의 점유자와 점유의 권원, 점유할 수 있는 기간, 차임 또는 보증금에 관한 관계인의 진술 및 임차인이 있는 경우 배당요구 여부와 그 일자, 전입신고일자 또는 사업자등록신청일자와 확정일자의 유무와 그 일자

점유자의 성명	점유부분	정보출처 구분	점유의 권원	임대차기간 (점유기간)	보증금	차임	전입신고일자. 사업자등록신청일자	확정일자	배당요구여부 (배당요구일자)
김		현황조사	주거임 차인				2003.09.24		
장.	본건 전부	현황조사	주거임 차인	2010.04.~	미상	미상	2010.04.15	미상	

<비고>
장   : 2013.7.8. 제출 재현황조사보고서상 전입세대열람결과 장   만 등재되어 있음.(김   은 입주하여 있지 않음). 2013.6.12.신청채권자 제출문서에 의하면 임차인 장   의 임차보증금은 1억5천만원이라고 기재되어 있으나, 구체적 액수.증액여부 불확실.

최선순위 설정일자보다 대항요건을 먼저 갖춘 주택.상가건물 임차인의 임차보증금은 매수인에게 인수되는 경우가 발생할 수 있고, 대항력과 우선변제권이 있는 주택.상가건물 임차인이 배당 요구를 하였으나 보증금 전액에 관하여 배당을 받지 아니한 경우에는 배당받지 못한 잔액이 매수인에게 인수되게 됨을 주의하시기 바랍니다.

☐ 등기된 부동산에 관한 권리 또는 가처분으로 매각허가에 의하여 그 효력이 소멸되지 아니하는 것

해당사항 없음

☐ 매각 허가에 의하여 설정된 것으로 보는 지상권의 개요

해당사항 없음

☐ 비고란

본건 기호 "1~5"의 지목은 토지이용계획확인서 및 토지대장 상 '대'임.

임차인이 배당요구를 하였거나 보증금 전액에 관하여 배당을 받지 아니한 경우에는 배당받지 못한 잔액이 매수인에게 인수된다.

 그럼 어떠한 부담이 있을까요?

실무적으로 가장 많은 경우, 즉 가장 많이 하는 권리분석 중의 하나가 바로 선순위임차인입니다. 건물을 낙찰 받을 때 주거용 건물이든 수익형 건물이든 간에 선순위임차인 부분을 가장 먼저 검토해야 합니다. 선순위임차인이란 말소기준권리보다 앞서서 대항력을 갖춘 임차인을 의미합니다.

이 정의에 대해 자세히 살펴보도록 하겠습니다. 말소기준권리는 가압류, 압류,

근저당권, 저당권, 담보가등기, 경매등기 중에 등기부상에 가장 먼저 기입된 것을 말합니다. 말소기준권리는 경매에 들어간 부동산등기부등본을 발급받아서 확인할 수 있습니다. 그리고 대항력을 갖춘 임차인이란 돈을 내고 살고 있는 임차인 중 말소기준권리보다 앞서 대항력을 갖추고 있는 임차인을 말합니다.

다시 한 번 반복해볼까요? 임차인은 언제 대항력을 가질까요? 주택이라면 점유와 전입신고를 하면 다음 날 0시에 대항력이 발생합니다. 상가라면 점유와 사업자등록신청을 하면 다음 날 0시에 대항력이 발생합니다. 주택의 경우 다음과 같은 조건일 때 임차인의 대항력 발생 시점에 대해 알아보도록 하죠.

- 2월 4일 점유, 2월 4일 전입신고를 했다면 대항력은 2월 5일 0시
- 2월 4일 점유, 2월 5일 전입신고를 했다면 대항력은 2월 6일 0시
- 2월 5일 점유, 2월 4일 전입신고를 했다면 대항력은 2월 6일 0시

이제 이해가 가시죠? 따라서 말소기준권리보다 하루라도 전에 점유와 전입신고를 모두 마쳐야만 선순위임차인이 됩니다. 만약 말소기준권리 날짜와 점유 또는 전입신고 날짜가 같거나 느리다면 후순위임차인이 됩니다. 그 이유는 바로 대항력은 점유 또는 전입신고 날짜의 다음 날 0시에 발생하기 때문입니다.

 이러한 선순위임차인이 있다면 낙찰자에게 어떤 부담이 있을까요?

선순위임차인이 있다면 그 선순위임차인이 배당요구를 했거나 하지 않았거나 못 받은 보증금이 있으면 못 받은 보증금을 모두 낙찰자가 떠안아야 합니다. 굉장히 중요하지요. 다시 한 번 강조합니다. 집중하세요. 아파트나 건물을 낙찰 받

선순위임차인으로 보이는 사람에 대해서는 스스로 확인해야 한다.

을 때 가장 많은 권리분석이 바로 선순위임차인입니다. 선순위임차인은 뭐라고요? 그렇죠, 바로 말소기준권리보다 앞서서 대항력을 갖춘 임차인입니다. 그럼 선순위임차인은 왜 입찰자 입장에서 중요하죠? 선순위임차인은 배당요구를 하지 않으면 배당을 못 받지만, 못 받은 보증금은 낙찰자가 떠안아야 하기 때문입니다. 또는 선순위임차인이 배당요구를 했지만 배당을 못 받는 경우도 있기 때문입니다.

그럼 어떤 경우에 배당을 못 받게 될까요? 바로 확정일자가 없거나, 확정일자가 말소기준권리보다 늦어서 배당을 못 받을 수도 있습니다. 이때 역시 못 받은 보증금은 낙찰자가 추가로 떠안아야 합니다. 굉장히 중요합니다. 반드시 기억해 두세요.

선순위임차인이 있는지 어떤 방법으로 확인할 수 있을까요?

먼저, 등기부등본을 발급해서 그 사건의 말소기준권리를 확인합니다. 그리고 주민센터에 가서 전입세대를 열람해보면 됩니다. 만약 소유자와 소유자 가족이 아닌 제3자의 전입신고가 말소기준권리보다 빠르면 선순위임차인의 가능성이 높다고 볼 수 있습니다. 하지만 전입신고가 빠르다고 모두 선순위임차인이 되는 것은 아닙니다. 왜냐하면 임차인이 아닌데 전입신고만 해놓는 경우도 꽤 있으니까요.

이처럼 입찰자 입장에서 선순위임차인의 권리분석은 대단히 중요한데요. 아쉬운 점은 선순위임차인처럼 보이는 사람이 있는데, 만약 그 사람이 입도 뻥긋하지 않을 때, 즉 누군가에게 임차인인지 아닌지 그리고 임차인이라면 보증금은 얼마인지에 대해 알려주지 않으면 그러한 내용을 제3자가 알기란 상당히 어렵습니다. 이런 경우 그냥 입찰을 포기한 사례도 상당히 있었습니다. 실무적으로 이러한 선순위임차인처럼 보이는 사건의 비율은 그리 높지 않습니다. 글쎄요, 전체 사건의 1% 미만일 것입니다.

 다음으로 선순위전세권에 대한 것으로 가장 쉬운 권리분석입니다.

선순위전세권을 통한 권리분석

선순위전세권이란 말소기준권리보다 앞서서 등기가 된 전세권을 말합니다. 그럼 왜 선순위전세권이 중요할까요? 그 이유는 선순위전세권자가 배당요구를

선순위전세권이 있을 때 매각으로 소멸하는지 아니면 인수하는지는 매각물건명세서를 통해서 확인할 수 있다.

배당요구종기일까지 하지 않으면 배당은 받지 못하지만, 못 받은 전세금을 낙찰자가 추가로 떠안게 되기 때문입니다. 선순위임차인과 동일한 내용입니다.

그러나 선순위전세권자가 배당요구를 했는데 배당을 못 받았다면, 못 받은 전세금은 낙찰자가 떠안지 않습니다. 바로 이것이 선순위임차인과 다른 부분입니다. 그러나 이론적으로 공부할 때나 그렇지 사실 선순위전세권자가 배당요구를 해서 배당을 못 받는 경우는 거의 없습니다.

더불어 선순위전세권은 내가 떠안는지 아니면 낙찰로 그냥 말소가 되는지 매각물건명세서를 통해 정확히 알 수 있습니다. 따라서 선순위전세권이 있을 때 매각으로 소멸하는지, 아니면 인수하는지는 매각물건명세서를 통해서 확인하면 됩니다. 전세권은 등기부상에 명쾌하게 전세금의 기재가 되어 있기 때문에 인수한다면 얼마를 인수하는지 정확하게 알 수 있지요.

유치권이란?

유치권이란 뭘까요? 앞으로 유치권은 보존등기가 된 건물에는 적용이 되지 않는 방향으로 법이 개정될 것으로 보입니다. 유치권은 공사비가 주를 이루고 있습니다. 즉 건축주와 도급계약건물 신축공사를 해달라는 계약을 체결한 다음 신축건물을 완공했는데 건축주가 공사대금을 지급하지 않은 경우, 이때 시공자가 그 신축건물을 점유하면서 공사대금을 달라고 요구하는 것이 바로 유치권입니다.

우리가 민법을 공부할 때 유치권의 성립요건은 여러 가지가 있는데요. 경매에서 간단하게 다음 두 가지 요건 정도만 알고 있으면 될 것 같습니다.

유치권 성립 요건
- 점유
- 채권의 견련성

판례상 점유는 시공자가 점유해도 되고, 시공자의 대리인이 점유해도 됩니다. 그러나 점유는 최종적으로 경매등기가 되기 전까지는 해야 합니다. 만약 경매등기 이후에 점유를 하면서 유치권을 주장하면 유치권은 인정되지 않는다는 게 대법원판례 입장입니다.

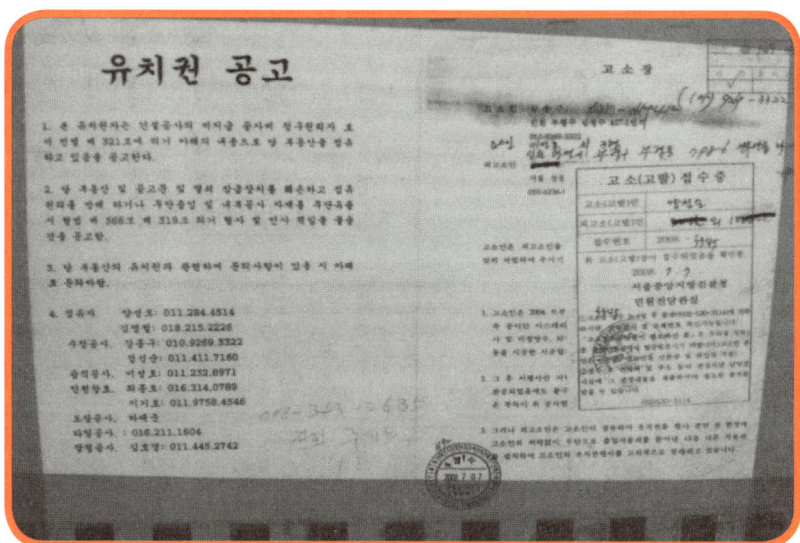

유치권 설정 공고문

신축건물을 점유하여 유치권을 행사 중

특이사항	• 대금지급기일(기한)이후 지연이자율:연2할-임대차:물건명세서와 같음
주의사항	• 206호, 209호, 210호, 212호, 213호, 214호, 215호는 경계구분없이 일단의 근린생활시설로 이용중임. • 정 으로부터 금 987,224,000원의 유치권신고가 있었으나, 그 성립여부는 불분명함. • 임차인 정 과 유치권자 정! 은 동일인임.

◎ 투자상담 ◎ 무료법률상담 ◎ 무료실전상담 실시간알리미 ◎ 오류신고/제보 ◎ 상호등록 ◎ 목록보기 ◎ 관심사건등록

소재지/감정서	면적(단위:㎡)	진행결과	임차관계/관리비	등기권리
(137-070) 서울 서초구 서초동 15호 [지도] ▶건물구조 • 206호,209호-210호,212호 -214호와경계구분없이 심 미안성형외과로이용 • 강남역남측인근 • 주거용,업무용및상업용건 물등혼재 • 버스정류장및강남역소재 • 도시계획시설도로접함 • 가로구역별최고높이제한 지역 • 대공방어협조구역 • 건축선지정(도로경계선에	2층 2 대지 • 4.83/1371.9 (1.46평) 건물 • 32.96 (9.97평) 총 30층 중 2층 보존등기 1997.12.10 토지감정 254,700,000 건물감정 594,300,000 감정기관 제일감정	감정 849,000,000 100% 849,000,000 변경 2008.08.05 100% 849,000,000 유찰 2009.09.01 80% 679,200,000 유찰 2009.10.06 64% 543,360,000 유찰 2009.11.10 51% 434,688,000 낙찰 2009.12.15 499,777,330 (58.87%) 고 응찰 2명 허가 2009.12.22 납부 2010.01.05	▶법원임차조사 정 전입 2008.07.07 점유 215호 보증 7250만 차임 월65만3000 점유 04.4.28 ~ (조사서 상:35000만/880만) +총보증금 72,500,000 +총월세 653,000 ▶관할주민센터 서초2동 주민센터 [GO] 서초2동 1332-6 ☎ 02-2155-7440	1번 물건을 참조하세요. 청구액 1,776,053,650원

경매등기 이후에 점유를 하면서 유치권을 주장하면 유치권은 인정되지 않는다.

대표소재지	서울 강남구 청담동 125-19,-23 에버원메디컬리조트			조회 : 오늘 1 전체 650	
용 도	의료시설	채 권 자	유디제일차유동화전문 (양도인 한국산업은행)		임의경매
감정평가액	93,860,780,440원	소 유 자	에버원메디컬리조트	개시결정일	2012.02.03
최저경매가	(80%) 75,088,624,000원	채 무 자	에버원메디컬리조트	감 정 기 일	2012.06.22
입찰보증금	(10%) 7,508,862,400원	경 매 대 상	건물전부, 토지전부	배당종기일	2012.08.13
청 구 금 액	97,455,448,389원	토 지 면 적	1394.3㎡ (421.78평)	낙 찰 일	2012.11.14
등기채권액	157,657,371,060원	건 물 면 적	17658.73㎡ (5341.74평)	종 국 일 자	2012.12.21
물 건 번 호	1 [배당]				

특이사항	• (접수일:2012.08.04)근저당권자 극동건설주식회사 유치권신고서 제출
주의사항	• 일괄매각 • 극동건설 주식회사로부터 이건 건물의 신축공사로 인한 공사대금 채권(총합계 27,258,789,633원)에 의하여 유치권신고 있음. • 위 유치권신고에 대하여, 위 유치권신고인은 대금수령확인서를 금융기관에 제출하였고, 각 기성금 수령시마다 해당 공사부분을 금융기관에 인도하고 그의 대리인으로 공사부분을 점유한다는 내용의 양도담보계약서를 제출함으로써 유치권을 포기하는 것이었고 그의 유치권이 성립되지 않는다는 취지의 경매신청채권자의 승계인의 의견서 제출되었으며, 그 의견서에 유치권부존재확인의 소(서울중앙지방법원 2012가합77599)의 소장사본이 첨부되어 있음

채권 견련성과 점유 | 제3자가 보기에는 유치권이 존재하는 것으로 보이는 경우

사실 실무적으로 유치권신고의 90% 이상이 가짜 유치권인 듯합니다. 그러기에 유치권 관련 법도 개정될 것으로 보입니다. 어떻게? 바로 보존등기가 된 건물은 유치권은 없는 것으로 말입니다. 가짜 유치권을 원천적으로 봉쇄하는 효과가 발생하겠지요.

얼마 전 폐지된 예고등기도 마찬가지입니다. 원래 좋은 의미에서 예고등기제도가 있었는데요. 경매를 방해하는 수단으로 전락해버리자 전격적으로 예고등기제도를 폐지한 것입니다. 그런 의미에서 보면 가짜 유치권을 통해 경매를 방해하는 수단으로 이용하는 것을 원천적으로 봉쇄하는 법의 개정이어서 환영할 만한 것이라 하겠습니다. 사실 유치권이 부담스러운 것은 가짜 유치권이라 하더라도 낙찰자에게는 대출이 잘 안 된다는 점이거든요. 이러한 점을 이용해서 가짜 유치권신고를 하고 낙찰을 받는 소유자 내지는 임차인이 있었습니다.

그리고 소유자 내지는 임차인이 싸게 낙찰을 받고 본인들은 대출을 받습니다. 대출을 어떻게 받느냐고요? 짜고 친 유치권자니까 은행에서 대출 받을 때 유치권포기서를 제출하면 되기 때문입니다. 자, 이제 법이 개정되면 더 이상 유치권이 신고된 부동산은 특수물건이 아닌 아주 평이한 물건이 됩니다. 채권자와 채무자 그리고 모든 입찰자들에게 윈-윈 하는 법의 개정인 것입니다.

지금까지 선순위임차인, 선순위전세권, 유치권을 알아보았는데요. 만약 이러한 권리들이 진짜라면, 그래서 경매절차 중에 배당을 받지 못했다면 낙찰자가 낙찰대금 외에 추가로 선순위임차인이 배당받지 못한 보증금, 선순위전세권자가 배당요구하지 않아 못 받은 전세금, 유치권자의 공사대금을 추가로 떠안아야 한다는 부담이 있습니다. 권리분석할 때 가장 꼼꼼하게 확인해야

하는 부분입니다. 아시겠죠?

인수되는 권리들을 다시 한 번 정리해보도록 하겠습니다.

먼저 선순위임차인이 배당받지 못한 보증금은 낙찰자가 추가로 인수합니다. 선순위전세권자가 배당요구를 하지 않아 배당받지 못한 전세금은 낙찰자가 추가로 인수합니다. 단, 선순위전세권자가 배당요구를 해서 못 받은 전세금이 발생한다면 그 전세금은 낙찰자가 인수하지 않습니다. 바로 이 점이 선순위임차인과 선순위전세권의 차이입니다.

더불어 추가로 인수되는 권리들로 선순위처분금지가처분과 선순위소유권가등기가 있습니다. 말소기준권리보다 앞서서 처분금지가처분이 된 것입니다. 또는 말소기준권리보다 앞서서 소유권가등기가 된 것이지요. 이런 게 있으면 낙찰을 받는 데 신중해야 합니다. 이유는 최악의 경우 낙찰자가 소유권을 빼앗길 염려가 있기 때문입니다. 이러한 것들이 있을 때 낙찰자가 인수하는지 그렇지 않은지는 또 어떤 서류를 봐야 알 수 있을까요? 바로 매각물건명세서입니다.

처분금지가처분이란?

청담동에 ○○ 아파트가 있는데, 소유자는 설춘환입니다. 그런데 이 아파트를 지영희 씨가 매입하겠다고 합니다. 그래서 매매계약을 체결합니다.
- 매매대금 : 10억 원
- 매매대금의 지급방법 : 계약금 1억 원, 중도금 4억 원, 잔금 5억 원

[물건명세서]

사건	2013타경7970 부동산강제경매	매각물건번호	1	작성일자	2014.02.17	담임법관(사법보좌관)	송필량
부동산 및 감정평가액 최저매각가격의 표시			부동산표시목록 참조		최선순위 설정 일자		2013.04.16.강제경매

부동산의 점유자와 점유의 권원, 점유할 수 있는 기간, 차임 또는 보증금에 관한 관계인의 진술 및 임차인이 있는 경우 배당요구 여부와 그 일자, 전입신고일자 또는 사업자등록신청일자와 확정일자의 유무와 그 일자

점유자의 성명	점유부분	정보출처 구분	점유의 권원	임대차기간 (점유기간)	보증금	차임	전입신고일자, 사업자등록신청일자	확정일자	배당요구여부 (배당요구일자)
황	미상	현황조사	주거임차인	미상	미상	미상	2012.11.02	미상	
	402호	권리신고	주거임차인	2008.11.02	60,000,000		2008.11.03	2008.11.03	2013.05.08
황	미상	현황조사	주거임차인	미상	미상	미상	2008.11.03	미상	

<비고>

최선순위 설정일자보다 대항 요건을 먼저 갖춘 주택, 상가건물 임차인의 임차보증금은 매수인에게 인수되는 경우가 발생할 수 있고, 대항력과 우선변제권이 있는 주택.상가건물 임차인이 배당 요구를 하였으나 보증금 전액에 관하여 배당을 받지 아니하는 경우에는 배당받지 못한 잔액이 매수인에게 인수되게 됨을 주의하시기 바랍니다.

☐ 등기된 부동산에 관한 권리 또는 가처분으로 매각허가에 의하여 그 효력이 소멸되지 아니하는 것

2008.09.30. 제74339호 소유권이전청구권가등기

☐ 매각 허가에 의하여 설정된 것으로 보는 지상권의 개요

● 송달내역

송달일	송달내역
2013.04.19	채권자 대한민국 법률상대표자 법무부장관 황　·개시결정정본 발송
2013.04.19	채무자겸소유자 제　개시결정정본 발송
2013.04.22	최고관서 용산세무서 최고서 발송
2013.04.22	최고관서 국민건강보험공단 용산지사 최고서 발송
2013.04.22	최고관서 서울시 은평구청장 최고서 발송
2013.04.22	감정인 이　평가명령 발송
2013.04.22	압류권자 국(성북세무서) 최고서 발송
2013.04.22	가등기권자 정5　최고서 발송
2013.05.13	임차인 황＿＿ 임차인통지서 발송
2013.05.13	임차인 황　임차인통지서 발송
2013.10.23	채권자 대한민국 법률상대표자 법무부장관 황교안 매각및 매각결정기일통지서 발송
2013.10.23	채무자겸소유자 제　매각및 매각결정기일통지서 발송
2013.10.23	가등기권자 정·　매각및 매각결정기일통지서 발송

▲ 매각물건명세서에서 선순위소유권가등기 사항 확인
▼ 선순위소유권이전청구권가등기 법원 송달

이런 식으로 통상 매매계약을 체결하지요. 자, 이 경우 계약금만 지급한 상태에서는 처분금지가처분이 불가능합니다. 이유는 계약금만 지급한 상태라면 매도인과 매수인은 언제나 변심에 의해서 매매계약을 해제할 수 있습니다. 그래서 민법에서는 중도금이 지급되면 이제는 변심에 의한 매매계약 해제는 불가능하다고 정하고 있습니다. 이때 이후부터 처분금지가처분 신청이 가능합니다.

여기서 잠깐!

여러분 가압류나 가처분은 채권자가 일방적으로 법원에 신청해서 법원이 이유가 있다고 결정을 내리면 나중에 등기부에 가압류 또는 가처분등기가 되는 것입니다. 반면에 가등기나 근저당권 또는 전세권 등은 설정자 대부분 소유자와 권리자가 함께 손잡고 등기소에 가서 등기하는 것입니다. 이런 것들을 변호사나 법무사가 대리하고 있지요.

자, 아무튼 매수인 지영희 씨가 중도금을 지급했는데 매도인 설춘환이 어떤 사정에 의해 제3자에게 이중매매를 하려는 낌새가 있다면 매수인 지영희 씨가 법원에 일방적으로 처분금지가처분을 신청하게 됩니다. 그 이유가 분명하다면 처분금지가처분결정이 나게 됩니다. 이후에는 가처분결정에 의한 내용을 법원이 등기소로 촉탁해서 설춘환 소유의 청담동 ○○아파트 등기부 갑구에 처분금지가처분이 기입되는 것입니다.

이러한 처분금지가처분이 말소기준권리 이후에 기입되었다면 후순위처분금지가처분으로 낙찰 후 소멸주의에 의해서 말소되기 때문에 입찰자들이 전혀 신경을 쓰지 않아도 됩니다. 하지만 말소기준권리보다 앞서서 처분금지가처분이 되어 있다면 낙찰 후 말소되지 않고 낙찰자가 인수하게 됩니다. 이후에 처분금지가처분권자 지영희 씨가 매도인 설춘환을 상대로 소유권이전등기청구소송을 제기하여 승소한다면 낙찰자는 소유권을 빼앗기게 되는 것입니다. 따라서 이러한 선순위처분금지가처분과 선순위소유권가등기가 되어 있으면 싸다고 함부로 낙찰을 받아서는 안 됩니다. 최악의 경우에는 소유권을 빼앗길 수 있다는 부담을 꼭 알아두시기 바랍니다.

다시 한 번 정리하겠습니다. 반복학습이 중요하니까요.

선순위처분금지가처분과 선순위소유권가등기가 되어 있는 경매물건은 아무리 싸다고 해도 낙찰을 받아서는 안 됩니다. 아시겠죠?

그런데 선순위소유권가등기이지만 그것이 담보가등기인 경우에는 특별한 문제가 없으면 낙찰을 받아도 됩니다. 가령 선순위소유권가등기처럼 보였는데 그 가등기권자가 경매를 신청했거나 또는 배당요구를 했다면 소유권가등기가 아니고 담보가등기로 보게 되는데요.

그러한 담보가등기는 선순위라도 말소가 됩니다. 그러나 선순위소유권가등기라면 낙찰자, 즉 매수인이 낙찰 후에 소유권이전등기를 하였다 하더라도 선순위소유권가등기권자가 본등기를 하게 되면 매수인은 소유권을 빼앗길 수도 있습니다.

아울러 선순위가처분이 있는 경우에도 위 선순위소유권가등기와 같은 경우로 가정을 하고, 다만 가처분권자 등을 통해 사건의 내용상 가처분의 효력 등이 차후 문제가 없다면 입찰에 응해도 될 것이나 그와 같은 확인작업이 용이하지 않기 때문에 실무에서는 입찰에 참여하지 않는 경우가 대부분입니다.

▲ 물건명세서에서 확인하는 선순위지상권

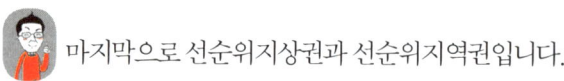 마지막으로 선순위지상권과 선순위지역권입니다.

선순위지상권과 선순위지역권이란?

선순위지상권과 선순위지역권이란 말소기준권리보다 앞서 등기된 지상권과 지역권을 말합니다. 지상권이란 다른 사람의 토지위에 건물이나 기타 공작물, 수목을 소유하기 위해 그 토지를 사용하는 권리를 말합니다. 이러한 지상권을 가지고 제3자에게 대항하려면 등기를 해야 합니다. 바로 이것이 지상권등기입니다.

이러한 지상권등기가 말소기준권리보다 앞서서 등기되었다면 선순위지상권이 되는 것입니다. 만약 낙찰 받고자 하는 땅에 후순위지상권이 있으면 아무런 문제가 없습니다. 하지만 만약 선순위지상권등기가 되어 있다면 토지를 낙찰 받고도 토지를 사용할 수 없고, 계속적으로 등기부상에 약정된 기간 동안 선순위지상권자가 사용하는 것을 인정해주어야 합니다. 따라서 선순위지상권등기가 되어 있는 경매물건의 낙찰가격은 상당히 낮아지는 것입니다.

이유를 알겠지요? 낙찰 받아도 낙찰자 마음대로 사용하지 못하는 부담이 있는 것이니까요. 여러분도 토지를 급하게 사용하기 위해 낙찰을 받는데 선순위지상권등기가 되어 있다면, 그 지상권자와 사전에 협의해서 사용이 가능한지 확인하고 입찰에 참여해야 합니다.

지역권이란 일정한 목적을 위해서 타인의 토지를 자기 토지의 편익에 이용할 수 있는 물권을 말하죠. 그런데 선순위지역권은 거의 무시해도 좋습니다. 이유인즉 제가 경매에 입문한 지도 벌써 20여 년이 되어가는데요. 단 한 번도 선순위지역권등기가 된 땅을 보지 못했습니다. 만약 정말 이런 물건이 나온다면 그때 책을 찾아서 공부해도 될 것 같습니다.

자, 다음은 아파트 입찰할 때 가끔 언급되는 대지권미등기에 대해 설명하도록 하겠습니다.

대지권미등기란?

대지권미등기란, 아파트 건물에 대한 부분은 등기가 되어 있는데 아직 대지권

[물건명세서]								
사건	2013타경91131 부동산임의경매		매각물건번호	1	작성일자	2014.04.14	담임법관(사법보좌관)	곽재창
부동산 및 감정평가액 최저매각가격의 표시			부동산표시목록 참조		최선순위 설정 일자		2008.8.25. 근저당권	

부동산의 점유자와 점유의 권원, 점유할 수 있는 기간, 차임 또는 보증금에 관한 관계인의 진술 및 임차인이 있는 경우 배당요구 여부와 그 일자, 전입신고일자 또는 사업자등록신청일자와 확정일자의 유무와 그 일자

점유자의 성명	점유부분	정보출처 구분	점유의 권원	임대차기간 (점유기간)	보증금	차임	전입신고일자, 사업자등록신청일자	확정일자	배당요구여부 (배당요구일자)
김		현황조사	주거임차인				2008.9.25		

<비고>

최선순위 설정일자보다 대항요건을 먼저 갖춘 주택, 상가건물 임차인의 임차보증금은 매수인에게 인수되는 경우가 발생할 수 있고, 대항력과 우선변제권이 있는 주택,상가건물 임차인이 배당 요구를 하였으나 보증금 전액에 관하여 배당을 받지 아니한 경우에는 배당받지 못한 잔액이 매수인에게 인수되게 됨을 주의하시기 바랍니다.

☐ 등기된 부동산에 관한 권리 또는 가처분으로 매각허가에 의하여 그 효력이 소멸되지 아니하는 것
해당사항 없음
☐ 매각 허가에 의하여 설정된 것으로 보는 지상권의 개요
해당사항 없음
☐ 비고란
대지권 미등기이나 매각목적물 및 평가에 포함됨

▲ 대지권미등기는 대지권이 있음에도 불구하고 등기상에 지연이나 기타 사유로 인해 등기부에 대지권이 기재되지 않는 경우가 대부분이다.

이 등기되지 않은 경우입니다. 대지권 미등기는 구분등기된 건물통상 아파트나 빌라, 주상복합 등 집합건물에 사정이 있어서 등기부에 대지권이 아직 등기되지 않은 것을 말합니다.

　대지권이 있음에도 불구하고 등기상에 지연이라든가 기타 사유로 인해 등기부에 아직 대지권이 기재가 되지 않은 경우가 있습니다. 또한 대지권이 없어서 등기부에 기재가 되지 않는 경우도 있는데요. 이런 경우에는 대지권미등기라고 하기보다는 '대지권 없음'으로 표시를 하고 있습니다.

　대지권미등기인 경우에는 대지권이 감정평가가 되었는지가 중요한 포인트입니다. 만약 대지권이 감정평가되었다면 차후 낙찰자는 대지권에 대한 소유권을

취득합니다. 만약 대지권이 감정평가되지 않았다면 낙찰자는 대지권에 대한 소유권을 취득하지 못합니다.

대지권이란 건물의 구분 소유자가 전유 부분을 소유하기 위해서 건물의 대지에 대하여 가지는 권리를 말합니다. 이런 대지권이 등기부에 기재되어 있지 않으면 대지권미등기라고 하는데요. 대지권미등기의 경우 두 가지로 정리될 수 있습니다. 첫째, 대지권이 있음에도 불구하고 어떠한 이유로 인해 등기되지 않은 것이거나 둘째, 정말로 대지권이 없어서 등기되지 않은 것입니다.

여기서 대지권이 있음에도 불구하고 어떠한 이유로 등기하지 못하였다고 함은 아파트 분양 시 대지면적 자체가 확정되지 못해 소유권이전등기를 못해줬든가, 아니면 등기를 했지만 주택단지의 필지 자체가 대규모이거나 토지구획사업 대상이 되어 아파트 분양자들에게 대지권에 관한 소유권을 이전해주지 못한 경우도 있습니다. 또 신축이나 재개발을 하면서 기존 지번을 말소시키고 새주소를 부여하게 되는데 이런 작업이 늦어지면서 대지권이 있음에도 불구하고 등기부상 표시되지 않아 대지권미등기가 되는 경우도 있습니다. 즉 지적정리상의 지연으로 인한 문제이기 때문에 낙찰 후 대지권도 취득할 수 있으므로 별문제가 없습니다. 단, 감정평가가 되었다는 전제가 있어야 합니다.

다시 한 번 정리해볼까요?

대지권미등기 시에는 감정평가서에 대지권에 대한 감정이 되었는지 여부가 관건입니다. 만약 대지권이 감정평가되었다면 낙찰 후 낙찰자는 대지권에 대한 소유권을 가집니다. 반면에 대지권에 대한 감정평가가 이루어지지 않은 상태로 낙찰을 받았다면 대지권에 대한 소유권을 가져오기는 힘듭니다. 아시겠죠?

입찰자가 대지권미등기인 아파트 등을 낙찰 받을 때 또 하나 사전에 검토해야 할 것은 대출인데요. 대지권미등기임에도 불구하고 금융기관에서 대출이 되는지 안 되는지 확인합니다. 또한 차후 대지권을 등기하려면 일정한 비용이 소요된다는 점도 알아두세요.

만약 '대지권 없음'인 아파트 등을 낙찰 받는다면 차후 철거의 대상이 될 수도 있습니다. 또는 대지권 없이 건물을 사용하고 있는 것이므로, 대지권 소유자에 대해서는 부당이득을 취하는 것이 되어 차후 임료 상당의 부당이득금을 지급해야 할 상황이 될 수도 있습니다.

대지권 없음은 대지지분, 즉 대지권이 아예 없는 경우입니다. 대지권 없는 건물을 낙찰 받으면 그 구분 건물만 취득하게 되므로 대지권이 없는 아파트 소유자는 아무런 법률상의 원인없이 위 아파트부지를 불법점유하고 있다고 볼 수 있습니다. 따라서 불법점유로 인하여 아파트 소유자는 아파트의 대지 중 자신의 아파트의 대지권으로 등기되어야 할 지분에 상응하는 면적에 대한 임료 상당의 부당이득을 얻고 있다고 할 수 있어서, 차후 지료 또는 철거의 대상의 될 수 있음을 알아두시기 바랍니다.

최종적으로 대지권 없는 부동산을 낙찰 받을 때에는 대지권 소유자에게 지료를 납부해야 합니다. 다만, 협상을 통해 대지권 소유자에게 건물을 넘기거나 아니면 대지권 소유자에게서 대지권을 매수할 수도 있겠죠? 따라서 대부분 이런 문제로 인해 대지권 없음 아파트 등은 낮은 가격, 즉 저가에 낙찰이 되고 있는 상황입니다.

 자, 다음으로 토지별도등기에 대해 알아보도록 하겠습니다.

토지별도등기란?

토지별도등기란 토지에 건물과 다른 등기가 있다는 의미입니다. 아파트 같은 집합건물은 토지와 건물이 일체가 되어 거래되는데요. 토지에는 대지권이라는 표시만 있고 모든 권리관계는 아파트 등기부상 전유 부분의 등기부에만 기재하게 되어 있습니다. 통상 건물을 짓기 전에 토지에 근저당권 같은 제한물권이 있는 경우에 토지와 건물의 권리관계가 일치하지 않기 때문에 건물 등기부에 "토지에 별도의 등기가 있다"라는 표시를 하기 위한 등기를 말합니다.

경매 절차는 민사집행법상에 근거해서 진행되는데요. 토지별도등기가 소멸되지 않는 경우에는 반드시 해당 사건 집행기록에 표시되기 때문에 그러한 내용이

토지별도등기 | 토지가 대지권으로 정리되기 전 에 토지에 대해 근저당권, 가압류 등이 설정된 후 집합건물이 건축된 경우

매각물건명세서 등에 기재되어 있는지 참고하면 됩니다. 우리나라 부동산은 토지와 건물을 각각 구분하여 등기하지만, 아파트 같은 공동주택은 토지와 건물의 등기가 일체로 구성되어 있습니다.

또한 각 세대마다 토지 지분이 있는데, 이것을 대지권이라고 합니다. 집합건물은 원칙적으로 건물과 땅, 즉 대지권을 분리해서 매매할 수 없습니다. 그래서 대지권은 항상 건물과 함께 붙어 있다고 생각하면 됩니다. 실무에서 보면 이러한 공동주택에 토지별도등기가 되어 있다면 공동주택 신축 당시 토지에 근저당을 설정하여 대출을 받아 사용하한 것으로, 그 대출금을 변제하지 못한 경우가 대부분입니다.

그렇다면 입찰자 입장에서는 토지별도등기 시 어떠한 내용을 고려해야 할까요? 토지별도 등기가 발생하는 이유는 대개 건설회사가 토지를 담보로 설정하고 돈을 빌려서 공동주택을 지은 다음, 근저당권을 풀고 세대별로 토지등기를 해줘야 하는데 이를 하지 않은 경우에 발생합니다.

경매절차에 있어서 토지별도등기가 용익물건인 경우에는 인수하고요. 가령 지상권, 전세권, 지역권, 담보물권은 소멸함이 원칙입니다. 이때 실무에서는 용익물권의 경우 인수조건부 특별매각조건을 붙어 입찰이 진행됩니다. 담보물권인 경우에는 토지에 관한 채권자에게 채권신고를 하게 하여 배당을 청구함으로써 해당 비율만큼 배당하고 말소시키고 있습니다.

경매물건에 '토지별도등기 있음'이라고 명시되어 있으면 반드시 토지등기부 등본을 별도로 떼어보고, 낙찰 후에 부담이 되는 것인지 그렇지 않은 것인지를 꼭 확인한 후 입찰에 응해야 합니다.

요즘에는 구분지상권이 상당히 많은 편인데요. 이러한 구분지상권은 인수해도 특별한 하자나 문제가 없습니다. 가령 아파트 단지 근처에 지하철이 운행되는

데, 그 땅 아래에 대해서 철도공사 등이 구분지상권을 설정한 경우에는 매각으로 소멸하지 않고 낙찰자가 인수하는데요. 이런 경우에는 특별한 부담이 없습니다.

토지별도등기가 되어 있더라도 토지에 근저당권, 가압류 등 소멸되는 권리가 등기되어 있을 때에는 낙찰자는 특별히 고민하지 않고 낙찰을 받아도 됩니다. 낙찰 후에 토지근저당권자 및 가압류권자는 채권 액수만큼 토지매각대금에서 배당을 받아가고 말소됩니다.

다시 한 번 정리하자면 토지별도등기는 통상 토지가 대지권으로 정리되기 전에 토지에 대해 근저당권, 가압류 등이 설정된 후 집합건물이 건축된 경우인데요. 이후에 시행사 등이 위 근저당권이나 가압류 등을 해제했어야 하는데 어떤 사정이 있어서 해제를 못한 경우입니다. 입찰 시 특별하게 매각물건명세서상에 "토지별도등기 인수"라고 기재되어 있지 않다면 낙찰로 인해서 소멸하는 것으로 이해하면 됩니다.

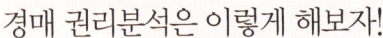

경매 권리분석은 이렇게 해보자!

최근 쓸 만한 경매매물이 매각물건으로 쏟아지고 있습니다. 보문동의 쓸 만한 상가는 신건에서 무려 5명이 입찰에 참여해서 낙찰가율 100%를 가볍게 넘겼고요. 송파구에 나온 2건의 쓸만한 근린빌딩은 경쟁률 6대1 정도를 기록하면서 70% 후반대에 낙찰이 이루어졌습니다. 시장이 좋지 않아 그 정도이지 과거 같으면 무조건 낙찰가율 80%를 넘겼을 물건입니다. 여러분은 경매 권리분석할 때 어떻게 하고 계시나요?

먼저, 현장답사는 필수겠지요? 가급적 도보를 이용한 현장답사가 필요합니다. 한 번만 가보겠다는 생각도 금물입니다. 최소한 3번 이상 가봐야 느낌이 옵니다. 상가나 주택을 낙찰 받을 때에는 점유자 내지는 임차인 조사를 철저히 하여야 합니다. 특히 주민센터에서 전입세대열람은 필수지요. 선순위임차인의 존재 여부도 대단히 중요합니다. 못 받은 보증금은 낙찰자가 인수한다는 사실을 절대 놓치면 안 됩니다.

더불어 시세파악이 중요한데요. 법원감정평가액을 신뢰해서는 안 됩니다. 단지 참고자료에 불과합니다. 그나마 아파트는 국토부실거래가나 해당 중개업소 등에서 쉽게 확인할 수 있는데 반해서 땅이나 빌라 등은 쉽지 않죠. 오히려 마을이장이나 주민들을 통해서 매매 사례 등을 파악하여 간접적으로 시세를 파악해야 하는 경우도 있습니다.

등기부등본상의 하자도 확인해야 합니다. 특히 말소기준권리 보다 앞서서 처분금지가처분이나 소유권가등기 또는 소유권에 관한 예고등기가 되어 있다면 입찰에 신중을 기해야 합니다. 낙찰 후에 소유권을 빼앗길 염려가 있기 때문입니다.

더불어 낙찰 후에 필요한 자금의 계획을 제대로 세워야 합니다. 채권상계를 하는 낙찰자는 채권상계가 받아들여지지 않을 것을 전제로 자금을 마련해야 합니다. 더불어 낙찰대금 외에 취득세 내지는 명도비용 등도 감안한 자금계획을 철저히 세워야 합니다.

더불어 입찰장에서 사소한 실수는 절대 금물입니다. 화룡점정이 필요한 시점이지요. 경쟁심리에 높은 가격으로 매수하는 것을 경계해야 합니다. 경매물건은 영원히 무한히 나오기 때문입니다. 특히 입찰장에 준비물의 미지참이나 입찰표에서 입찰표의 기재 등은 정확하게 확인하고, 오류가 있어서는 안 됩니다. 보증금이 1원이라도 부족하면 입찰은 무효라고 하는 것 잊지 마시고요. 낙찰 후에 입주시기도 넉넉히 잡아야 할 것입니다. 낙찰 후 바로 입주할 수도 있습니다만 대개 명도에 대한 다툼 때문에 잔금을 납부하고 3개월 정도의 시간적 여유가 필요합니다.

여러분, 이러한 사항들을 잘 파악해야만 나중에 문제가 없습니다. 제대로 된 권리분석을 해야만 한다는 점 오늘도 잊지 마세요! 행복한 부자되세요!

Chapter 8.
경매와 공매의 차이점을 알아보자!

자, 이번에는 경매와 비슷한 공매에 대해 알아보도록 하겠습니다. 어렵게 생각하지 마시고, 집중해서 살펴보도록 하겠습니다.

이 책에서 공매는 압류재산에 대한 내용을 중심으로 배워보도록 하겠습니다. 투자자들은 공매보다 경매에 대한 관심을 더 많이 가지고 있는데요. 그 이유는 일단 경매는 공매보다 물건이 아주 많습니다. 제가 서울 강서구에서 경매로 나온 아파트를 낙찰받고 싶어서 서울 강서구에 경매로 나온 아파트를 검색해보았습니다. 지금 책을 집필하는 순간 잠깐 태인 사이트에 들어가서 검색해보았는데요. 40건 정도가 있었습니다. 그럼 공매로 나온 물건은 과연 몇 건이 있을까요? 잠시만요, 온비드 사이트 보고 확인하고 가실게요. 달랑 1건 있습니다. 이것이 공매가 사랑받을 수 없는 가장 큰 이유입니다. 물건이 없다는 점, 그래서 많은 사람들이 관심을 가질 수가 없지요.

더불어서 경매는 건물을 낙찰 받게 되면 인도명령을 통해 강제집행 시간이 그다지 오래 걸리지 않습니다. 이미 점유자도 경매는 인도명령이라는 제도가 있기 때문에 오래 못 버틴다는 것을 잘 알고 있어서, 임의적인 명도협의가 잘 되는 편입니다. 반면에 공매는 어떨까요? 제가 운영하는 다음카페 〈설춘환 교수의 경매 개인 레슨〉의 수강생 중 한 분이 공매로 빌라를 6,000만 원에 낙찰받았는데요. 대항력 없는 점유자가 이사비를 500만 원을 달라고 주장하였습니다. 그리고 만약 주지 않으면 인도소송의 대상이 되니까 1년 이상 시간을 끌 수 있다고 협박 아닌 협박을 했다고 합니다.

공매가 일반 대중에게 사랑받지 못하는 이유는 위 두 가지 때문입니다. 실제로 경매보다는 공매가 낙찰가율과 입찰경쟁률이 낮은 편입니다. 이러한 점을 잘 알고 경매와 공매를 비교해봐야 합니다. 자, 먼저 공매에 대해 알아보도록 하죠.

공매란?

공매란 채무자가 아닌 체납자_{경매에서는 채무자가 맞지만 공매에서는 채무자가 아니라 세금을 납부하지 않은 체납자}가 국세나 지방세를 체납하고 독촉에도 불구하고 여전히 세금을 납부하지 않을 때 세무서나 지방자치단체가 한국자산관리공사_{캠코라고}에 체납재산에 대해 매각위탁을 해서 온비드라는 사이트를 통해 매각하는 절차입니다. 캠코는 국세징수법에 의한 세무서에서 의뢰한 압류부동산과 더불어 지방자치단체에서 지방세 체납에 따른 압류 부동산에 대해 매각수수료를 지급받고 매각을 대행하는 기관입니다.

이외에도 캠코는 압류재산 외에도 금융기관 부실채권, 양도세 회피 목적으로 개인들이 매각 의뢰한 수탁자산과 금융기관 또는 기업체 등이 가지고 있는 비업

무용재산, 국유재산 등도 매각을 대행한다는 것까지만 이해하면 됩니다. 반면에 경매는 집행권원이나 담보권을 얻은 채권자가 채무자 소유의 부동산 소재지 관할 법원에 신청해서 매각하는 방법인 거 아시죠? 집행권원에는 판결문, 지급명령결정문, 이행권고결정문, 약속어음공정증서 등이 있다는 것도 아시죠? 담보권에는 근저당권, 전세권 등이 있다는 것도 알고 계시죠?

압류재산 공매

공매의 종류에는 여러 가지가 있으나 공매의 대부분을 차지하는 압류재산에 대한 매각을 살펴보도록 할까요?

- **압류재산** 공개경쟁입찰방식 : 세무서장, 지방자치단체장이 기한 내 납부되지 아니한 세금을 강제징수하기 위해 체납자 소유의 재산을 압류한 후 한국자산관리공사에 매각대행을 의뢰한 재산입니다.

- **공매 대상 물건** : 아파트, 토지, 기계, 골프회원권, 자동차, 유가증권, 지하철상가, 주차장운영권 등이 대상입니다. 대상은 아주 많은데 물건이 없다는 게 좀 아쉽죠. 반면에 법원경매는 주로 아파트, 토지, 건물, 공장, 상가, 오피스텔 등을 매각합니다. 법원경매는 여러분 오직 오프라인 입찰입니다. 반드시 법원 입찰법정에 가야 합니다. 만약 경매로 낙찰을 받는데 온라인으로 입찰한다는 것은 완전 거짓말입니다. 차후에는 어떨지 모르겠습니다만 현재 법원경매는 오직 뭐라고요? 그렇습니다, 오프라인 입찰! 반면에 공매는 바로 온비드사이트를 통한 오직 온라인 입찰입니다. 공매물건 중에 80% 이상을 차지하는 것이 바로 압류재산, 즉 국세와 지방세 체납으로 나오는 물건입니다.

온비드 공매입찰

준비단계

공매공고기간은 약 30일이며 50% 저감되는 시점까지 일시에 공지하게 됩니다. 공매는 1주일에 한 번씩 매각기일을 잡죠. 한 번 유찰될 때마다 최초매각가 대비 10%씩 가격을 저감합니다. 예를 들어 10억 원→9억 원→8억 원 식으로 말입니다.

경매는 그렇지 않지요. 경매는 통상 한번 유찰되면 40일마다 매각기일을 다시 잡죠. 한번 유찰될 때마다 최초매각가 대비 아닌 최저매각가 대비 20%씩 가격을 저감합니다. 물론 일부 법원은 25%씩 또는 30%씩 저감하는 법원도 있습니다. 만약 20%씩 저감한다면 10억 원→8억 원→6억 4,000만 원의 식으로 되겠죠?

더불어 공매는 50% 이하로 저감되는 경우에는 의뢰기관과 협의해서 절차진행 여부를 추가로 결정하게 됩니다. 50%에도 입찰을 할 수 없는 물건이라면 반드시 물건에 어떤 하자가 있겠지요. 물건자체의 하자 또는 권리분석상의 하자는 온비드 사이트와 현장분석 및 권리분석을 통해 확인이 가능합니다.

입찰단계

① 입찰기간 월~수요일 업무시간 중에 한해서 입찰입력이 가능합니다.
② 입찰입력 후 입찰보증금을 가상계좌로 온라인 송금하거나 은행에서 직접 입금하면 됩니다 입찰입력 후 보증금을 입금하지 않으면 공매입찰은 자연 무효처리가 됩니다. 그러면 안 되지만 공매는 경매와 달리 연습입찰이 가능합니다.

공매 입찰 절차

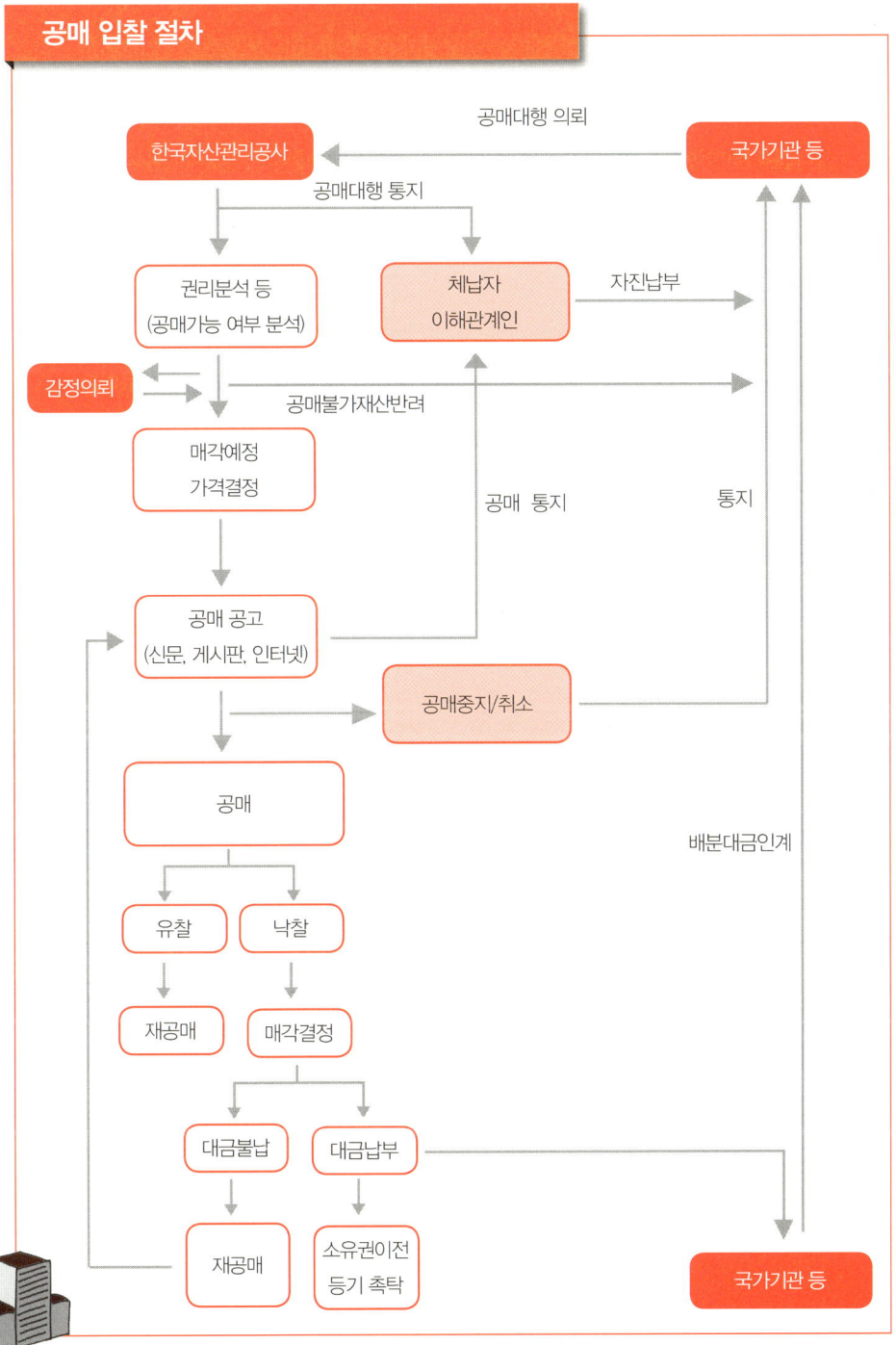

Chapter 8. 경매와 공매의 차이점을 알아보자!

온비드 입찰 절차

1. 온비드사이트 접속

2. 회원가입 및 로그인

3. 공인인증서 등록

4. 입찰대상물건 확인

5. 입찰참가 클릭

6. 납부계좌 선택

7. 환불계좌 입력

8. 입찰금액 입력

9. 입찰서 제출 클릭

10. 입찰보증금 입금 : 입찰가의 10%, 경매처럼 최저매각가의 10%가 아니다.

11. 결과 확인 : 보증금 입금 여부 확인

12. 개찰결과 확인 : 목요일 11시

13. 매각결정서 수령 : 월요일 10시, 온비드에서 직접교부/ 직접방문

    매각결정서 수령 시에 매각결정 효력이 발생합니다. 매각결정서 수령 이후에는 매수인의 동의가 있어야만 체납자의 공매 취소가 가능하다는 점 꼭 유념하세요. 따라서 세금을 전부 납부하고 공매 절차를 취소시키려면 월요일 10시 매각결정서 수령 전에 해야 한다는 점만 꼭 유념하세요.

14. 잔대금 납부

15. 소유권이전등기촉탁

16. 등기권리증 수령

17. 대금 납부 후 30일 이내 배분기일 지정합니다

다시 한 번 정리하지만 경매 절차는 온라인으로 하지 않고 오직 오프라인으로만 진행한다는 점 알아두시고, 현재 동산경매가 호가경매로 진행되고 있으나 호가경매의 문제가 있어 차후 전자입찰 시스템을 도입할 것으로 보입니다. 아직까지 부동산경매는 현장에 직접 가야만 낙찰을 받을 수 있습니다. 다만 온라인의 발달 등을 감안하면 차후에 법원부동산경매도 전자입찰 시스템을 도입할 여지가 있어 보입니다.

다시 한 번 경매와 공매의 진행 절차의 차이점을 간단히 알아볼까요?

- 경매 : 40일마다 입찰, 1회 유찰 시 20~30%씩 최저매각가 대비 저감
- 공매 : 1주일마다 입찰, 1회 유찰 시 10%씩 최초매각가 대비 저감

경우에 따라 절차가 동시에 진행될 수도 있는데요. 동시에 진행된다면 공매 절차가 빠르다는 장점은 있겠습니다. 가령 설춘환이 홍길동에게 판결받아서 홍길동의 아파트를 경매신청할 수 있습니다. 그러한 가운데 홍길동이 지방세를 납부하지 않았을 경우 서초구청이 캠코에 위탁해서 공매를 진행할 수도 있습니다.

경매와 공매, 어떻게 다를까?

공매와 경매는 집행채권의 성질, 집행기관, 집행권의 성질은 다르지만 채권회수의 목적으로 국가의 공권력이 개입하여 강제적으로 압류하는 환가 방법은 동

일합니다. 민사집행법상에서는 경매라는 용어를 사용하고, 국세징수법상에서는 공매라는 용어를 사용하고 있습니다.

경매와 공매의 차이점

과거에는 양절차가 다른 점이 많았으나 2012년 국세징수법이 개정 시행되면서 양절차가 거의 동일한 방식에 의해서 이루어지고 있다는 점 알아두세요.

구분	법원경매	공매
법적근거	민사집행법	국세징수법
압류	경매개시 결정기입등기 기입	
공유자 우선 매수 신청권	둘 다 있음	
매각 방법	현재 모든 법원이 기입입찰 채택 시행 중	오직 기간 입찰 온비드사이트를 통한 입찰
매각예정가격 체감	20~30%씩 저감 최저매각가를 기준으로 저감	10%씩 저감, 50% 한도로 최초매각가를 기준으로 저감
농지취득자격증명원 제출기한	매각결정기일	소유권이전등기 촉탁 신청
입찰방식	오프라인 입찰 (각 법원 입찰 법정)	온라인 (온비드 사이트)
전낙찰자 매수제한자격	매수 제한	제한규정 없음
인도명령	인정	불인정, 무조건 명도 소송
입찰보증금	최저매각가격의 10%	최저매각가격의 10%
차순위매수신고	인정	인정

상계신청	인정	불인정
취소기간	낙찰자가 잔대금을 납부하기 전까지	매각결정 전 : 체납세액 납부 후 매각결정 후 : 낙찰자 동의 필요

* 공·경매 같이 진행 시 선 잔대금납부자 소유권 취득

경매개시결정기입등기처럼 공매도 공매공고등기제도를 도입하였습니다. 과거에는 공매가 진행되고 있다 하더라도 제3자가 알기 어려웠죠. 등기부등본을 발급받아도 별도의 기재가 없어 확인이 어려웠습니다.

공매입찰 시 입찰자격의 제한

공매의 공정하고 원활한 집행을 확보하기 위해 국세징수법은 공매 참가의 제한을 두고 있고, 다음에 해당하는 자는 입찰에 참가할 수 없습니다.

- 입찰을 하고자 하는 자의 공매 참가, 최고가 입찰자의 결정 또는 매수인의 매수대금 납부를 방해한 사실이 있는 자
- 공매에 있어 부당하게 가격을 떨어뜨릴 목적으로 담합한 사실이 있는 자
- 허위 명의로 매수신청한 사실이 있는자
- 입찰장소 및 그 주위를 소란하게 한 자와 입찰을 실시하는 담당직원의 직무집행을 방해하는 자
- 공사가 운영하는 온비드에 의하여 실시하는 공매를 방해하기 위한 목적 등으로 온비드를 정상적으로 작동하지 않게 하거나 이와 유사한 행위를 한 자
- 입찰자격의 유지나 특정인의 입찰을 위해 담합 등 입찰의 자유경쟁을 부당하게 저해하는 불공정 행위를 한 자

- 업무담당자 등에게 직·간접적으로 뇌물이나 부당한 이익을 제공하는 행위를 한 사실이 있는 자
- 체납자, 관련 공무원 및 공사 직원

입찰참여방법

온비드 사이트를 통해 인터넷 공매만을 실시하고 있습니다.

압류재산의 입찰절차

- 입찰은 월~수요일, 3일간 기간입찰방식으로 진행
- 입찰발표는 목요일 오전 11시~11시 30분
- 매각결정 및 확정은 월요일 10시 : 매각결정과 동시에 확정 효력이 발생되도록 개정됨

매각결정 이후 매수인의 동의 없이 체납액 상환이나 공유자우선매수신청이 불가능합니다 따라서 매각결정 이후부터는 체납자의 일방에 의해서 공매 취소가 불가능하고 낙찰자의 동의를 얻어야만 취소가 가능합니다.

수의매각방법

경매와 마찬가지로 압류재산의 수의계약이 불가능합니다.

공매입찰보증금

납부 마감일까지 납부해야 합니다. 그렇지 않으면 입찰은 무효 처리됩니다.

- 공매 : 최저매각가격의 10%
- 경매 : 최저매각가격의 10%

매각결정서 통지

매각결정서 수령 후 매각결정 효력이 발생합니다. 매각결정은 매각하는 재산에 대해 체납자와 매수인 간의 매매계약이 성립하는 효과가 발생하게 됩니다.

매각결정 취소 방법

- 낙찰자가 매각결정서 교부 이전에 압류된 세금 및 가산금과 체납분을 완납할 경우 매각결정을 취소할 수 있습니다.
- 공매와 경매가 동시에 진행되는 경우에 경매 절차에서 먼저 잔금을 납부한 경우
- 낙찰자가 대금을 납부하지 아니한 경우
- 매각결정 이후 천재지변 기타 중대한 변동이 있거나 그러한 내용 등이 밝혀진 경우
- 법원의 결정, 판결 등이 있는 경우

매각대금의 납부 및 소유권이전등기 절차

- 매각대금이 3,000만 원 미만은 7일 이내에 납부기한을 정하고 있습니다.
- 매각대금이 3,000만 원 이상인 경우 30일 이내에 납부기한을 정합니다.
- 공매에서는 상계신청이나 채무인수방식의 대금납부제도가 없습니다.

- 매각대금을 완납한 경우에 소유권을 취득하게 됩니다.

경매도 마찬가지로 잔금을 납부하는 순간 소유권을 취득합니다. 그러나 일반매매에서는 그렇지 않지요. 매매대금을 모두 지급했다고 해서 소유권을 취득하지 못합니다. 반드시 소유권이전등기를 해야만 소유권을 취득하게 됩니다.

공매가 아쉬운 것은 바로 경매처럼 인도명령제도가 없다는 것인데요. 수익형 부동산에 대한 투자가 활발하지만 공매에 대한 선호도가 떨어지는 이유가 바로 명도하는데 상당한 시간이 소요된다는 점입니다. 이유는 인도명령이 불가능하고, 오직 인도소송만 가능하기 때문입니다. 따라서 공매에서는 인도소송과 점유이전금지가처분을 잘 해야 하고요. 통상 소송을 해야 하기 때문에 일반인들이 하기 어렵고, 변호사에게 사건을 맡겨야 하는 경우가 많습니다. 그래서 비용도 경매의 인도명령보다는 많이 들어가는 편입니다.

공매가 경매보다 사랑받지 못하는 가장 큰 이유 중 하나가 바로 인도명령제도가 없고 오직 인도소송만이 있다는 점, 따라서 공매로 낙찰 이후 명도를 하는데 시간과 비용이 많이 소요된다는 단점이 있습니다. 인도소송의 시간이 많이 소요되기 때문에 사전에 반드시 점유이전금지가처분을 많이 하고 있습니다.

인도소송은 시간이 오래 소요되는데 소송 도중에 점유자를 변경하면 차후 승소판결을 받아도 집행을 할 수 없기 때문에 사전에 반드시 꼭 점유이전금지가처분을 해야 합니다. 더불어 이렇게 인도소송의 시간이 많이 걸리고 비용도 많이 들어가는 점을 점유자가 알고 있기 때문에 경매보다는 명도협상이 잘 안 되는 편입니다.

Chapter 9.
낙찰 후 명도는 어떻게 할까?

자, 여러분 이번 시간에는 낙찰 후 명도는 어떻게 해야 하는지에 대해 알아보도록 하겠습니다.
명도는 어렵지 않습니다.
기존 점유자에 대한 배려만 있으면 됩니다.

낙찰 후 명도는 어떻게 해야 할까요? 만약 기존 점유자가 임의적으로 나가지 않을 때에는 어떻게 해야 할까요? 일반투자자들이 경매 하면 '어렵다', '부담스럽다'라고 생각하는 부분이 바로 명도에 대한 부분입니다. 사실 명도 때문에 경매가 일반 매매보다 저렴하게 매입할 수 있는 것입니다. 예를 들어 낙찰 받은 아파트, 상가, 오피스텔 또는 공장에 기존 소유자가 있거나, 임차인이 있거나, 아니면 아무런 권원 없이 누군가가 점유하고 있다면 과연 낙찰자는 어떻게 해야 할까요? 가장 좋은 방법은 일단 명도협상을 하는 것입니다.

법보다는 먼저 서로 간에 의사의 합치가 가장 중요하지요. 즉 합의가 되어서 서로 양보하여 명도가 자연스럽게 이루어지는 것이 가장 좋습니다. 실무적으로도 낙찰 후 합의가 안 되어서 강제집행까지 가는 경우는 약 10% 미만입니다.

가령 제가 2013년도 200여 건의 경매컨설팅 및 명도 관련 자문을 해준 사건 대부분이 모두 이사비와 이사기간에 서로 합의를 하고 명도를 완료하였습니다. 인도와 명도에서 가장 중요한 것은 서로 간의 신뢰와 배려입니다. 누가 갑이고 누가 을이 아닙니다. 세상을 살아가면서 언젠가는 갑 또 그리고 언제가는 을이 될 수 있음을 간과해서는 안 됩니다. 특히 우리가 흔히 이야기는 하는 갑의 입장에서 베풀면 나중에 그 복이 자자손손 온답니다.

 그렇다면 명도합의는 어떻게 할까요?

다음 페이지의 명도합의서를 먼저 볼까요? 제가 컨설팅을 했던 사건의 명도합의서 양식입니다. 대부분의 사건이 이렇게 명도합의를 하고 합의서를 작성한 후 날짜에 맞추어서 명도를 하게 됩니다. 이러한 합의서 작성 시 서로 간에 신분증을 확인하는 것이 좋습니다. 그래서 이름과 주민등록번호는 정확하게 기재하는 습관을 가지도록 합시다.

그럼 언제 낙찰자는 명도합의를 하기 위해 점유자를 만나면 될까요?

이 질문에 대한 정답은 없습니다. 어떤 분은 낙찰 받은 당일날 가기도 하고, 매각허가결정이 나면 가는 분도 있고, 매각허가가 확정되면 가는 분도 있고, 잔금을 납부하고 가는 분도 있습니다. 저는 매각허가결정 후 잔금 납부 전에 가고 있습니다.

처음에 갈 때 너무 떨린다고 하시는 분도 있는데요. 만나면 서로 간에 그렇게 나쁜 감정은 없는 듯합니다. 사실상 채권채무관계의 이해관계인도 아니고 오직

명도합의서

갑 : 설춘환
　　서울 용산구 한강로2가 137-1, 4층 〈경매와 NPL 재테크 학원〉

을 : 1. 김정우
　　2. 문미경
　　서울 서초구 서초동 1542-6 현대이에스에이2 25층 에이2509호

위 갑과 을은 다음과 같이 약속하고 그 내용을 이행할 것을 합의합니다.

다 음

1. 위 을은 2014년 1월 20일까지 을이 점유 사용하고 있는 서울 서초구 서초동 1542-6 현대이에스에이2 25층 에이 2509호(이하 '이건 아파트'라 합니다)를 낙찰자인 갑에게 명도한다.
2. 갑은 을이 위 제1항 명도기일에 이건 아파트를 명도하고(모든 짐을 뺀 다음) 난 다음 열쇠를 넘겨주면 이후에 이사비 금 200만 원을 지급하기로 한다(단, 체납관리비는 갑이 모두 처리하기로 한다).
3. 만약 을이 제1항 명도기일까지 임의적으로 명도를 거절할 경우 위 제2항 이사비지급약정은 무효로 하고, 을은 갑이 이건 아파트에 대한 잔대금을 납부한 날로부터 부당이득금으로 매월 금 1,000만 원을 지급하기로 한다.
4. 을은 부부로써 갑의 인도명령결정문 등의 수령 등에 협조하고, 다만 갑은 인도명령결정 후에도 제1항 명도기일까지는 명도집행을 유보하기로 한다.

2014년 1월 1일

갑 : 설춘환
을 : 1. 김정우
　　2. 문미경

낙찰자와 소유자 간의 관계이기 때문에 그렇지 않을까 봅니다. 처음 점유자를 만나러 갈 때 너무 떨리면 가서서 벨을 누르지 마시고 편지 같은 것을 이용해서 전화연락을 기다리는 방법도 있습니다. 예를 들어 다음과 같이 쪽지나 편지를 남겨두는 것도 하나의 방법입니다.

안녕하세요 낙찰자 설춘환입니다.

조만간 잔금을 납부할 예정입니다.

명도 및 이사비 등에 대해 협의하고자 하니

전화연락 부탁드립니다.

(010-6212-6473)

감사합니다.

안녕하세요

2014타경 23456호 낙찰자 분 관계되는 사람입니다.

여러모로 힘드시겠지만 이주 비용을 드리고자 연락하오니 연락바랍니다. 가능한 빠른시일내에 연락주시길 바라며 빠를수록 이주비용을 더 많이 드리겠습니다.

연락이 없으시면 협의할 생각이 없으신 걸로 알고 법적 집행 수순을 밟겠습니다.

홍사장 010-0000-0000

자, 이렇게 여러분 편안하고 원하는 문구를 써서 편지봉투에 넣어 현장에 가서 현관문 안에 넣고 오시면 대부분 전화연락이 옵니다. 가급적이면 현관문 앞에 붙이는 것은 조금 자제해주심이 좋을 듯합니다. 동네주민이나 제3자 또는 점유자의 자녀들이 보게 될 때 기존 점유자 등이 가지는 부담은 서로 존중해주는 게 좋을 듯합니다. 더불어 항상 현장을 방문해서 당사자를 만나는 것을 두려워해서는 안됩니다. 어차피 겪어야 할 부분이고요. 이 경매가 하루아침에 시작되어 하루아침에 낙찰받은 것이 아니라 장장 1년여의 시간동안 진행되는 것이기 때문에 기존 점유자도 많은 곳에 자문을 구해서 낙찰 후 어떻게 될 것인가는 잘 알고 있습니다. 따라서 인간적으로 서로에 대한 배려가 있다면 명도는 정말 쉽다고 자부합니다.

그럼 과연 이사비와 이사기간은 얼마나 주는 게 합리적일까요? 이런 질문하시는 분들도 많은데요. 일단 이사기간부터 말씀을 드리자면 통상 잔금 납부 후 1~3개월 사이로 협의하고 있습니다. 이사비는 통상 강제집행비용을 감안해서 24평 아파트라면 약 100~300만 원선, 33평 이상이라면 200~400만 원선이면 적당합니다. 서로 협의하기 나름입니다.

이렇게 명도합의가 되어도 기계적으로 인도명령을 신청해야 합니다. 그래서 인도명령결정을 받아두고 상대방도 그 결정문을 송달받으면 사실상 차후 명도하기로 한 날짜에 명도를 잘할 수 있게 됩니다. 만약 명도합의만 의지해서 인도명령결정을 받지 않았다면, 이후에 명도하기로 한날 명도를 하지 않았을 경우에 그제서야 부랴부랴 인도명령결정을 받아야 하기 때문에 상당한 시간이 지연될 수 있습니다. 따라서 명도협상이 이루어졌다 하더라도 인도명령결정은 기계적으로 받습니다. 아시겠죠?

자, 그럼 여러분 인도명령에 대한 법적인 내용을 잠깐 살펴보도록 하겠습니다.

인도명령이란?

매수인이 매각대금을 모두 완납하게 되면 그날로부터 6월 이내에 채무자, 소유자 또는 매수인에게 대항할 수 없는 점유자에 대하여 매각부동산을 매수인에게 인도하도록 명할 수 있는 제도입니다. 일반인들이 통상 경매 하면 경매신청부터 소유권이전등기까지만 마치면 마치 모든 경매 절차가 끝이 나서 이제 매각부동산을 자신이 깨끗하게 인테리어를 해서 멋지게 살겠다고 생각합니다. 하지만 이것은 매우 이상적인 허상입니다.

가장 중요한 인도와 명도 부분을 간과하여서는 안 됩니다. 아무리 잘 받은 매각부동산이라 하더라도 자신이 직접 사용·수익하는 데 몇 년의 시간이 소요된다면 매수인의 입장에서는 오히려 잘못된 낙찰이 될 수도 있는 것이지요. 실무에서 이러한 부분을 너무 많이 보아왔기 때문에 여러분도 이 부분에 상당한 집중과 관심을 가져야 합니다.

 그러면 여러분 인도명령은 누가 신청할 수 있을까요?

먼저 인도명령을 신청할 수 있는 사람은 바로 매수인 및 매수인의 일반 승계인 가령 상속인, 회사라면 합병한 회사이 가능합니다. 낙찰자의 민사집행법상 정확한 용어는 최고가매수신고인이입니다. 만약 최고가매수신고인이 잔금을 모두 완납해서 소유권을 취득하면 매수인이라고 부릅니다.

그럼 여러분 인도명령은 누구를 상대로 신청할 수 있을까요?

홍미진진하죠? 바로 점유자인데요, 원칙은 현재의 직접 점유자입니다. 더불어 매수인에게 대항할 수 없는 모든 점유자에 대해서 가능한데요. 따라서 인도명령의 상대방은 채무자, 소유자 또는 부동산 점유자 중 매수인에게 대항할 수 없는 모든 점유자에 대해서 가능합니다. 실무적으로 99.9%가 인도명령의 대상이 되고 있습니다.

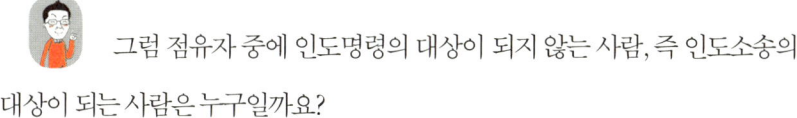 그럼 점유자 중에 인도명령의 대상이 되지 않는 사람, 즉 인도소송의 대상이 되는 사람은 누구일까요?

매수인에게 대항할 수 있는 모든 점유자가 되겠지요. 바로 1원이라도 배당을 받지 못한 선순위임차인, 배당요구를 하지 않은 선순위전세권자, 적법한 유치권자입니다. 아시겠죠? 이렇게 매수인에게 대항할 수 있는 점유자에 대해서는 인도명령은 불가능하고, 오직 인도소송을 해야 한다는 것 꼭 암기하시기 바랍니다.

 그러면 인도명령의 신청은 어떻게 해야 할까요?

인도명령의 신청은 해당 경매계에 서면으로 신청합니다. 신청서에는 통상 1,000원의 인지와 당사자 1인당 3회분의 송달료_{1회분은 3,700원}를 납부하게 됩니다. 만약 신청인이 1명, 피신청인이 2명이라면 당사자는 총 3인×3회분×3,700원입니다. 1회분의 송달료는 차후에 변동이 있다는 점만 유념하시기 바랍니다.

인도명령 사건부호는 [타인]입니다. 가령 [2014타인 2345호 부동산인도명령] 인도명령을 신청하게 되면 인도명령사건번호는 대법원경매정보사이트→경매사건검색란→관련사건 번호란에 인도명령사건번호가 뜹니다.

결정 및 송달여부를 확인하기 위해서는 대법원경매정보사이트 말고 대법원사이트가 있습니다. 대법원사이트→나의사건검색란→사건번호 및 당사자이름 기재하고 클릭하면 인도명령결정여부 및 송달여부 등을 확인할 수 있습니다. 또한 경매사건 부호는 [타경]입니다. 예를 들어 [2014타경 3245호 부동산경매] 이렇게 표기됩니다. 아시겠죠?

더불어 인도명령은 아무 때나 신청할 수 있는 것은 아닙니다. 낙찰자가 잔대금을 납부한 날로부터 6개월 이내에 신청해야 합니다. 만약 6개월이 지나면 더 이상 인도명령신청은 불가하고, 오직 인도소송만 제기할 수 있을 뿐입니다. 따라서 잔금을 납부하면 최대한 빨리 인도명령신청을 하고 인도명령결정에 의해 강제집행을 할 수 있도록 해야 합니다.

 그럼 인도명령의 재판과 집행은 어떻게 할까요?

먼저 인도명령 재판입니다. 통상 인도명령은 서면심리를 원칙으로 합니다. 즉 신청인이나 상대방이 법원에 갈 필요는 없고요. 담당 재판부가 서면으로만 판단한다고 보면 됩니다. 단, 재판부가 자유재량에 따라 실제로 심문할 수도 있습니다. 실무에서 채무자, 소유자에 대해서는 곧바로 인도명령결정을 내리고 있습니다. 이외의 자에 대한 인도명령을 신청하는 경우에는 그 점유자를 심문해야 한다고 되어 있습니다. 하지만 그 점유자가 매수인에게 대항할 수 있는 권원에 의하여 점유하고 있지 아니함이 명백한 때 또는 이미 그 점유자를 심문한 때에는 심문을 할 필요가 없습니다.

만약 인도명령의 상대방이 매수인에게 대항할 수 있는 권원적법한 유치권, 배당요구하지 않은 선순위전세권 등에 의하여 점유하고 있음이 기록상 명백하거나 상대방이 주장, 소명한 때에는 인도명령신청을 기각하여야 합니다.

 그럼 어떻게 해야 할까요?

인도소송의 대상만이 되는 것이지요. 그럼 시간이 상당히 지연되겠지요.

인도명령신청 절차 및 집행서류

1. 인도명령신청서 경매계에 신청합니다.
2. 결정 내지는 심문기일 지정 및 심문 후 결정
3. 결정문 피신청인에게 송달합니다.
4. 송달 보고서가 온 후
   (1) 낙찰자는 인도명령결정문에 집행문을 부여받습니다해당 경매계.
   (2) 송달증명원을 부여받습니다해당 경매계.
   (3) 위 서류를 가지고 관할 집행관사무실에 가서 강제집행신청하면 됩니다.

 인도명령결정에 따른 집행은 어떻게 할까요?

인도명령에 의한 강제집행을 할 경우에는 인도명령결정문에 집행문을 부여받아야 합니다. 더불어 상대방에게 인도명령결정문이 송달되었다는 송달증명원을 부여받아야 합니다. 이후에 관할집행관사무소경매가 진행중인 법원의 집행관사무소 에 가서 강제집행신청서를 작성하고 집행신청을 하면 됩니다.

 인도명령결정에 대해서는 상대방은 어떻게 저항할까요?

   인도명령결정에 대하여는 즉시항고를 할 수 있습니다. 이유가 타당하다면 말입니다. 따라서 인도명령결정의 상대방은 재판고지일인도명령결정문 수령한 날로부터 1주일 내에 즉시항고장을 원심법원에 제출해야 합니다. 만약 항고장에 항고이유를 기재하지 않은 경우에는 항고장 접수일로부터 10일 안에 항고이유서를 제출해야 합니다. 더불어 인도명령결정에 대한 즉시항고에는 집행정지 효력이 없으므로 항고인은 집행정지명령을 받아 이를 집행관에게 제출하여 집행을 정지시킬 수 있습니다. 즉 특별히 집행정지명령을 받지 않으면 인도명령에 따른 강제집행을 막을 방법이 없다는 이야기입니다.

인도명령신청서 작성 예 – 아파트 낙찰 시
   집합건물등기부등본을 보고 표제부를 참조하여 별지목록을 작성할 수 있어야 합니다. 한 번만 해보면 굉장히 쉽다는 걸 알 수 있을 것입니다.

인도명령신청서 작성 예 – 다가구주택
   역시 건물등기부등본 표제부를 보고 별지를 작성할 수 있어야 합니다.

서울중앙지방법원

강제집행신청서

서울중앙지방법원 집행관사무소 집행관 귀하

채권자	성 명		주민등록번호 (사업자등록번호)		전화번호	
					우편번호 □□□-□□□	
	주 소	시 구 동(로) 가 번지 호 (통 반) 아파트 동 호				
	대리인	성명( ) 주민등록번호( )			전화번호	

채무자	성 명		주민등록번호 (사업자등록번호)		전화번호	
					우편번호 □□□-□□□	
	주 소	시 구 동(로) 가 번지 호 (통 반) 아파트 동 호				

집행목적물 소재지	채무자의 주소지와 같음 (※다른 경우는 아래에 기재함) 시 구 동(로) 가 번지 호 (통 반) 아파트 동 호
집 행 권 원	
집행의 목적물 및 집 행 방 법	동산압류, 동산가압류, 동산가처분, 부동산점유이전금지가처분, 건물명도, 철거, 부동산인도, 자동차인도, 기타( )
청 구 금 액	원(내역은 뒷면과 같음)

위 집행권원에 기한 집행을 하여 주시기 바랍니다.

※ 첨부서류
1. 집행권원   1통   201 .   .   .
2. 송달증명서   1통   채권자   (인)
3. 위임장   1통   대리인   (인)

※ 특약사항
1. 본인이 수령할 예납금잔액을 본인의 비용부담하에 오른쪽에 표시한 예금계좌에 입금하여 주실 것을 신청합니다.
　　　　　　　　채권자   (인)

예금계좌	개설은행	
	예금주	
	계좌번호	

2. 집행관이 계산한 수수료 기타 비용의 예납통지 또는 강제집행 속행의사 유무 확인 촉구를 2회 이상 받고도 채권자가 상당한 기간 내에 그 예납 또는 속행의 의사표시를 하지 아니한 때에는 본건 강제집행 위임을 취하한 것으로 보고 완결처분해도 이의 없음.
　　　　　　　　채권자   (인)

주 1. 굵은 선으로 표시된 부분은 반드시 기재하여야 합니다.(금전채권의 경우 청구금액 포함).
　 2. 채권자가 개인인 경우에는 주민등록번호를, 법인인 경우에는 사업자등록번호를 기재합니다.

부동산인도명령신청서

신 청 인   이윤하
　　　　　경기도 부천시 원미구 상동
　　　　　연락처: 휴대폰 010-0000-0000

피신청인   대림간성 주식회사
　　　　　서울 동대문구 휘경동 11
　　　　　대표이사 송윤상

신청취지

피신청인은 별지목록 기재 부동산에 대한 점유를 해제하고, 신청인에게 인도하라.
라는 재판을 구합니다.

신청원인

1. 별지목록 기재 부동산은 신청인이 귀원 2013타경 8210호 강제경매사건에서 낙찰을 받아, 잔대금을 모두 완납하고, 귀원 2014년 1월 7일 접수 제33966호로 소유권이전등기 완료한 신청인 소유의 부동산입니다. 또는 아직 잔금을 납부하고 소유권이전등기를 하지 않았다면 – [잔대금을 모두 완납한 신청인 소유의 부동산입니다] 이렇게 작성해도 되겠지요?
2. 피신청인은 별지목록 기재 부동산에 대한 전 소유자로서 낙찰자에게 아무런 대항력이 없는 자로서, 이 사건 부동산을 점유할 아무런 법적권원 없이 무단점유 및 사용을 하고 있습니다. 이에 신청인은 피신청인에게 이 사건 부동산의 명도를 요구하였으나, 피신청인은 이를 거절하고 있어 부득이 신청인은 이건 신청에 이른 것입니다.

첨부서류

1. 부동산등기부등본　　　1통

1. 법인등기부등본   1통
(만약 아직 소유권이전등기가 되지 않았다면 잔대금완납증명원이 하나 더 추가되어야 할 것입니다.)

2014년 월 일
위 신청인 이 윤 하

(별지)

부동산의 표시
(1동의 건물의 표시)
서울특별시 영등포구 여의도동 46
현대아파트 제102동

(전유부분의 건물의 표시)
건물의 번호 : 102-10-10055
　　구조 : 철근콘크리트조
　　면적 : 제10층 제10055호 35.76㎡

(대지권의 표시)
토지의 표시 : 1. 서울특별시 영등포구 여의도동 46 대14410㎡
대지권의 종류 : 1 소유권대지권
대지권의 비율 : 14410분의 5.55

- 끝 -

인도명령과 인도소송의 차이점은?

매각부동산의 점유를 회복하는 제도에는 인도명령과 인도소송이 있습니다. 인도명령은 비용이 거의 들어가지 않는 점, 특단의 사정이 없는 한 단시일 내에 명령이 되어 강제집행을 실시할 수 있는 장점이 있는 반면에, 인도소송은 소송의 일종으로 상당한 비용과 기간이 소요되는 점을 감안하면 매수인으로서는 이 인도명령제도를 이용하여 명도하는 것이 굉장히 유리하겠죠? 한국자산관리공사가 진행하는 공매에서는 인도명령은 없고, 오직 인도소송만이 있어 입찰 참여를 꺼리는 경향이 많습니다. 왜냐하면 차후 명도협상이 상당히 어렵고 시간과 비용이 많이 소요되기 때문입니다.

	인도명령	인도소송
비용 (송달료, 인지대)	2~3만 원 서면심리이기 때문에 변호사 선임 불필요	10만 원 이상(송달료+인지대) 변호사도 선임 필요(추가 비용 발생)
기간	1~2개월 안에 결정	판결나는 데 거의 1년 소요

인도명령 인도소송 할 때에는 당사자 특정도 중요

인도명령과 인도소송에서는 당사자 특정이 아주 중요합니다. 가령 임차인으로 표시된 자가 '갑'인데 실제 점유하는 자가 '을'이라고 가정할 때, 일반인들은 서류만 보고 그 상대방을 '갑'으로만 지정하는데 그럴 경우 차후 집행관을 통한 강제집행 시 '을'의 이의제기로 인하여 강제집행이 불가능하게 될 수 있습니다.

부동산인도명령신청서

신청인   최종범
            서울 마포구 도화동 45

피신청인   김준호
            서울 마포구 도화동 85

신청취지
피신청인은 별지목록 기재 부동산 중 1층 89㎡에 대한 점유를 해제하고, 신청인에게 인도하라. 라는 재판을 구합니다.

신청원인
1. 별지목록 기재 주택은 신청인이 귀원 2014타경 122호 강제경매사건에서 낙찰을 받아, 잔대금을 모두 완납한 신청인 소유의 주택입니다.
2. 피신청인은 별지목록기재 주택 중 1층 전체인 89㎡를 점유, 사용하고 있는 바, 이건 경매사건의 말소기준권리인 2013년 4월 1일 자 국민은행의 근저당권 이후에 대항력을 갖춘 자로서 낙찰자인 신청인에게 아무런 대항력이 없는 자로서 위 주택부분을 점유할 아무런 법적권원 없이 무단점유 및 사용을 하고 있는 것입니다.

이에 신청인은 피신청인에게 위 주택 부분의 명도를 요구하였으나, 피신청인은 이를 거절하고 있어 부득이 신청인은 이건 신청에 이른 것입니다.

2014년   월   일
위 신청인 최종범

서울서부지방법원 경매3계   귀중

(별지)

부동산의 표시

서울 마포구 도화동 85

철근콘크리트조 및 철근콘크리트슬래브지붕 2층 주택

1층 89㎡

2층 89㎡

- 끝 -

따라서, 이러한 경우에 인도명령 또는 인도소송의 상대방을 '갑'과 '을'로 모두 지정하여 차후 강제집행이 용이하게 될 수 있도록 하여야 합니다.

경매에서 인도소송

- 인도소송의 상대방 : 낙찰자인 매수인에게 대항할 수 있는 모든 점유자
    ① 배당을 일부라도 못 받은 선순위임차인
    ② 배당요구를 하지 않은 선순위전세권
    ③ 적법한 유치권자

• 인도소송의 절차

① 원고 : 법원에 소장 제출

② 법원에서 원고 소장 피고에게 송달 : 피고에게 30일 이내에 답변서 제출하라고 합니다<만약 답변서 제출하지 않는다면 차후에 무변론판결선고기일을 지정합니다. 그러나 대부분이 답변서를 제출하겠지요.>

③ 피고 답변서 제출하면 법원에서 원고에게 송달. 원고에게 준비서면 제출하라고 합니다.

④ 원고 준비서면 제출하면 다시 피고에게 송달하고 피고에게 준비서면 제출하라고 합니다. 이렇게 양 당사자가 서면공방을 두 번 하면 이제는 기록이 담당재판부 판사에게 기록이 인계됩니다.

⑤ 변론준비기일

⑥ 변론기일 <통상 2~3회 이상>

⑦ 변론종결

⑧ 판결선고

⑨ 판결문 송달 : 판결문에 집행문 부여받고→송달증명원 발급받아서→관할집행관 사무소 가서 강제집행신청

⑩ 판결확정 내지는 항소

여러분 피고와 피고인은 같은 단어입니까? 아니면 다른 단어입니까? 여러분 피고는 민사,행정, 가사 사건에서 소송을 당하는 자를 말하고 피고인은 형사사건에서 기소를 당하는 자를 말합니다. 암기하세요. 또한 별지 부동산의 표시는 등기부등본의 표제부와 일치되게 기재하여야 합니다.

소장

원고　설춘환
　　　서울 강서구 화곡동 114

피고　조범수
　　　서울 강서구 화곡동 100

건물명도 청구의 소

청구취지
1. 피고는 원고에게 별지목록기재 부동산 중 2층 100㎡를 명도하라.
2. 소송비용은 피고의 부담으로 한다.
3. 위 제1항은 가집행할 수 있다.
라는 판결을 구합니다

청구원인
1. 원고의 낙찰잔금 납부 및 소유권이전등기완료
　　원고는 서울남부지방법원 2013타경 1245호 부동산임의경매에서 별지목록기재 부동산을 낙찰받고 2013년 11월 30일 잔금을 납부한 연후에 소유권이전등기까지 완료하였습니다.
2. 임대차계약의 승계 및 임대차계약해지 통보
　　피고는 별지목록기재 부동산의 전소유자와 2012년 1월 1일부터 2013년 12월 31일까지 보증금 2억 원으로 하는 임대차계약을 체결하였고 위 임대차가 시작되는 2012년 1월 1일 점유와 전입신고를 한 선순위임차인입니다. 따라서 원고는 별지목록기재 부동산의 새로운 소유자로서 피고와 기존 소유자의 임대차계약을 승계하였습니다.
　　따라서 원고는 잔금을 납부한 2013년 11월 30일 피고에게 위 임대차계약해지를 통보하였고 피고는 이를 수령하였으므로 이건 임대차계약은 계약만료일인 2013년 12월 31일 적법하게 해지되었다 할 것입니다.

3. 명도거절

그럼에도 불구하고 피고가 명도를 거절하여 부득이 이건 소송에 이른 것입니다.

입증방법

1. 갑제1호증   건물등기부등본
2. 갑제2호증   임대차계약서
3. 갑제3호증   내용증명

첨부서류

1. 건물등기부등본   1부
2. 공시지가확인원   1부
3. 건축물관리대장   1부

2014년   월   일

위 원고 설춘환 (인)

서울남부지방법원 민사과 귀중

(별지)

부동산의 표시

1. 서울 강서구 화곡동 100
철근콘크리트조 슬래브지붕
1층 100㎡
2층 100㎡

- 이상 -

인도소송할 때 점유이전금지가처분은 왜 할까?

자, 여러분 한 번 더 반복적으로 인도명령과 인도소송 부분을 살펴봅시다. 먼저 점유이전금지가처분이란 무엇이고, 왜 해야 하는지 제대로 알아봅니다. 어렵지 않습니다. 자신감을 가지세요.

먼저 점유이전금지가처분이라는 말은 들어보셨죠? 그럼 이게 무엇이고, 왜 이런 걸 할까요? 말 그대로 기존 점유자에 대해서 점유를 이전하지 못하게 하는 가처분입니다. 그럼 이런 걸 왜 할까요? 사실 점유이전금지가처분은 인도명령할 때에는 하지 않고, 인도소송할 때에는 꼭 함께 해야 합니다.

인도명령은 결정과 집행까지 시간이 많이 걸리지 않기 때문에 점유이전금지가처분을 잘 하지 않고 있지요. 그러나 장사가 잘 되는 상가 등은 차후 명도 방해 여지가 있기 때문에 가급적 점유이전금지가처분을 하는 것이 좋습니다.

점유이전금지가처분은 통상 임대차계약이 만료되었는데 임차인이 명도를 거절하는 경우에 임대인이 인도소송을 통해 판결을 받아야 하는 경우라면 소송 전에 통상 상대방, 즉 임차인에 대해 점유이전금지가처분 결정을 받고 집행을 하게 됩니다. 여기서 집행이라고 하는 것은 집행관이 부동산 목적물에 대해 고시서를 붙이는 것을 의미합니다. 그 고시서에는 임차인만 점유하고 다른 사람에게는 점유를 이전하지 못하도록 하고 있습니다.

 그럼 이러한 점유이전금지가처분을 왜 해야 할까요?

만약 상가의 임대인 설춘환이 임차인 최병일을 상대로 인도소송을 제기했다고 가정해봅시다. 점유이전금지가처분은 귀찮아서 또 비용이 들어가기 때문에 하지 않았습니다. 이후 1년여 동안 소송 절차가 진행되었고, 특별한 사정이 없다면 판결은 [최병일은 설춘환에게 상가를 명도하라]고 나올 것입니다.

그런데 문제는 집행을 할 때에도 여전히 임차인 최병일이 점유하고 있으면 무리없이 강제집행을 합니다. 하지만 임차인 최병일이 소송진행 중에 제3자, 즉 이은경에게 점유를 이전했다면 위 판결로는 제3자 이은경에 대해 강제집행을 하지 못하기 때문에 임대인 설춘환은 제3자 이은경을 상대로 다시금 인도소송을 제기해야 합니다.

그런데 만약 임대인 설춘환이 인도소송 전에 임차인 최병일에 대한 점유이전금지가처분을 해놓았다면 어떻게 될까요? 만약 점유이전금지가처분 후에 제3자인 이은경에게 점유가 이전되었다면, 임대인 설춘환은 그 부분을 소명하면 제3자인 이은경에 대해서도 승계집행문을 부여받아 별도로 인도소송하지 않고 곧바로 강제집행을 할 수 있습니다. 바로 여기에 점유이전금지가처분의 의미가 있는 것입니다.

 자, 점유이전금지가처분에 대해 조금만 더 자세히 알아볼까요?

점유이전금지가처분이란?

나중에 건물을 낙찰 받아 임대를 놓게 되면 인도소송이라는 것과 점유이전금지가처분은 꼭 알아야 합니다.

점유이전금지가처분의 의의

부동산점유이전금지가처분은 부동산에 대한 인도·명도청구권을 보전하기 위한 가처분으로서 현상 변경을 금지하고자 함을 목적으로 하는 것입니다. 인도명령과 인도소송에서 상대방이 인도명령결정 과정 또는 인도소송 과정에서 점유자를 변경하면 차후 인도명령과 인도소송 판결에 의한 강제집행이 불가능해집니다. 문제는 거기서 그치지 않습니다. 차후 또다시 인도명령과 인도소송을 제기하게 되는데 그러한 가운데 또 점유자를 변경해버리면 낙찰자 또는 임대인은 평생 소송만 하다가 생을 마감할 수도 있습니다.

따라서 인도명령신청과 인도소송 전에 점유이전금지가처분을 하고, 이후에 점유자가 변경되면 별도로 또 소송을 하지 않고 승계집행문을 부여받아 간단히 변경된 점유자에 대해 강제집행을 하면 됩니다.

실무에서 인도명령신청시에는 점유이전금지가처분을 많이 하지 않는 편입니다. 앞서 언급한 바와 같이 인도명령이 빨리 결정되고 그에 따라 빨리 집행할 수 있기 때문입니다. 반면에 인도소송 진행시에는 거의 100% 점유이전금지가처분을 함께 하고 있습니다.

만약 인도소송을 하는데 점유이전금지가처분을 하지 않는다면 명도에 대한 왕초보라고 할 수 있습니다. 이런 시행착오를 겪어서는 안 됩니다. 여러분 인도소송시 점유이전금지가처분을 한다는 것은 이제 상식입니다. 아시겠죠?

부동산점유이전금지가처분신청을 할 때 부동산의 표시를 제대로 해야 합니다. 가장 기본은 부동산등기부등본 표제부와 일치되게 작성하는 것입니다. 다만 점유이전금지를 구하는 가처분이 건물 층 전체가 아닌 그 중 일부라면 신청취지를 정확하게 기재해야 합니다. 예를 들어 다음과 같은 부동산 전체에 대해 점유이전금지가처분을 신청할 경우에 신청취지 제1항과 관련된 부분은 다음과 같습니다.

『피신청인은 별지목록기재 부동산에 대한 점유를 풀고, 신청인이 위임하는 집행관에게 그 보관을 명한다.』 여기서 별지목록 기재는 부동산등기부등본의 표제부를 그대로 기재해주게 됩니다.

다음과 같은 부동산 중 1층 전체에 대한 점유이전금지가처분을 신청할 경우입니다.

서울 강서구 화곡동 100

연와조 슬래브 지붕

1층 200㎡

2층 200㎡

『피신청인은 별지목록기재 부동산 중 1층 200㎡에 대한 점유를 풀고, 신청인이 위임하는 집행관에게 그 보관을 명한다.』

다음과 같은 부동산 중 1층 일부에 대한 점유이전금지가처분을 신청할 경우에는, 별도 도면표시를 하여 그 부분을 정확히 특정해야 합니다. 즉 집행이 가능하도록 건축평면도상에 특정을 하든지, 채권자가 직접 백지에 평면도를 그려서 특정하여야 합니다. 이때 방위표시를 꼭 해야 한다. 집행관이 그 목적물을 특정할 수 있을 정도로만 도면을 그려주면 된다.

『피신청인은 별지 (1) 목록 기재 부동산 중 1층 별지, (2) 도면 표시 ①, ②, ③, ④, ①의 각 점을 순차 연결한 선 내 (가) 부분 70㎡에 대한 점유를 풀고, 신청인이 위임하는 집행관에게 그 보관을 명한다. 』

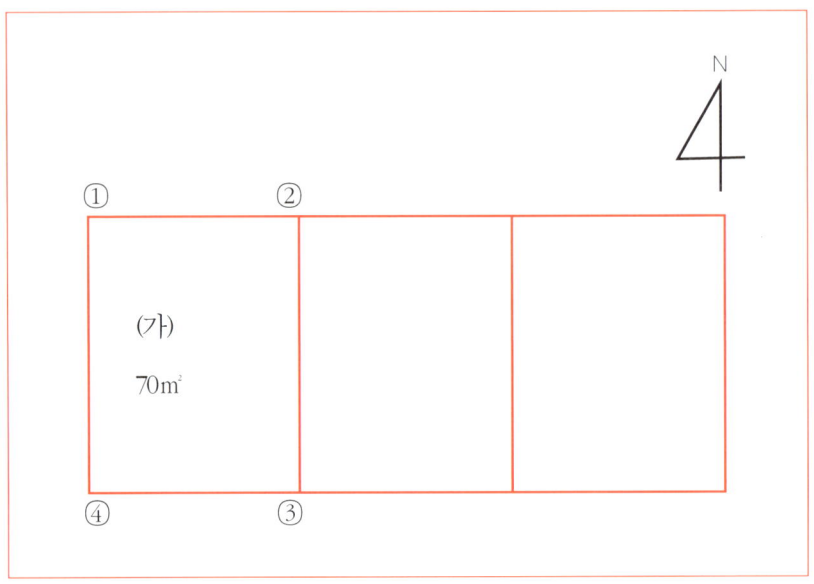

점유이전금지가처분 신청서 작성 시 부동산의 표시는?

등기부등본 표제부대로 기재합니다. 평면도는 집행관이 정확히 인식할 수 있어야 합니다.

점유이전금지가처분 신청서 작성 시 유의사항

첫째, 당사자 특정을 잘해야 합니다.

현재 점유자 등을 잘 특정해야 합니다. 상가라면 사업자등록을 열람해서, 주택이라면 주민등록열람 등을 통해서, 또 직접 현장을 방문해서 점유자를 확인해야 합니다.

둘째, 목적물 특정을 잘해야 합니다.
차후 집행을 할 수 있을 정도로 특정을 잘해야 합니다.

점유이전금지가처분신청부터 결정까지

첫째, 법인등기부등본, 가족관계증명서 발급받습니다.
당사자가 법인 또는 미성년자일 경우 그 첨부자료로서 법인등기부등본을 대법원인터넷등기소 또는 등기소에서 발급하고, 가족관계증명서는 동사무소, 구청 등에서 발급받습니다.

둘째, 부동산등기부등본 발급받습니다.
점유이전금지가처분을 원하는 부동산등기부등본을 대법원인터넷등기소 또는 등기소에서 발급받습니다.

셋째, 점유이전금지가처분과 인도소송 등을 할 때에는 목적물가액을 산정하기 위해 가처분 목적물이 토지라면 공시지가확인원과 토지대장을 발급받아야 하고, 가처분 목적물이 건물이라면 공시지가확인원과 건축물관리대장을 발급받아야 합니다. 더불어 건물 목적물가액 산출 시에는 부동산 시가표준액 표지라는 책자도 필요합니다.

넷째, 별지는 채권자 수 + 채무자 수 + 3부를 제출합니다.

다섯째, 위임장을 작성합니다.
만약 대리인이 작성 또는 제출할 경우 소송위임장이 필요합니다. 단순히 법원에 제출하기만 한다면 제출위임장이 필요하겠습니다.

여섯째, 가처분신청서 제출 시 인지와 송달료 납부합니다.
위와 같은 서류를 첨부하여 부동산점유이전금지가처분 신청서를 만들고 가압류신청서 앞 표지에 인지 1만 원 첨부하고, 소정의 송달료를 납부하여 그 영수증을 첨부합니다.

일곱째, 법원의 담보제공명령을 이행합니다.
법원에서 보정명령이 발령되면, 그 보정기간 내에 보정을 하면 되고, 담보제공을 명하면 담보를 제공하면 됩니다. 통상 담보제공액은 목적물가액의 1/10~1/20입니다. 만일 현금공탁 명령이 내려지면 가처분보증공탁서를 작성하여 가처분관할법원 공탁계에 가서 공탁을 해서 공탁했음을 소명하는 자료를 신청과에 제출하시면 되고요. 더불어 현금공탁서 원본은 잘 보관해야 합니다. 차후에 공탁금 회수 시에 필요합니다. 만일 담보제공의 방법이 보증보험증권에 의한 공탁이라면 통상 법원 앞에 있는 서울보증보험회사 등 보증보험회사를 찾아가 담보제공명령서를 주면 보증보험증권을 발부해줍니다. 이때 채권자가 개인이라면 주민등록번호, 법인이라면 사업자등록번호를 알아야 합니다. 보증보험증권 비용은 통상 담보제공금액의 0.422%가 소요됩니다.

점유이전금지가처분

신청인　손정우
　　　　부천시 원미구 상동 415

피신청인　홍종철
　　　　용인시 기흥읍 하갈리 150

피보전권리 요지
소유권에 기한 건물명도청구권

목적물의 표시
별지(1)목록 기재와 같음.

목적물의 가격
금 18,082,260원
452,000원 × 133.35㎡ × 30/100 = 18,082,260원
(공시지가 금523,000원, 철골조 (1999년 사용승인))

신청취지
1. 피신청인은 별지(1)목록 기재 부동산 중 별지(2)도면표시 ①, ②, ③, ④, ①의 각점을 순차연결한 선내(가)부분 133.35㎡에 대한 점유를 풀고, 신청인이 위임하는 집행관에게 그 보관을 명한다.
2. 집행관은 현상을 변경하지 아니할 조건으로 하여 피신청인에게 사용을 허가할 수 있다.
3. 피신청인은 그 점유를 타인에게 이전하거나 또는 점유명의를 변경하여서는 아니된다.

4. 집행관은 위 취지를 공시하기 위하여 적당한 방법을 취하여야 한다.
라는 재판을 구합니다.

신청원인
1. 임대차계약의 체결
    신청인은 2011년 5월 1일 피신청인과 신청인 소유의 별지 (1) 목록 기재 부동산 중 별지(2) 도면 표시 선내 (가) 부분(이하 '이 사건 건물'이라 합니다)에 대하여 다음과 같은 내용으로 임대차계약을 체결하였습니다(이하 '이 사건 임대차계약'이라 합니다).
1) 임대차보증금   금 5,000만 원
2) 임대차기간   2011년 5월 10일부터 2013년 5월 10일
3) 월차임   금 200만 원(매월 10일 지급)

2. 임대차계약의 해지
    이 사건 임대차계약에 따라 피신청인은 매월 10일 신청인에 대하여 월차임을 지급하여야 할 의무가 있으나, 이 사건 점유이전금지가처분을 신청하는 현재까지 약 5기 이상액의 차임을 연체하고 있고, 그에 따라 신청인은 2012년 1월 30일부터 수차례에 걸쳐 차임연체를 이유로 피신청인에게 이 사건 임대차계약을 해지통보한 바 있고, 또한, 이 사건 임대차계약의 만료 후에는 더 이상 임대차계약을 갱신할 의사가 없음을 통지 하였으므로 이 사건 임대차계약은 2013년 5월 10일 계약의 만료로도 적법하게 해지되었다 할 것입니다.
3. 명도거절
    위와 같이 이 사건 임대차계약은 차임연체 내지는 계약만료로 인하여 적법하게 만료되었다 할 것이고, 그에 따라 피신청인은 신청인에게 이 사건 건물을 명도해 주어야 함에도 불구하고 이를 거절하고 있습니다.
4. 보전의 필요성
    신청인은 피신청인에 대하여 건물명도소송을 준비중에 있으나, 피신청인이 타인에게 점유를 이전하거나 점유명의를 변경할 우려가 있으므로 신청인이 후일 본안소송에서 승소판결을 얻는다 하더라도 직접 강제집행의 목적을 달성할 수 없게 될 우려

가 있기에 이에 그 집행보전을 위하여 이건 신청에 이르게 되었습니다.

5. 담보제공의 방법

　　다만, 신청인은 현재 공탁금을 현금으로 제공할 형편이 되지 못하므로 공탁보증보험증권을 제출하는 방법에 의한 담보제공을 허가하여 주시기 바랍니다.

소명방법

1. 소갑제1호증　　　건물등기부등본
1. 소갑제2호증　　　임대차계약서
1. 소갑제3호증　　　내용증명

첨부서류

1. 소명자료　　　각 1부
1. 건물등기부등본　　1부
1. 공시지가확인원　　1부
1. 건축물관리대장　　1부

2014년 1월　일

위 신청인 손 정 우(인)

수원지방법원 민사신청과　귀중

별지 (1)

부동산의 표시

1. 경기도 용인시 구성읍 중리 100
　　경량철골조샌드위치판넬지붕1층
　　사무실, 음식점, 소매점

410.67㎡ 사무실

36.00㎡ 음식점

40.64㎡ 소매점

7.40㎡ 화장실

별지(2)

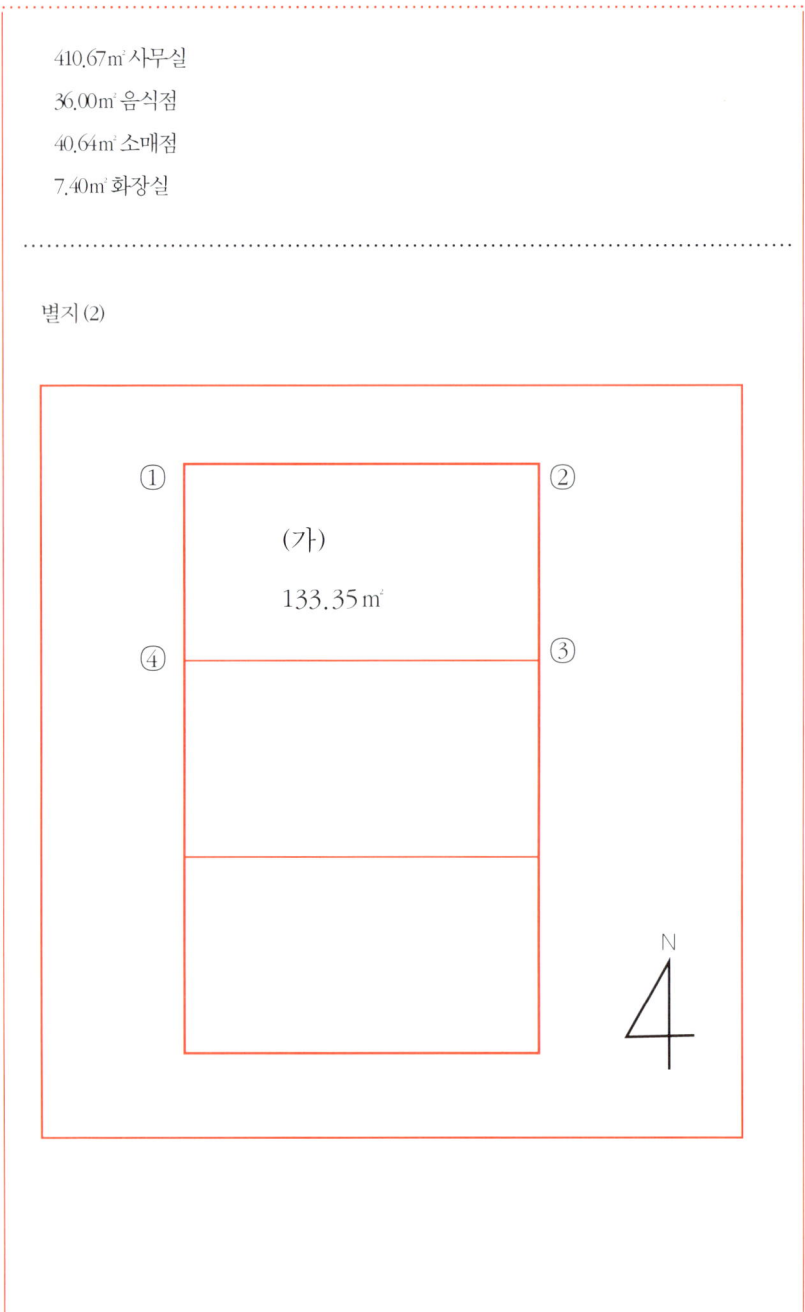

이렇게 가처분이나 가압류신청시 채권자에게 담보를 제공하라고 하는 이유는 채권자의 일방적인 신청에 의해서 가압류와 가처분의 결정이 나는데, 채권자의 잘못된 가압류 가처분 신청 및 집행으로 인해 채무자에게 손해가 발생했을 경우 그 손해를 보전하기 위해서입니다.

여덟째, 가처분결정과 집행입니다.

이후 법원은 가처분결정을 발령하게 되고 그 결정문을 채권자에 송달합니다. 이때 결정문이 채권자용 1부만 송달되는 게 아니고 채무자용도 채권자에게 송달됩니다. 이유는 결정문이 채무자에게 먼저 송달되어서는 안 되기 때문입니다. 그래서 가처분 집행할 때 집행관이 송달해주는 것이 실무례입니다.

더불어 채권자는 이 결정문을 송달받은 날로부터 14일 이내에 집행을 해야 합니다. 굉장히 중요한 부분입니다. 물론 이러한 가처분을 법무사 사무실이나 변호사 사무실에 의뢰해서 할 수도 있습니다만, 이 정도의 이론은 꼭 알고 있어야 합니다.

점유이전금지가처분의 집행 절차

채권자는 결정문 수령후에 가처분 목적물이 존재하는 곳을 관할하는 집행관사무실 통상 강남구 삼성동이라면 서울중앙지방법원 집행관사무실. 구로구 구로동이라면 서울남부지방법원 집행관사무실. 서대문구 아현동이라면 서울서부지방법원 집행관사무실. 광진구 구의동이라면 서울동부지방법원의 집행관사무실에 가서 일정한 수수료를 납부하고 강제집행신청을 하게 됩니다. 좀 더 자세히 알아볼까요?

첫째, 채권자는 영수한 채권자, 채무자의 결정문을 모두 가지고 관할 집행관사무실에 가서 강제집행신청서를 작성하고, 그 신청서를 집행관사무실에 접수합니다. 대리인이 가게되면 위임장이 필요하겠죠?.

둘째, 집행관사무실에서는 집행신청 및 집행절차와 관련한 비용을 예납할 것을 명하는 서류 및 담당사건번호 및 담당부가 정해진 사건 접수증을 채권자에게 줍니다.

셋재, 채권자는 법원 내에 있는 은행통상 신한은행에서 위 비용을 예납할 것을 명하는 서류를 제출함과 아울러 비용을 납부하게 됩니다.

넷째, 채권자는 집행관사무실을 직접 방문하거나 또는 담당부서의 직원과 전화연락 등을 통해서 집행날짜에 대한 약속을 정합니다.

다섯째, 통상 약속한 날짜의 오전 9시까지 집행관사무실에 갑니다. 담당부에서 10시 이전에 각 채권자별로 집행시간을 정하여 채권자에게 구두 통보합니다.

여섯째, 집행시간에 집행관을 만나 집행을 실시합니다.
부동산점유자를 만나 결정문을 송달하고 고시서를 붙이면 집행은 완료되는 것입니다. 만일 채무자 부재로 집행을 하지 못하면 집행이 불능되고, 다음에 다시 집행날짜를 정하게 됩니다. 그러면 다음 집행날짜에 9시까지 집행관사무실에 가서 다시 집행시간을 통보받습니다. 채무자 부재를 감안하여 열쇠공 및 성인 2명을 증인으로 이러한 가처분 강제집행 절차는 차후 동산가압류의 강제집행 절차 그리고 인도명령에 따른 또는 인도소송에 따른 강제집행과 거의 유사합니다.

인도명령, 인도소송 판결에 따른 강제집행 절차

먼저 집행관사무소에 가서서 강제집행신청서를 작성합니다.

강제집행신청 시 필요한 서류

- 인도명령결정에 의한 경우 : 인도명령결정문 + 집행문 + 송달증명원
- 인도소송 판결에 의한 경우 : 인도소송판결문 + 집행문 + 송달증명원

_ 만약 대리인이 간다면 위임장이 필요합니다.

강제집행신청 및 강제집행 절차

나중에 명도협상이 안 되면 다음과 같이 강제집행을 해야 합니다. 자, 먼저 다음과 같은 서류가 필요합니다.

1) 관할 집행관사무실에 가서 강제집행신청서 작성 및 신청합니다. 관할집행관사무소는 부동산소재지 관할 집행관 사무소입니다.
2) 이후에 접수하는 곳에서 사건접수증 + 납부명령서를 줍니다. 그 중 납부명령서 가지고 법원내에 있는 은행에 가서 집행비용 납부합니다. 면적과 층수에 따라 집행비용이 달라집니다.
3) 이후에 사건접수증에 나와 있는 집행관사무소 직원 휴대전화로 연락해서 인도명령집행 협의를 합니다. 그러면 통상 먼저 직원이 계고합니다. 사전에 가서 점유자에게 독촉하고 압박하는 것이지요. 통상 14일의 시간을 줄 테니 꼭 명도하라고 합니다. 안 하면 집행관사무소에서도 어쩔수 없이 강제집행

할 수밖에 없다고 말합니다.

4) 14일의 시간을 주었는데도 임의적으로 명도를 해주지 않으면 낙찰자가 집행관사무소에 전화해서 빨리 강제집행을 해달라고 요청하면 강제집행 날짜를 잡아줍니다. 그럼 그날 아침 9시까지 집행관사무실에 도착하면 됩니다.

5) 낙찰자에게 집행시간 통지해주고 시간에 맞추어서 집행관과 직원 그리고 인부들이 집행해야 하는 부동산으로 갑니다.

6) 집행관과 동행하여 집행하고 만약 피신청인 부재라서 집행이 불능되면 일단 철수하는데, 처음집행할 때부터 피신청인 부재임을 감안해서 집행하자고 해서 합의되면 처음에 곧바로 집행을 할 수도 있습니다 열쇠공 + 성인 2명 + 이삿짐보관센터.

7) 차후 집행기일 새롭게 협의합니다 열쇠공 + 성인 2인 + 이삿짐보관센터.

8) 강제집행기일 오전 9시에 집행관사무소에 갑니다. 그리고 집행시간을 낙찰자에게 알려주고 낙찰자는 그 시간에 현장에서 기다립니다. 점유자 부재 시 열쇠공에게 현관문을 열게 해서 강제집행합니다.

9) 사람이 있어서, 즉 피신청인이 있어서 명도하고 짐을 알아서 가져가 주면 좋은데 만약 가져갈 능력이 안된다고 하거나 또는 부재시 집행했을 경우에 낙찰자가 이삿짐보관센터를 불러서 보관하는 계약 작성하고 낙찰자와 이삿짐보관센터 간 보관집행을 합니다. 일단 명도를 완료한 후 낙찰자가 열쇠를 교체하면 집행이 완료됩니다.

보관짐에 대한 해결방법

낙찰자가 강제집행을 통해 명도는 끝을 냈습니다만 보관집행을 했다면 지속적으로 보관료를 납부해야 하는 부담이 생깁니다. 만약 낙찰자가 보관집행을 하였다면 집행 후 다음 날 피신청인을 상대로 내용증명을 발송합니다 기존 주소지로.

송달은 중요하지 않고 낙찰자가 보낸 내용증명을 근거로 집행관사무소에 가서 매각명령신청서 작성 및 제출합니다. 그러면 3~4주 후에 매각명령결정 집에 대한 동산경매를 하라는 것을 내립니다. 이후에 동산감정 후에 유체동산매각을 하게 되면 모든 절차가 완료되는 것입니다.

내용증명 작성방법

내용증명은 일반 등기우편과 달리 일반등기우편은 그냥 1부 발송만 한다 통상 3부 작성해서 우체국에 갑니다. 그래서 1부는 우체국이 보관하고, 1부는 발신인이 보관하고, 1부는 수신인에게 발송하게 됩니다.

등기우편과 내용증명의 공통점과 차이점을 살펴보면, 먼저 공통점은 언제 누가 송달받았느냐를 확인할 수 있다는 점입니다. 차이점은 어떤 내용을 보냈는지 입증 가능한 것은 내용증명뿐입니다. 이유는 알고 계시죠? 바로 우체국이 1부를 보관해서 그 내용을 입증해주는 것이니까요.

명도합의 후 합의서 작성방법

명도합의 후 반드시 각서 또는 합의서를 작성합니다. 공증이나 인감증명서를 꼭 받을 필요는 없습니다. 신분증을 확인해서 이름과 주민등록번호를 꼭 확인합니다. 임차인인 경우 가장 문제가 되는 것은 임차인이 배당을 받은 다음에 이사를 가게 되는데, 임차인이 배당을 받기 위해서는 낙찰자의 명도확인서가 필요합니다. 임차인이 먼저 배당을 받아 차후에 이사를 가기 위해서는 낙찰자의 명도확인서와 인감증명서가 필요한데, 사실 낙찰자 입장에서 실제 명도를 안 했는데 먼저 명도를 해주었다는 명도확인서 등을 해주기가 부담스러울 수 있습니다.

내용증명서

발신   임정택
          부천시 원미구 상동 234

수신   1. 주식회사 지엠에스
          서울 마포구 용강동 494 / 대표이사 김준호
          2. 최병일
          서울 은평구 불광동 170

제목 : 강제집행에 따른 보관짐 수령 촉구서

1. 먼저 귀사와 귀하의 무궁한 발전을 기원합니다.
2. 발신인은 서울남부지방법원 2013타경 410호 강제경매를 통해 '서울 영등포구 여의도동 10 메종리브로오피스텔 15층 1509호'를 낙찰받고 잔대금까지 납부한 소유자입니다.
3. 이후 발신인은 위 오피스텔에 대해 서울남부지방법원 2014타기 2512호 부동산인도명령에 따라 인도명령결정을 받고, 서울남부지방법원 집행관사무소 2014본 2722호를 통해 2014년 1월 20일 부동산인도 강제집행을 실시하였고, 점유자가 부재어서 보관집행을 하기에 이르렀습니다.
4. 위 보관집행에 따른 비용은 현재 발신인이 부담하고 있습니다. 이에 발신인은 2014년 1월 23일까지 위 짐을 모두 수령해 갈 것을 촉구하는 바입니다.

만약 위 기일까지 귀사 또는 귀하의 짐을 수령해가지 않을 경우 발신인은 부득이 위 짐등에 대한 매각절차를 밟을 것임을 통지하오니 양지하시기 바랍니다.

                                                2014년 1월 21일
                                                발신인 임정택

그래도 낙찰자 입장에서는 먼저 명도확인서 등을 제공합니다. 그래야 임차인이 이사를 갈 수 있습니다. 사실 임차인들에게 임대차보증금액은 전 재산이나 다름없기 때문입니다.

보증금을 수령하지 않고 다른 곳으로 이사를 간다는 것은 맞지 않는 논리입니다. 따라서 낙찰자 여러분들은 약간 아쉽고 불안하지만 먼저 명도확인서 등을 제공하십시오. 다만 명도합의서에 임차인이 보증금을 배당받고도 이사를 가지 않으면 그에 따른 위약금 조항 등을 넣어서 임차인을 압박할 수 있습니다. 서로 배려하고 약속만 지킨다면 전혀 문제가 발생하지 않습니다.

실무에서는 더 이상 잃을 게 없는 점유자가 가장 부담스럽습니다. 그래도 서로 배려하고 약속을 지키길 바랍니다. 처음부터 지키지 못할 약속은 서로에게 상처만 주는 것이니까요. 꼭 지킬 약속만 정하는 것도 중요합니다.

임차인에게 명도확인서를 먼저 작성해주고 추후 명도하기로 하는 합의서를 작성해보도록 하겠습니다. 임차인은 배당받기 위해 명도확인서 및 낙찰자의 인감증명서 필요합니다. 임대차는 동시이행관계이기 때문이죠.

합의서

합의인
1. 낙찰자   윤채연
           고양시 덕양구 화정동 21 별빛마을

2. 임차인   조규호
           서울시 관악구 신림5동 건영아파트

위 낙찰자와 임차인은 다음과 같이 합의하고 그 내용을 이행할 것을 맹서한다.

다 음
1. 낙찰자는 임차인에게 2014년 1월 7일 명도확인서 및 인감증명서를 제공하기로 한다.
2. 임차인은 2014년 1월 8일 배당기일에 배당여부를 떠나 2014년 2월 2일까지 임차인이 점유, 사용하고 있는 "서울 관악구 신림동 528 건영아파트 2-309"를 낙찰자에게 명도한다.
3. 임차인은 위 제2항 건물에 있는 모든 짐은 동 임차인의 소유임을 확인하고, 동 짐을 위 제2항에 명시된 명도일 2014년 2월 2일까지 위 건물에서 모두 반출하기로 약속하며, 만약 위 기일까지 반출하지 못하는 경우에는, 반출하지 못한 나머지 짐의 소유권을 포기하기로 하며, 남은 짐의 소유권은 낙찰자의 소유로 하기로 한다.
4. 임차인이 위 제2항, 제3항에서 약속한 건물명도 약속을 이행하지 못할 시에는 낙찰자에게 위약금조로 월 금 500만 원씩(월세 상당의 부당이득금 제외)을 지급하기로 한다.
5. 임차인이 위 제2항, 제3항, 제4항의 약속을 지키지 않을시 낙찰자는 임차인을 사기죄 등으로 고소할 것이며, 위 임차인은 이에 대하여 어떠한 처벌도 감수할 것이다.

2014년 5월 10일
1. 낙찰자 : 윤 채 연
2. 임차인 : 조 규 호

명도확인서

사건   2013타경 12345호 부동산임의경매

이름   오 만 열
주소   서울 관악구 신림동 528 건영아파트

위 사건에서 위 임차인은 임차보증금에 따른 배당금을 받기 위해 매수인에게 목적부동산을 명도하였음을 확인합니다.

첨부서류 : 매수인 명도확인용 인감증명서 1통

2014년 1월 7일

매수인   손 병 도 (인)
연락처 : 010- 4525- 0000

서울중앙지방법원 경매2계 귀중

유의사항
1) 주소는 경매기록에 기재된 주소와 같아야 하며, 이는 주민등록상 주소이어야 합니다.
2) 임차인이 배당금을 찾기 전에 이사를 하기 어려운 실정이므로, 매수인과 임차인 간에 이사날짜를 미리 정하고 이를 신뢰할 수 있다면 임차인이 이사하기 전에 매수인은 명도확인서를 해줄 수도 있습니다.

Chapter 10.
배당을 정복하라!

여러분 이번 시간에는 배당에 대해 알아보도록 하겠습니다.
경매에서 배당은 상당히 중요합니다.
특히 요즘에 각광받고 있는 NPL에서 배당은 더욱 중요합니다. 잘 배워보도록 합시다!

    이제 배당은 상식입니다. 중개업을 하시는 분들에게도 배당은 매우 중요하기 때문에 잘 알아두셔야 합니다. 이사를 들어가는 부동산의 시세, 등기부등본상의 부담 그리고 현재 다른 층의 임차인들이 있다면 그러한 컨디션을 모두 감안해서 이번에 입주하는 임차인이 차후 부동산에 문제가 생겼을 때에도 특별히 보증금을 보호하는데 문제가 없는지 등을 알려면 당연히 배당을 잘 알아야 합니다.

    등기부등본상에 근저당권 가압류 전세권 등이 기재되어 있을 때 어떤 순서대로 배당을 해야 하는지 등 이번 시간에 완전히 마스터 하도록 합시다.

여러분, 배당이 뭘까요?

배당은 경매절차에서 낙찰대금으로 각 채권자별로 배당순위에 따라 배당을 받는 것입니다. 경매를 하는 목적이 되겠지요. 입찰하는 사람들에게 목적은 낙찰이고, 반면에 채권자들에게 목적은 배당이 되는 것입니다.

배당 절차는 어떻게 될까?

배당을 받으려면 배당요구를 해야 합니다. 물론 배당요구를 하지 않아도 배당을 받을 수 있는 당연 배당권자를 제외하고는 말입니다.

그럼 배당요구란 무엇일까요? 배당요구란 집행 채권자, 즉 경매신청 채권자에 의해 개시된 집행 절차에 참가하여 동일한 재산의 매각대금에서 변제받고자 하는 채권자들이 배당을 해달라고 신청하는 것을 말합니다.

배당요구를 하지 않아도 배당을 받을 수 있는 채권자에는 어떤 사람들이 있을까요? 물론 배당순위를 전제로 말입니다.

배당요구를 하지 않아도 당연히 배당에 참가하는 자

첫째, 이중경매신청인

선행사건의 배당요구종기까지 이중경매신청을 한 채권자는 배당요구종기일까지 배당요구를 하지 않아도 배당순위에 따라 배당을 받을 수 있는 채권자를 말합니다.

둘째, 첫 경매개시결정등기 전에 등기된 가압류 채권자

어떤 의미인지 아시겠죠? 가령 가압류등기가 되고 이후에 경매등기가 된 것이지요. 그렇다면 굳이 배당요구를 하지 않아도 된다는 것입니다.

셋째, 첫 경매개시결정등기 전에 등기된 우선변제권자 근저당권자 저당권자

실무적으로 이제는 저당권등기를 하는 경우는 거의 없고, 대부분이 근저당권입니다. 근저당권도 경매등기 전에 등기되었다면 배당요구를 하지 않아도 되는 당연배당권자입니다. 다만 담보가등기권자는 배당요구의 종기일까지 반드시 배당요구를 한 경우에만 배당을 받을 수 있다는 점을 꼭 알아두세요. 실무적으로 담보가등기가 언급되는 사건은 1만 건 중에 1건이 나올까 말까 합니다. 또한 경매등기 후에 체납 처분에 의한 압류등기를 한 경우에는 배당요구종기일까지 배당요구를 교부청구해야만 배당을 받을 수 있다는 점도 유념하세요.

 자, 그럼 배당요구를 해야만 배당을 받는 사람 채권자에 대해 알아볼까요?

첫째, 집행력 있는 정본을 가진 채권자

집행문이 부여된 판결문, 공정증서, 화해조서, 조정조서 등을 가지고 배당요구해야만 합니다. 또한 지급명령, 이행권고결정문 등을 가지고 배당요구를 해야만 합니다.

둘째, 경매개시결정등기 후에 가압류를 한 채권자

당연히 배당요구종기일까지 배당요구를 해야만 합니다. 단, 경매등기 전에 등기된 가압류는? 네, 배당요구를 별도로 할 필요는 없다는 점을 알아두세요.

셋째, 경매개시결정등기 후에 등기된 근저당권, 전세권, 담보가등기권자
모두 배당요구종기일까지 배당요구를 해야만 배당순위에 따라서 배당을 받을 수 있습니다.

넷째, 민법, 상법, 그 밖의 법률에 의하여 우선변제청구권이 있는 채권자
배당요구종기일까지 배당요구를 해야 합니다.

- 근로자의 임금채권, 국세, 지방세, 건강보험료 등
- 확정일자를 갖춘, 즉 우선변제권이 있는 주택, 상가임차인
- 최우선변제권 갖춘 주택, 상가의 소액임차인

자, 원칙적으로 임차인들은 배당을 받으려면 배당요구를 해야 합니다. 만약 배당요구를 안하면 한푼도 배당받지 못하고 쫓겨날 수 있음에 유념하시고, 꼭 배당요구종기일까지 배당요구를 하시기 바랍니다.

배당요구를 해야만 배당을 받는 채권자들이 깜빡하고 배당요구종기일 이후에 배당요구를 하였다면 배당순위에 따라 배당을 받을 수 없습니다. 따라서 배당요구도 중요합니다만, 보다 중요한 것은 배당요구종기일까지 배당요구를 해야 한다는 점입니다. 꼭 암기하세요.

그럼 만약 내가 살고 있는 아파트가 경매에 들어갔다고 전제하면 임차인인 나는 배당요구를 해야 하는데, 언제까지 배당요구를 해야 할까요?

앞서 강의한 바와 같이 배당요구종기일까지 배당요구를 해야 합니다. 그러면 여러분 배당요구종기일이 언제인지 어떻게 확인할 수 있을까요? 자, 배당요구종기일을 확인하는 절차를 설명합니다.

배당요구종기일은 어떻게 확인할까?

등기부등본을 발급받습니다. 등기부등본 갑구에 경매등기란이 있습니다. 거기에서 경매사건번호를 확인할 수 있습니다. 그 경매사건번호를 알아서 대법원 경매정보사이트로 갑니다.

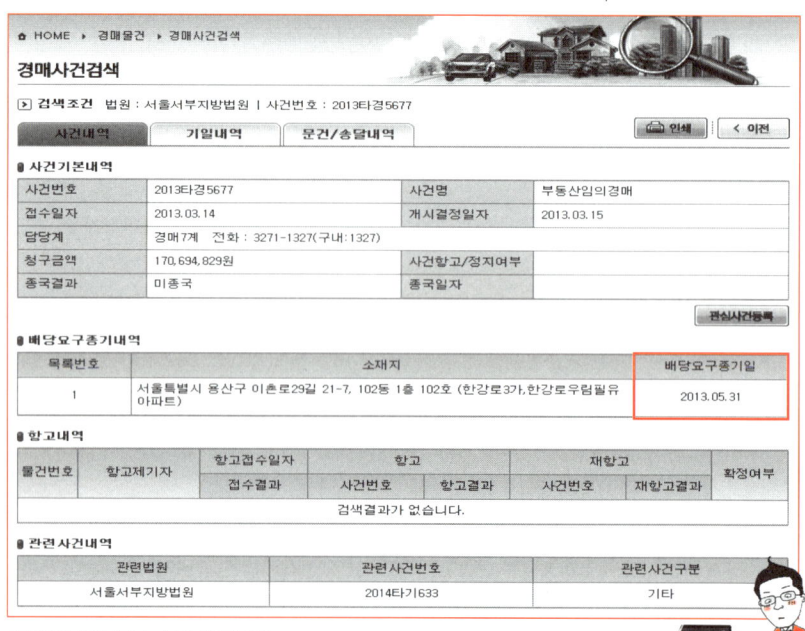

대법원경매정보사이트 > 경매사건검색

대법원경매정보사이트에 보면 경매사건 검색란이 있습니다. 거기에 법원명과 경매사건번호를 기재하고 클릭하면 경매사건 개요가 나오는데요. 그 우측 상단에 보면 배당요구종기일이 나와 있습니다. 그러면 배당요구를 해야만 하는 채권자들은 반드시 그날까지 배당요구를 해야만 합니다.

자, 다시 한 번 정리합니다. 배당요구 언제까지 한다고요? 그렇습니다. 바로 배당요구종기일까지입니다.

배당요구종기일 확인하는 방법

- 등기부등본 발급 : 경매개시결정기입등기란에서 사건번호 확인
- 대법원경매정보사이트에서 경매사건검색
- 법원과 사건번호 기재 후 클릭 : 우측 상단에 배당요구종기일 확인

배당을 요구할 수 있는 시기는?

배당요구를 해야만 배당을 받을 수 있는 채권자는 배당요구종기일까지 배당요구를 해야 합니다. 그러면 여러분 배당요구는 어떤 방식으로 해야 할까요? 그냥 경매계에 가서 돈을 달라고만 이야기하면 될까요? 그렇지 않습니다.

배당을 요구하는 방식은?

배당요구종기일까지 집행법원에, 즉 경매법원에 서면으로 요구해야야 합니다. 아시겠죠? 서류로 요구하라는 것이지요. 그러면 여러분 배당요구할 때 첨부해야 할 서류에는 어떤 것들이 있을까요?

배당요구 시 첨부서류

- 임차인 : 임대차계약서, 주민등록등본 초본
- 가압류권자 : 가압류결정문
- 집행력 있는 판결문등을 가진 채권자 : 집행력 있는 판결문 등
- 담보가등기권자 : 등기부등본, 채권원인증서, 즉 차용증 등

그럼 배당요구를 한 효력은 어떤 것이 있을까요?

배당요구의 효력

- 배당을 받을 권리
- 배당기일을 통지받을 권리
- 배당기일에 출석하여 배당표에 대한 의견을 진술할 권리

배당실무에서 중요한 것 중에 하나가 바로 선순위임차인과 선순위전세권의 배당요구 철회입니다.

배당요구는 어떻게 철회할까?

원칙적으로 배당요구를 한 채권자들은 자유롭게 배당요구를 했다가 배당요구를 철회할 수 있습니다. 그러나 배당요구에 따라 매수인이 인수해야 할 부담이 바뀌는 경우 배당요구한 채권자는 배당요구종기일이 지난 뒤에는 이를 철회하지 못합니다.

대표적으로 선순위임차인과 선순위전세권이 있습니다. 다시 한 번 정리하자면 선순위임차인은 말소기준권리보다 앞서서 대항력을 갖춘 임차인이고요. 선순위전세권은 말소기준권리보다 앞서서 전세권등기를 한 것입니다. 예를 들어 선순위임차인이 배당요구를 하였다면 매수인 입장에서는 차후 선순위임차인에 대한 인수부담이 없는 것으로 알고, 입찰에 응합니다. 그렇지 않다면 그 금액을 감안하여 입찰에 응하여야 하는데요. 이러한 선순위임차인은 배당요구종기일까지 배당요구를 할 수 있고, 배당요구 철회도 할 수 있습니다.

물론 후순위임차인인 경우에는 배당요구종기일이 도과하였다 하더라도 배당요구를 자유롭게 철회할 수 있습니다. 매수인에게는 아무런 부담이 되지 않기 때문입니다. 선순위전세권도 마찬가지입니다. 배당요구와 배당요구 철회를 배당요구종기일까지만 할 수 있습니다. 예를 들어 한 아파트가 있는데 시세가 5억 원입니다. 이 아파트에 선순위 전세권이 3억 원이 설정되어 있습니다. 이때 배당은 어떻게 될까요? 선순위전세권자가 배당요구종기일까지 배당요구를 하였다면 매수인은 선순위전세권을 떠안지 않기 때문에 4억 원에 낙찰을 받아도 시세보다는 1억 원을 싸게 낙찰을 받은 셈이 되는데요.

만약 낙찰받고 나서 선순위전세권자의 배당요구 철회를 법원이 받아주고 더불어 선순위전세권자가 못 받은 전세금 3억 원을 낙찰자, 즉 매수인에게 떠안으라고 한다면 4억 원에 낙찰받은 게 아니고 사실상 7억 원에 낙찰을 받은 셈이 되어 손해를 보게 되는 것입니다. 선순위임차인과 선순위전세권은 배당요구를 하지 않으면 두 경우 모두 보증금 또는 전세금을 매수인이 떠안습니다.

반면에 배당요구종기일까지 배당요구를 해서 배당을 다 받는다면 매수인이 떠안을 추가 금액은 없습니다. 만약 둘 다 배당요구를 했는데 일부를 못 받았다면 선순위임차인이 못 받은 보증금은 매수인이 추가로 인수합니다. 반면에 선순위전세권자가 배당받지 못한 전세금은 매수인이 떠안지 않습니다. 선순위전세권자가 배당요구를 해서 못 받은 전세금은 전세권설정자, 즉 전소유자가 부담을 해야 하는 것입니다.

배당기일의 지정, 통지는 어떻게 할까?

매수인이 매각대금을 완납하면 집행법원은 배당기일을 지정하고, 이를 이해관계인과 배당요구를 한 채권자에게 통지하고 있습니다. 아울러 매수인에게는 배당기일의 통지를 하지 않으나, 매수인이 상계신청이나 채무인수 등을 신청하였다면 통지해야 합니다. 그런데 채무자가 외국에 있거나 있는 곳이 불분명한 경우에는 통지하지 않습니다.

배당표 원안의 작성방법

집행법원, 즉 경매법원은 통상 배당기일 3일 전까지 배당표를 작성하여 채권자와 채무자의 요구가 있으면 이를 열람시켜주어야 합니다. 가령 배당기일이 3월 9일이라면 3월 6일부터는 해당 경매계에 가서 이번 배당기일에 배당표가 어찌 작성되었는지 열람을 할수 있는데 반해 만약 3월 5일 이전에는 배당표가 어찌 작성되는지 확인할 수 없다는 것입니다.

배당순위는 어떻게 알 수 있을까?

- 1순위 : 집행비용
- 2순위 : 유익비, 필요비
- 3순위 : 주택상가임차인의 소액임차보증금, 최종 3개월분의 임금, 최종 3년간의 퇴직금, 재해보상금이들채권이 서로 경합하는 경우에는 안분배당
- 4순위 : 당해세국세·지방세와 그 가산금
- 5순위 : 국세 및 지방세의 법정기일 전에 설정등기된 저당권·전세권에 의해 담보되는 채권
- 6순위 : 3순위 임금채권을 제외한 임금 기타 근로관계로 인한 채권기타 근로채권
- 7순위 : 국세, 지방세 및 그 징수금체납처분비, 가산금
- 8순위 : 국세 및 지방세의 다음으로 징수하는 공과금 중 산업재해보상보험료, 건강보험료, 국민연금보험료, 고용보험료
- 9순위 : 일반채권자의 채권 등

당해세란 경매목적물에 대하여 부과된 국세, 지방세와 가산금을 말합니다. 국

세로서 당해세에는 상속세, 증여세, 종합부동산세가 있습니다. 지방세의 당해세에는 재산세, 자동차세, 도시계획세, 공동시설세, 지방교육세재산세와 자동차세 분에 한함이 있습니다. 단, 취득세와 등록세는 당해세가 아닙니다.

다만 지방세에 대해서는 당해세를 폐지하였다가 1996년 1월 1일부터 당해세를 부활 시행하였으므로 이 당해세 우선 규정이 없는 시점에 저당권 등을 설정받은 자는 위 당해세 규정은 적용되지 않습니다.

 다음은 배당기일과 관련된 내용을 살펴봅시다.

배당기일은 어디에서 진행되나?

배당기일은 통상 입찰법정에서 진행됩니다. 가령 2014년 2월 20일 오후 3시가 배당기일이라고 한다면, 2월 20일 오후 3시 전까지 입찰법정에 출석해야 합니다. 오후 3시가 되면 먼저 경매담당자가 배당표를 사건번호별로 나누어줍니다. 이후에 20~30분 후 사법보좌관이 배당기일을 주재하는데, 각 사건번호별로 배당표에 대한 이의가 있는지 한 사건씩 물어봅니다.

만약 이의가 없다면 배당은 확정되고 배당에 대한 이의가 있다면 누구에게 얼마의 배당에 대한 이의가 있는지 특정해서 이의를 제기해야 합니다. 이의한 날로부터 7일 이내에 배당이의 소송을 제기한 다음 그 소제기증명원을 해당 경매계에 가져가면 그 배당금은 공탁이 되고 차후 배당이의 소송에서 승소하는 채권자가 공탁금을 수령해갈 수 있습니다.

알아둡시다!
대법원 판례

배당에 대한 판례
대법원 2012년 5월 10일 선고 2011다44160 판결

판시사항

구 지방세법 제31조 제1항 및 제2항 제3호에 따라 법정기일에 관계없이 근저당권에 우선하는 당해세에 관한 조세채권이더라도 배당요구종기까지 교부청구한 금액만을 매각대금에서 배당받을 수 있는지 여부(적극) 및 당해세에 대한 가산금 및 중가산금의 경우, 교부청구 이후 배당기일까지의 가산금 또는 중가산금을 포함하여 지급을 구하는 취지를 배당요구종기 이전에 명확히 밝히지 않았다면, 배당요구종기까지 교부청구한 금액에 한하여 배당받을 수 있는지 여부(적극)

판결요지

집행력 있는 정본을 가진 채권자, 경매개시결정이 등기된 뒤에 가압류를 한 채권자, 민법 · 상법, 그 밖의 법률에 의하여 우선변제청구권이 있는 채권자는 배당요구종기까지 배당요구를 한 경우에 한하여 비로소 배당을 받을 수 있고, 적법한 배당요구를 하지 아니한 경우에는 실체법상 우선변제청구권이 있는 채권자라 하더라도 매각대금으로부터 배당을 받을 수 없으며, 배당요구종기까지 배당요구한 채권자라 할지라도 채권의 일부 금액만을 배당요구한 경우 배당요구종기 이후에는 배당요구하지 아니한 채권을 추가하거나 확장할 수 없고, 이는 추가로 배당요구를 하지 아니한 채권이 이자 등 부대채권이라 하더라도 마찬가지이다. 다만 경매신청서 또는 배당요구종기 이전에 제출된 배당요구서에 배당기일까지의 이자 등 지급을 구하는 취지가 기재되어 있다면 배당대상에 포함된다. 이러한 법리는 조세채권에 의한 교부청구를 하는 경우에도 동일하게 적용되므로, 조세채권이 구 지방세법(2010년 3월 31일 법률 제10221호로 전부 개정되기 전의 것) 제31조 제1항 및 제2항 제3호에 따라 법정기일에 관계없이 근저당권에 우선하는 당해세에 관한 것이라고 하더라도, 배당요구종기까지 교부청구한 금액만을 배당받을 수 있을 뿐이다. 그리고 당해세에 대한 부대세의 일종인 가산금 및 중가산금의 경우에도, 교부청구 이후 배당기일까지의 가산금 또는 중가산금을 포함하여 지급을 구하는 취지를 배당요구종기 이전에 명확히 밝히지 않았다면, 배당요구종기까지 교부청구를 한 금액에 한하여 배당받을 수 있다.

배당표의 확정

배당기일에 집행법원은 배당표원안을 출석한 이해관계인들에게 열람시키고, 또한 그들의 의견을 듣고, 추가할 것이 있으면 추가하고, 정정할 것이 있으면 정정하여 배당표를 확정합니다.

배당에 대한 이의

배당에 대해 이의가 있는 자는 배당기일날 사법보좌관 앞에서 배당이의가 있음을 진술하고 7일 이내에 집행법원에 배당이의 소송을 제기한 후 그 증명원을 발급받아 해당 경매계에 제출하여야 합니다. 위와 같이 배당이의 소제기 증명원을 경매계에 제출하면 경매법원은 배당이의가 있는 배당금을 공탁하고, 차후 배당이의 소송에서 승소한 자가 그 배당금을 교부받을 수 있습니다.

배당이의는 채무자를 제외하고는 출석한 자들만이 배당이의를 할 수 있고, 만일 배당기일날 출석하지 않았다면 그 배당에 동의한 것으로 간주합니다. 따라서 배당에 대한 이의가 있다면 채무자를 제외한 나머지 채권자들은 반드시 배당기일에 출석을 해야 한다는 점을 꼭 알아두세요.

배당이의 소송의 청구취지 양식

여러분 어떤 의미인지 아시겠죠? 최초 법원은 피고에게 2억 9,230만 원을 배당했는데요. 다른 채권자, 즉 배당이의를 한 원고가 피고에게 2억 9,230만 원을 다 배당하지 말고 그중 일부인 1억 7,000만 원을 원고에게 주어야 한다고 주장하는 배당이의 소송입니다.

청 구 취 지

1. 서울중앙지방법원 2013타경 18000호 부동산임의경매 사건에 관하여 2014년 1월 12일 같은 법원이 작성한 배당표 중 피고에 대한 배당액 금 2억 9,230만 원을 삭제하고, 원고에 대한 배당액을 금 1억 7,000만 원으로, 피고의 배당액을 금 1억 2,230만 원으로, 각 경정한다.
2. 소송비용은 피고의 부담으로 한다.
라는 판결을 구합니다.

배당의 실시

- 배당이의가 없으면 배당표에 따라 배당을 실시합니다.
- 배당에 대한 이의가 있고 7일 이내에 배당이의 소 제기증명원이 제출되면 그 금액을 법원은 공탁해놓습니다.
- 배당에 대한 이의가 있었으나, 7일이 지나도록 배당이의 소제기증명원이 제출되지 않거나 배당이의 소 이후 배당이의 소가 취하되면 즉시 다시금 배당을 실시해야 합니다.

배당액의 공탁

- 채권에 정지 조건 또는 불확정기한이 붙어 있는 경우
- 가압류채권자의 채권인 때

- 집행의 일시정지를 명한 취지를 적은 재판의 정본, 담보권 실행을 일시 정지하도록 명한 재판의 정본이 제출된 경우
- 저당권설정의 가등기가 마쳐져 있는 때
- 배당이의 소가 제기된 때
- 채권자가 배당기일날 불출석한 경우

배당순위를 알아보자

물권상호 간의 순위

물권과 물권상호 간에는 그 성립한 시기를 기준으로 하여 순위가 앞섭니다.

- 근저당권, 저당권, 전세권, 담보가등기
- 확정일자를 갖추어 우선변제권을 가지게 되면, 역시 물권화되어 순위별로 배당을 하게 됩니다.

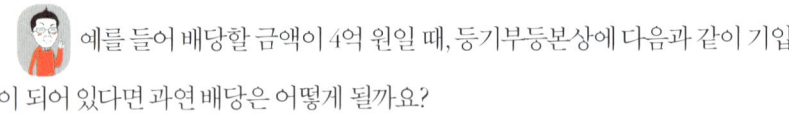 예를 들어 배당할 금액이 4억 원일 때, 등기부등본상에 다음과 같이 기입이 되어 있다면 과연 배당은 어떻게 될까요?

날짜	권리 내용	권리자	배당
1월 2일	근저당권 2억 원	A	
2월 5일	저당권 2억 원	B	
3월 5일	전세권 2억 원	C	
4월 7일	담보가등기 2억 원	D	

물권의 우선변제권에 대한 내용입니다. 따라서 등기부 기재순서대로 배당을 받습니다. 따라서 근저당권자 A가 2억 원, 저당권자 B가 2억 원을 받습니다. 나머지 전세권과 담보가등기는 한푼도 배당받지 못하고 말소됩니다.

채권상호 간의 순위

채권과 채권 상호 간에는 선후에 관계없이 언제나 공평하지요. 즉 우선변제권이 없다는 것입니다. 대표적으로 가압류와 가압류 등의 관계입니다. 또는 가압류와 판결문에 의해 배당요구한 관계라고 볼 수 있습니다.

 예를 들어 배당할 금액이 4억 원일 때, 다음과 같은 조건에서 배당은 어떻게 될까요?

날짜	권리 내용	권리자	배당
1월 2일	가압류 2억 원	A	
1월 5일	가압류 2억 원	B	
4월 7일	가압류 2억 원	C	
9월 5일	가압류 2억 원	D	

가압류는 채권으로 우선변제권이 없습니다. 이 경우 금액대비 안분배당합니다. 따라서 배당은 가압류권자 A가 1억 원, 가압류권자 B가 1억 원, 가압류권자 C가 1억 원, 가압류권자 D가 1억 원으로 금액 대비 안분배당합니다. 공식은 배당할 금액4억 원×나의 채권액2억 원÷총 채권액8억 원으로 배당금액은 각각 1억 원씩 되는 것입니다. 이해하시겠죠?

자, 그러면 여러분 배당연습을 직접 해보도록 할까요? 채권과 물권 사이에는 어떨까요? 즉 가압류와 근저당권사이의 배당은 어떨까요?

배당할 금액이 4억 원일 때 다음과 같다면 배당은 어떻게 될까요?

날짜	권리 내용	권리자	배당
1월 2일	근저당권 4억 원	A	
1월 5일	가압류 4억 원	B	

이 경우 배당은 근저당권 A가 4억 원 전액을 배당받고 가압류는 한 푼도 배당받지 못합니다. 물권에 우선변제권이 있기 때문입니다.

그런데 만약 배당할 금액이 4억 원일 때 다음과 같다면 배당은 어떻게 될까요?

날짜	권리 내용	권리자	배당
1월 2일	가압류 4억 원	A	
1월 5일	근저당권 4억 원	B	

민법을 기준으로 물권이 채권보다 우선하니까 근저당권자 B가 4억 원을 먼저 배당받을 것처럼 보입니다만, 대법원 판례에 의하면 가압류가 근저당권보다 앞서 있다면 금액대비 안분배당을 하라고 되어 있습니다. 따라서 배당은 가압류권자 A가 2억 원을 그리고 근저당권자 B가 2억 원을 각각 배당받습니다. 여러분 어렵지 않지요? 힘내세요!

자, 이제 그러면 여러분 배당연습을 한 번 해볼까요? 마구마구 풀어보세요. 배당은 해보면 해 볼수록 실력이 늘게 되어 있습니다.

배당을 연습해보자!

〈물권과 물권인 경우〉

배당금액이 2억 원일 경우

날짜	권리 내용	권리자	배당
1월 2일	근저당권 1억 원	A	
1월 5일	전세권 9,000만 원	B	
1월 15일	근저당권 1억 원	C	

이때 과연 배당은 어떻게 될까요?

근저당권과 전세권은 물권이니 등기부에 기입된 순서대로 배당을 받습니다. 따라서 근저당권자 A가 1억 원을 전액 배당받고, 이후에 전세권자 B가 9,000만 원을 배당받고, 이후에 근저당권자 C가 나머지 1,000만 원을 배당받습니다.

근저당권자 C는 채무자에게 나머지 9,000만 원을 청구할 권리는 여전히 가지는 것이지요. 등기부상에는 소멸주의에 따라 근저당권, 전세권, 근저당권은 모두 말소됩니다.

배당금액이 1억 원일 경우

날짜	권리 내용	권리자	배당
2월 5일	근저당권 5,000만 원	A	
3월 6일	근저당권 8,000만 원	B	
7월 8일	근저당권 6,000만 원	C	

　먼저 근저당권자 A가 5,000만 원을 전액 배당받습니다. 그리고 근저당권자 B가 나머지 5,000만 원을 배당받습니다. 이 경우 근저당권자 B는 3,000만 원을 배당받지 못하는 게 되는 것이고, 근저당권자 C는 6,000만 원을 배당받지 못하게 됩니다. 이해하시죠?

배당금액이 6,000만 원일 경우(소액임차인 최우선변제는 감안하지 않음)

날짜	권리 내용	권리자	배당
11월 2일	임차인이 전입, 점유, 확정일자 없음 8,000만 원	A	
11월 5일	근저당권 3,000만 원	B	
11월 8일	근저당권 5,000만 원	C	

　임차인이 확정일자가 없어서 우선변제권이 없기 때문에 배당은 먼저 근저당권자 B가 3,000만 원을 배당받고, 근저당권자 C가 3,000만 원을 배당받습니다. 다만 낙찰자는 선순위 임차인 A의 보증금 8,000만 원을 인수해야 합니다.

〈물권과 채권인 경우〉

배당금액이 1억 원일 경우

날짜	권리 내용	권리자	배당
11월 2일	임차인이 전입, 점유, 확정일자를 받은 경우 8,000만 원	A	
11월 5일	근저당권 3,000만 원	B	
11월 8일	근저당권 5,000만 원	C	

자, 배당은 어떻게 될까요? 먼저 임차인이 11월 2일 전입신고와 점유 그리고 확정일자를 갖추었네요. 그러면 여러분, 임차인의 대항력과 우선변제권은 언제 발생하나요? 대항력은 11월 3일 0시지요? 우선변제권도 11월 3일 0시입니다. 따라서 배당은 임차인 A가 우선변제시점이 가장 빠르므로 8,000만 원을 먼저 배당받고, 근저당권자 B가 나머지 2,000만 원을 배당받습니다. 나머지 금액은 받지 못하게 됩니다. 그리고 근저당권자 C는 한 푼도 배당받지 못하지요.

배당금액이 6,000만 원일 경우

날짜	권리 내용	권리자	배당
12월 23일	가압류 3,000만 원	A	
12월 25일	가압류 3,000만 원	B	
12월 30일	근저당권 3,000만 원	C	

자, 배당은 어떻게 될까요? 가압류가 맨 앞에 있으니 일단 안분배당입니다. 그래서 가압류권자 A가 2,000만 원을 배당받습니다. 앞에서 살펴본 공식이

생각나시죠? '배당할 금액×나의 채권액÷총 채권액' 여기에 대입해서 풀어보면 6,000만 원×3,000만 원÷9,000만 원=2,000만 원이 되는 거죠. 그래서 가압류권자 A가 2,000만 원을 배당받는 것입니다. 역시 가압류권자 B도 2,000만 원을 배당받습니다. 그리고 나머지 2,000만 원을 근저당권자 C가 배당받습니다.

〈물권우선주의 예외〉

배당금액 5,000만 원일 경우

날짜	권리 내용	권리자	배당
4월 2일	임차인이 전입, 점유, 확정일자를 받은 경우 8,000만 원	A	
5월 5일	근저당권 3,000만 원	B	
6월 15일	근저당권 9,000만 원	C	

자, 배당은 어떻게 될까요? 그리고 임차인의 우선변제권이 언제 생기나요? 그렇죠 4월 3일 0시에 발생하죠? 그렇다면 배당은 쉽게 끝이 났네요. 임차인의 우선변제권이 가장 빠르니 배당할 금액을 전액 임차인 A가 5,000만 원을 배당받습니다. 아쉽게도 임차인은 3,000만 원을 배당받지 못하는데요. 그러나 특별하게 걱정할 필요는 없습니다. 왜일까요? 바로 임차인 A는 선순위임차인이기 때문입니다. 임차인 A의 대항력은 언제 생기나요? 바로 4월 3일 0시 맞죠? 점유와 전입신고한 다음 날 0시니까요. 그럼 이 사건의 말소기준권리가 뭐가 될까요? 바로 5월 5일자 근저당권이지요.

말소기준권리 생각이 나시죠? 다시 한 번 암기해볼까요? 가압류 / 압류 / 근저당권 / 저당권 / 담보가등기 / 경매등기 중에 등기부에 가장 먼저 기입된 것을 말합니다. 따라서 위 5월 5일자 근저당권이 말소기준권리가 되는 것입니다.

그런데 임차인 A의 대항력은? 그렇죠, 말소기준권리보다 앞서서 4월 3일 0시에 발생했죠? 따라서 선순위임차인 맞죠?

여러분, 선순위임차인은 배당요구를 하거나 하지 않거나 못 받은 보증금은 누가 책임집니까? 그렇죠, 바로 낙찰자가 책임을 집니다. 따라서 임차인 A는 일단 5,000만 원을 먼저 배당받고, 나머지 3,000만 원은 낙찰자에게 청구하여 받을 수 있습니다.

배당금액 9,000만 원일 경우(소액임차인은 무시)

날짜	권리 내용	권리자	배당
1월 5일	임차인이 점유, 전입신고를 한 경우 5,000만 원	A	
2월 5일	임차인이 점유, 전입, 확정일자를 받은 경우 5,000만 원	B	
3월 9일	근저당권 1억 원	C	

 자, 이럴 때 배당은 어떻게 될까요?

먼저 임차인 A는 우선변제권이 없어서 배당을 받을 수 없습니다. 따라서 배당은 임차인 B가 5,000만 원을 받고, 나머지 4,000만 원을 근저당권자 C가 배당을 받습니다. 다만 임차인 A는 선순위임차인이기 때문에 배당받지 못하는 보증금 5,000만 원은 낙찰자가 인수하게 됩니다.

〈채권상호 간의 순위〉

배당금액이 3,000만 원일 경우

날짜	권리 내용	권리자	배당
1월 12일	가압류 3,000만 원	A	
1월 25일	가압류 3,000만 원	B	
3월 6일	가압류 3,000만 원	C	

 자, 여러분 위와 같은 경우 배당은 어떻게 될까요? 비슷한 문제들을 반복적으로 풀다 보면 배당에 대한 느낌이 팍 올 것입니다.

자, 배당은 모두 가압류이니까요. 우선변제권이 없고, 금액대비 안분배당입니다. 그래서 각 가압류권자별로 1,000만 원씩 배당을 받습니다.

배당금액이 3억 원일 경우

날짜	권리 내용	권리자	배당
1월 2일	가압류 3억 원	A	
1월 5일	근저당권 3억 원	B	
1월 8일	가압류 3억 원	C	

자, 비슷한데 조금 다른 문제네요. 이 경우 배당은 어떻게 될까요?

먼저 가압류가 맨 앞에 있으니 금액대비 안분배당을 합니다. 그래서 가압류권자 A가 1억 원을 배당받습니다. 그러면 2억 원이 남았죠? 그다음에는 물권인 근저당권자 B가 나머지 2억 원을 모두 배당받습니다.

배당금액이 2억 원일 경우

날짜	권리 내용	권리자	배당
1월 2일	임차인이 점유, 전입신고를 한 경우 1억 원	A	
3월 5일	근저당권 1억 5,000만 원	B	
4월 5일	담보가등기 1억 5,000만 원	C	

역시 배당은 어떻게 될까요? 먼저 임차인 A는 선순위임차인이지만 우선변제권이 없지요? 왜 없지요? 확정일자가 없으니 우선변제권이 없는 것입니다. 따라서 배당은 먼저 근저당권 B가 1억 5,000만 원을 받고, 나머지 5,000만 원은 담보가등기권자 C가 배당을 받습니다. 단, 낙찰자는 선순위임차인이 배당받지 못한 보증금 1억 원을 추가로 인수하게됩니다.

〈가압류와 근저당권인 경우〉

배당금액이 6,000만 원인 경우

날짜	권리 내용	권리자	배당
5월 2일	가압류 5,000만 원	A	
6월 5일	근저당권 5,000만 원	B	

여러분 이제 이 정도 문제는 쉽게 느껴지죠? 가압류가 물권보다 앞에 있으니 배당은 금액대비 안분배당입니다. 따라서 가압류권자 A가 3,000만 원을 배당받고, 근저당권자 B가 3,000만 원을 배당받게 됩니다. 더불어 가압류권자 A에게는 곧바로 배당금을 주지 않고요, 판결문 등 집행권원을 제출해야만 실제로 배당금을 수령할 수 있습니다. 그때까지는 가압류권자의 배당금액을 공탁해놓겠죠?

배당금액이 1억 원일 경우

날짜	권리 내용	권리자	배당
4월 22일	근저당권 5,000만 원	A	
5월 25일	가압류 5,000만 원	B	
7월 18일	근저당권 5,000만 원	C	

 자, 여러분 이 배당 문제도 어렵지 않습니다.

먼저 물권인 근저당권이 맨앞에 있으니 일단 근저당권자 A가 5,000만 원을 전액 배당받고요. 가압류 이후에 근저당권이니 어떻게 배당하죠? 그렇죠 바로 금액대비 안분배당입니다. 그래서 가압류권자 B가 2,500만 원을 배당받고, 근저당권자 C도 2,500만 원을 배당받게 됩니다.

배당금액이 9,000만 원일 경우

날짜	권리 내용	권리자	배당
5월 12일	가압류 6,000만 원	A	
6월 25일	근저당권 6,000만 원	B	
9월 8일	근저당권 6,000만 원	C	

 자, 이 문제도 같이 한 번 풀어볼까요?

가압류가 맨앞에 있으니 금액대비 안분배당이죠? 따라서 가압류권자 A가 3,000만 원을 배당받고, 나머지 6,000만 원을 물권인 근저당권자 B가 전액 배당을 받게 됩니다. 배당을 먼저 받기 위해서는 등기부에 먼저 기입될 수 있도록 노력해야 하겠지요.

배당금액이 6,000만 원일 경우

날짜	권리 내용	권리자	배당
5월 2일	가압류 3,000만 원	A	
6월 5일	근저당권 3,000만 원	B	
7월 8일	가압류 3,000만 원	C	
8월 9일	근저당권 3,000만 원	D	

 자, 여러분! 어려워 보이지만 역시 쉽게 풀 수 있습니다.

자, 순서대로 일단 가압류가 제일 먼저 등기되어 있으니까 금액대비 안분배당이죠? 따라서 가압류권자 A가 배당받는 금액은 1,500만 원입니다. 공식은 배당할금액 6,000만 원×나의 채권액 3,000만 원÷총채권액 1억 2,000만 원이죠. 아시겠죠? 다음은 물권인 근저당권자인 B가 3,000만 원을 전액 배당받고요. 나머지 1,500만 원 남은 금액은 가압류가 먼저 있으니 금액대비 안분배당해서 가압류권자 C가 750만 원, 근저당권자 D가 750만 원을 배당받게 됩니다.

배당금액이 6,000만 원일 경우

날짜	권리 내용	권리자	배당
5월 2일	가압류 5,000만 원	A	
6월 5일	근저당권 5,000만 원	B	

 이젠 너무 쉽죠? 이것이 반복 학습의 효과입니다.

가압류가 앞에 있으니 금액대비 안분배당이라는 것은 이제 아시겠죠? 따라서 가압류권자 A가 3,000만 원, 근저당권자 B가 3,000만 원을 배당받습니다.

배당금액이 6,000만 원일 경우

날짜	권리 내용	권리자	배당
1월 5일	임차인이 점유, 전입신고를 한 경우 5,000만 원	A	
3월 5일	가압류 5,000만 원	B	
4월 8일	위 임차인 확정일자	A	

 자, 여러분 어려운 듯하지만 역시 쉽습니다.

임차인 A가 점유와 전입신고는 1월 5일에 했습니다. 그래서 대항력은 1월 6일 0시에 발생해서 선순위임차인이 됩니다. 다만 확정일자를 4월 8일에 받아서 우선변제권은 4월 8일 낮에 발생합니다. 여기서 낮이라는 개념은 0시가 아니라는 개념입니다. 확정일자를 새벽 0시에 받을 수는 없겠죠. 아침 9시부터 저녁 6시 사이에 받았겠죠. 그것을 낮이라는 개념으로 이해합니다.

따라서 배당은 가압류 B가 먼저 기입되고, 이후에 임차인 A가 우선변제권을 가지게 되는 경우입니다. 그렇다면 역시 배당은 가압류가 앞에 있으니 안분배당이 되는 것입니다. 따라서 가압류권자 B가 3,000만 원, 임차인 A가 3,000만 원을 배당받게 됩니다. 또한 임차인 A는 선순위임차인으로서 2,000만 원을 배당받지 못한 보증금은 낙찰자에게 청구가 가능합니다. 즉 차후에 보증금 2,000만 원을 낙찰자가 반환해주지 않으면 명도를 거절할 수 있습니다.

배당금액이 9,000만 원일 경우

날짜	권리 내용	권리자	배당
5월 2일	가압류 1억 원	A	
6월 5일	임차인이 점유, 전입, 확정일자를 받음 1억 원	B	
7월 8일	가압류 1억 원	C	

자, 배당은 어떻게 될까요? 가압류가 맨 앞에 있으니 안분배당입니다. 따라서 가압류권자 A가 3,000만 원을 배당받고, 나머지는 임차인 B가 우선변제권을 6월 5일 낮에 가져서 나머지 6,000만 원을 배당을 받습니다.

배당금액이 1억 원일 경우

날짜	권리 내용	권리자	배당
8월 2일	가압류 5,000만 원	A	
9월 5일	담보가등기 1억 원	B	
11월 8일	근저당권 1억 원	C	

  가압류가 맨 앞에 있으니 안분배당입니다.

그래서 가압류권자 A가 2,000만 원을 배당받고요. 담보가등기권자 B가 나머지 8,000만 원을 전액 배당 받습니다. 물권이 좋긴 좋군요. 더불어서 근저당권자 C는 1억 원을 전액 배당받지 못했는데요, 등기부에서 말소는 됩니다만, 여전히 채무자에 대한 채권은 살아 있는 것이죠. 그래서 채무자를 상대로 판결 등을 받아서 채무자에 대한 재산에 대한 강제집행은 여전히 가능합니다. 다만 채무자의 자력이 없다면 안타까운 일이 되겠지요.

배당할 금액이 1억 원일 경우

날짜	권리 내용	권리자	배당
6월 2일	소유권가등기	A	
7월 5일	근저당권 5,000만 원	B	
10월 8일	가압류 1억 원	C	

자, 배당은요? 먼저 소유권가등기가 가장 먼저 기입되어 있는데요, 소유권가등기는 돈 받을 권리가 아니니까 배당하지 않습니다. 그래서 물권인 근저당권자 B에게 5,000만 원을 배당하고요, 나머지 5,000만 원을 가압류권자 C가 배당을 받습니다. 다만 위와 같은 등기부 컨디션이라면 낙찰은 상당히 위험하지요. 낙찰 후에도 가등기가 말소가 되지 않고 차후 그 가등기권자가 본등기를 하게되면 낙찰자는 소유권을 빼앗길 염려가 있기 때문입니다.

배당할 금액이 5,000만 원일 경우

날짜	권리 내용	권리자	배당
8월 8일	근저당권 4,000만 원	A	
9월 9일	소유권청구권가등기	B	
11월 10일	가압류 5,000만 원	C	

자, 여러분 점점 배당의 열기가 고조되지요. 극복해야 할 문제들입니다. 먼저 근저당권자 A가 4,000만 원을 배당받고요. 가등기는 돈을 받을 수 있는 권리가 아니기 때문에 배당에서 제외합니다. 나머지 1,000만 원은 가압류권자 C가 배당을 받습니다. 이러한 물건은 낙찰을 받은 후 전혀 문제가 없지요. 소유권청구권가등기가 후순위임으로 낙찰 후 말소되기 때문입니다.

배당할 금액이 1억 원일 경우

날짜	권리 내용	권리자	배당
8월 12일	담보가등기 5,000만 원	A	
9월 15일	근저당권 9,000만 원	B	
12월 8일	가압류 1억 원	C	

자, 담보가등기는 물권이니까 담보가등기권자 A가 5,000만 원을 먼저 전액 배당받습니다. 그리고 역시 물권인 근저당권자 B가 나머지 5,000만 원을 배당받습니다.

잘 모르시겠으면 다음카페 〈설춘환 교수의 경매개인레슨〉에서 질문해주세요.

배당할 금액이 6,000만 원일 경우

날짜	권리 내용	권리자	배당
10월 2일	가압류 6,000만 원	A	
11월 5일	담보가등기 6,000만 원	B	
12월 8일	근저당권 6,000만 원	C	

자, 여러분 가압류가 맨 앞에 있다? 그러면 어떻게 하라고요? 그렇죠, 안분배당입니다. 따라서 가압류권자 A가 2,000만 원을 배당습니다. 그리고 물권인 담보가등기권자 B가 나머지 4,000만 원을 배당받습니다.

배당할 금액이 1억 원일 경우

날짜	권리 내용	권리자	배당
8월 2일	근저당권 9,000만 원	A	
9월 5일	가압류 1억 원	B	
11월 8일	근저당권 1억 원	C	

 자, 여러분 이제는 배당은 식은 죽 먹기죠?

먼저 물권인 근저당권자 A가 9,000만 원 전액을 배당받습니다. 그럼 배당금액이 1,000만 원이 남죠? 그다음에 가압류가 먼저 있으니 안분배당합니다. 그래서 가압류권자 B가 500만 원을, 그리고 근저당권자 C가 나머지 500만 원을 배당받습니다.

배당할 금액이 6,000만 원일 경우

날짜	권리 내용	권리자	배당
10월 2일	가압류 4,000만 원	A	
11월 5일	담보가등기 4,000만 원	B	
11월 8일	근저당권 4,000만 원	C	

 역시 가압류가 맨앞에 있으니 안분배당입니다. 그래서 가압류권자 A가 2,000만 원, 나머지는 물권인 담보가등기권자 B가 4,000만 원을 전액 배당받습니다.

배당할 금액이 9,000만 원일 경우

날짜	권리 내용	권리자	배당
2월 2일	근저당권 5,000만 원	A	
3월 5일	전세권 1억 원	B	
4월 8일	가압류 1억 원	C	

이 문제는 물권의 우선변제권을 물어보는 문제네요. 그래서 먼저 근저당권자 A가 5,000만 원을 우선해서 배당받고, 나머지를 그다음 물권인 전세권자 B가 4,000만 원을 배당받습니다.

배당할 금액이 3,000만 원일 경우

날짜	권리 내용	권리자	배당
1월 2일	가압류 3,000만 원	A	
2월 5일	전세권 3,000만 원	B	
3월 8일	근저당권 3,000만 원	C	

가압류가 맨 앞에 있으니 안분배당이라는 것은 이제 확실히 아시겠죠? 따라서 가압류권자 A가 1,000만 원, 나머지 2,000만 원은 전세권자 B가 모두 배당을 받게 됩니다.

배당할 금액이 5억 원일 경우

날짜	권리 내용	권리자	배당
1월 2일	근저당권 3,000만 원	A	
2월 5일	전세권 3,000만 원	B	

3월 8일	근저당권 4,000만 원	C	
5월 9일	가압류 2억 원	D	
3월 9일	가압류 2억 원	D	
5월 9일	가압류 2억 원	E	
7월 9일	전세권 2억 원	F	
8월 7일	가압류 2억 원	G	
9월 1일	전세권 2억 원	H	

어려울 듯 하지만 절대 어렵지 않습니다. 지금까지 풀어온 문제를 잘 생각하시면서 풀면 만사형통 배당입니다. 자, 먼저 물권인 근저당권자 A가 3,000만 원을 전액 배당받습니다. 그럼 남은 금액은 4억 7,000만 원이죠? 이후 물권인 전세권자 B가 3,000만 원을 배당받고요. 그럼 4억 4,000만 원이 남습니다. 이후 근저당권자 C가 4,000만 원을 우선 배당받고 남은 배당금은 4억 원입니다.

이후에 가압류가 맨 앞에 있으니 다음은 안분배당으로 나누게 됩니다. 가압류권자 D와 E가 동순위로 각각 8,000만 원씩 배당을 받습니다. 그럼 남은 금액은 2억 4,000만 원이죠. 다음 전세권자 F가 물권으로 2억 원을 모두 배당을 받습니다. 남은 배당금 4,000만 원입니다. 다시 가압류가 앞에 있으니 안분배당으로 가압류권자 G가 2,000만 원을, 전세권자 H가 2,000만 원을 배당받게 됩니다.

여러분 해보니까 쉽죠? 결코 어렵지 않습니다.

배당할 금액이 5억 원일 경우

날짜	권리 내용	권리자	배당
1월 2일	임차인 점유, 전입 1억 원	A	
2월 5일	임차인 점유, 전입, 확정일자 1억 원	B	
3월 8일	가압류 2억 원	C	
3월 9일	가압류 2억 원	D	
5월 9일	전세권 2억 원	E	
7월 9일	전세권 2억 원	F	
8월 7일	가압류 2억 원	G	
9월 1일	전세권 6억 원	H	

 자, 여러분 꼭 극복해야 할 문제입니다. 집중해서 풀어보기로 하죠.

임차인 A는 아쉽게도 확정일자가 없어서 배당을 받지 못합니다. 이후 임차인 B는 우선변제권이 2월 6일 0시에 발생하므로 1억 원을 모두 배당받습니다. 그럼 남은 배당금은 4억 원이죠. 이후에 가압류가 앞에 있으니 안분배당합니다. 따라서 가압류권자 C와 D는 동순위라서 각각 5,000만 원씩 배당받고요. 그럼 남은 배당금액 3억 원. 다음 물권인 전세권자 E가 2억 원을 배당받습니다. 그리고 남은 배당금액 1억 원은 물권인 전세권자 F가 배당받게 됩니다. 다만 낙찰자는 선순위임차인 A의 보증금 1억 원을 인수해야 합니다.

배당할 금액이 5억 원일 경우(서울이고, 소액임차인 감안)

· 2010년 7월 26일부터 서울의 소액임차인은 보증금 7,500만 원 이하는 2,500만 원까지 최우선변제
· 2010년 7월 25일까지 서울의 소액임차인 보증금 6,000만 원 이하는 2,000만원까지 최우선변제

날짜	권리 내용	권리자	배당
2010년 2월 9일	근저당권 2억 원	A	
2010년 7월 27일	근저당권 2억 원	B	
2010년 7월 28일	임차인 점유, 전입 7,000만 원	C	
2011년 7월 8일	임차인 점유, 전입, 확정일자 9,000만 원	D	
2012년 4월 5일	임차인 점유, 전입 5,800만 원	E	
2013년 2월 5일	임차인 점유, 전입 7,300만 원	F	
2013년 4월 8일	경매등기 1억 원	G	
2013년 4월 9일	임차인 점유, 전입, 확정일자 5,000만 원	H	

자, 여러분! 소액임차인 감안해서 5억 원을 배당해보도록 하지요.

먼저 배당을 실시하려고 하니 가장 먼저 등기된 근저당권자 A가 배당해달라고 난리입니다. 원칙적으로 물권이기 때문에 가장 먼저 배당을 해주는 게 맞습니다. 그러나 소액임차인이 있다면 소액임차인을 먼저 배당을 해주어야 해서 문제가 되지요. 자, 봤더니 임차인 C, 임차인 E, 임차인 F, 임차인 H가 모두 소액임차인이라고 하면서 먼저 배당을 해달라고 합니다.

하지만 임차인 H는 소액임차인으로서 최우선변제를 받을 수 없습니다. 왜냐고요? 소액임차인으로 최우선변제를 받으려면 최소한 경매등기 전에 대항력을 갖추어야 하는데 임차인 H는 그 요건을 갖추지 못해서 일단 소액임차인에서 탈

락입니다. 아시겠죠?

그러면 2010년 2월 9일 근저당권이 설정되었을 당시에 소액임차보증금액이 얼마인지가 중요한데 그때에는 6,000만 원까지가 소액임차인이었습니다. 따라서 임차인 E가 먼저 2,000만 원을 최우선변제 받습니다. 남은 배당금 4억 8,000만 원입니다. 이후에 근저당권자 A가 2억 원을 배당받고 남은 배당금 2억 8,000만 원입니다. 이후에 근저당권자 B가 배당을 받으려고 하니 임차인 C와 임차인 F가 소액임차인이라고 주장합니다. 여러분 어때요, 맞나요? 맞습니다. 임차인 C와 임차인 F는 근저당권자 A에게는 소액임차인임을 주장하지 못합니다. 왜냐하면 A의 근저당권 설정 시에 소액임차보증금에 해당되지 못하기 때문입니다.

그러나 근저당권자 A가 전액배당을 받고, 다시 근저당권자 B가 배당을 받을 때에는 B의 근저당권이 언제 설정되었느냐가 중요한데요. B의 근저당권이 설정되었을 당시에 소액보증금은 7,500만 원입니다. 따라서 근저당권자 B가 배당받기 전에 임차인 C가 2,500만 원을 배당받고요. 임차인 F가 2,500만 원을 배당받습니다. 또한 임차인 E가 추가로 500만 원을 더 배당받습니다앞에서 이미 2010년 7월 25일 소액임차인 보증금 6,000만 원 이하 요건에 적합하여 2,000만 원을 배당받았는데, 2010년 7월 26일 이후 소액임차인 보증금 7,500만 원의 요건에 적합하기 때문에 이 당시 최우선 변제액 2,500만 원 중 나머지 500만 원을 추가로 받는 것이다. 그럼 남은 배당금 2억 2,500만 원이죠. 이후에 근저당권자 B가 2억 원을 배당받고 남은 배당금은 2,500만 원입니다. 이후에 우선변제권이 있는 임차인 D가 나머지 배당금 2,500만 원을 배당받고, 배당은 모두 종료됩니다.

Chapter 11.
NPL을 정복하라!

자, 여러분!
이번 시간에는 NPL, 즉 부실채권에 대해 알아보겠습니다.
경매와 함께 요즘 각광받고 있는 재테크 스타 NPL에
대해 기본적인 개념을 완벽하게 이해하도록 하죠.

이 책에서 설명하는 내용만 잘 이해해도 NPL의 기본을 다 마스터하시게 될 것입니다. 그리고 왜 NPL이 필요한지도 알 수 있고, 더불어 스스로 NPL 협상도 잘 할 수 있습니다.

NPL은 경매의 기본이 되어 있는 분들에게는 엄청 쉽다는 점을 알아두세요. 그리고 경매 100건 중에 NPL관련된 건수는 실제 10~20%밖에 되지 않기 때문에 여전히 경매에 보다 집중을 해야 합니다. 그래도 경매에 NPL을 장착하면 천하무적이 될 수도 있다는 점 꼭 알아두세요.

시중에 나온 NPL 책들 중 일부는 마치 NPL이 일확천금을 벌 수 있다고 기술

되어 있는데요. 사실 그 정도는 아니고요. 경매할 때 NPL을 장착하면 우월적으로 낙찰을 받을 수 있다, 양도소득세를 회피할 수 있다는 장점이 있습니다. 아주 가끔 좋은 NPL이 나오면 수익률이 조금 좋을 수 있다라는 정도로 이해하시면서 NPL을 활용하면 좋을 듯합니다. 따라서 NPL은 유입, 즉 낙찰받고자 하는 분들에게 아주 유용한 무기라고 생각합니다.

2013년 어느날 고양지원의 입찰법정에 파주의 공장이 경매로 나왔습니다.

> 감정평가액 42억 원
>
> 최저매각가격 15억원
>
> 그런데 낙찰가는 밑도끝도없이 40억 원

많은 입찰자와 방청객들의 탄성이 흘러나왔습니다. "미쳤다", "금액을 잘못 썼다" 등의 반응이었습니다. 이럴 거면 지난 회차 최저매각가격인 22억 원에 낙찰을 받지 이제와서 왜 40억 원에 낙찰을 받아? 바보 아냐? 등. 정말 낙찰자는 바보일까요? 정말 그럴까요?

NPL을 모르면 그렇게 생각할 수 있습니다. 그렇게 생각을 안 하는 게 오히려 우습죠? 그러나 NPL을 잘 알고 있는 분이라면 이 건은 NPL을 통해 경매입찰을 들어온 거다라고 쉽게 이해했을 것으로 봅니다.

그렇습니다, 바로 이것이 NPL입니다. 특히 앞으로는 경매일반입찰도 좋겠지만 NPL을 장착해서 경매입찰에 들어온다면 경매에서 무적이 될 수 있습니다. 입찰에서 만큼은요.

저도 2년 전에 청담동 ○○빌딩과 화성 공장 관련된 NPL을 관여하다가 NPL의 매력에 푹 빠졌죠. 작년부터는 세종사이버대학교에서 NPL채권매입실무라는 과목을 전국 최초 학사 과정으로 강의를 하고 있습니다.

 자, 먼저 그럼 NPL에 대해 하나씩 알아보기로 합시다.

NPL(Non Performing Loan)이란 무엇일까?

말 그대로 직역하면 수익이 없는 여신입니다. 은행의 대출금 중 이자 또는 원금이 정상적으로 상환되지 않는 대출금채권인데요. 흔히 시중에서는 부실채권이라고 하기도 합니다. 그러나 이것을 투자하는 입장에서는 부실채권이 아닌 우량채권으로 둔갑하기도 하겠죠?

NPL에는 여러 가지 종류가 있는데요. 우리는 담보부 부실채권만 이해하면 될 듯합니다. 경매시장에서 중요한 것도 역시 담보부 부실채권입니다. 예를 들어 은행이 채무자(차주)에게 대출을 해주면서 채무자 또는 물상보증인의 담보에 근저당권을 설정합니다. 이후에 이자 등이 상환되지 않으면 근저당권에 기해 경매를 신청하겠죠?

이후 통상 경매를 신청한 연후에(물론 경매를 신청하기 전이라도 매각할 수 있다) 은행의 여러 가지 사정 즉, BIS(자기자본비율)을 맞추기 위해서, 또는 부실채권비율을 맞추기 위해서, 또는 대손충당금으로 인한 유동성 확보 및 손익에 문제를 해결하기 위해 위 NPL(즉 근저당권)을 매각하게 됩니다.

사실 이러한 NPL이 과거에는 일반인들에게는 굉장히 낯선 용어였었는데요. 2010년 국제회계기준IFRS이 변경되면서 2011년 상반기부터 일반인들에게 직매 각되면서 NPL이라는 용어가 대중들에게 익숙해졌고요. 그러한 가운데 2012년 상반기부터 경매시장에서 NPL이 대중화되었습니다.

 그런데 경매에서 왜 NPL을 이야기할까요?

만약 NPL이 독자적으로 정리가 되는 시장이라면 경매+NPL을 언급할 이유가 전혀 없지요. 그러나 NPL의 최종 정리시장이 법원경매시장이기 때문에 경매와 NPL은 떼려야뗄 수 없는 것입니다.

 그럼 NPL을 통한 입찰은 어떨까요?

NPL을 통한 입찰은 NPL 담보부 채권을 채권보유기관에서 매입해서 채권자 지 위에서 낙찰을 받는 것입니다.

 그럼 NPL은 어떤 장점이 있을까요?

사실 NPL 입찰의 단점은 찾기가 어렵습니다. 오직 장점만 있어 보입니다. 먼저 우월적 낙찰입니다. 그리고 양도세 부담 경감입니다. 더불어 배당소득에 대한 비과세가 좋습니다. 그리고 경매물건의 정보 접근성 우위를 점할 수 있습니다. 그리고 대출도 많이 받을 수 있다는 장점이 있습니다.

자, 다음은 일반경매와 NPL 경매의 차이점에 대해서 알아보겠습니다.

NPL과 경매의 차이점

먼저 일반경매입찰입니다. 최근 입찰경쟁이 과열되어 있어서 낙찰 받기가 쉽지 않죠? 매매 시에는 양도차액에 따른 양도소득세를 납부해야 하고요. 선순위임차인처럼 보이는 자, 유치권 등에 대한 정확한 정보도 알기 어렵습니다.

반면에 NPL 경매입찰 시에는 입찰경쟁이 과열되어도 낙찰받기가 쉽습니다. 높은 낙찰가로 인하여 재매각 시에도 그 낙찰가 이하로 매각한다면 양도소득세 부담이 없고요. 선순위임차인 또는 유치권 등에 대하여 채권자 지위에서 보다 정확한 정보를 사전에 알기 쉽습니다.

다음은 NPL 관련된 용어를 몇 가지 정리해드리겠습니다.

NPL 용어 정리하기

AMC Asset Management Company : 자산유동화에 관한 법률에 근거하여 설립된 자산관리회사입니다. 이러한 AMC는 유동화된 자산만을 관리 추심할 수 있습니다. 대표적인 AMC에는 유암코 2179-2400, http://www.uamco.co.kr, 우리AMC 399-0100, http://www.wooriamc.com, 마이에셋자산운용, 제이원자산관리, MG신용정보, 파인스트리트 등이 있습니다.

SPC Special Purpose Company : 금융기관에서 발생한 부실채권을 매각하기 위해 일시적으로 설립되는 특수목적회사입니다. 채권과 원리금 상환이 끝나면 자동으로 없어지는 일종의 페이퍼컴퍼니입니다. 가령 유더블유제1차유동화전문유한회사 등이 있습니다. 유암코가 우리은행의 부실채권을 매입해서 만든 SPC라는 뜻으로 앞에 유더블유가 붙는다.

AMAsset Manager : AMC에 소속된 직원으로 SPC의 부실자산을 관리하는 직원입니다. 우리가 NPL을 매입하기 위해 통화해야 하는 사람입니다.

AMPAsset Management Plan : 자산관리계획 또는 P를 Price로 이해하여 자산관리 가격이라고도 합니다. 실무에서는 TP, 즉 Target Price로 이해하고 있기도 하고요. 어떤 곳은 ARP 또 어떤 곳은 마켓가라고 부르기도 하는 것입니다. AMC 입장에서 팔려고 하는 매도가격 채권구입원가+회사이윤 이라고 보면 됩니다.

OPBOutstanding Principle Balance : 매각대상자산의 미상환원금잔액입니다. 우리가 흔히 기관투자가들이 NPL을 OPB 기준 85%에 낙찰을 받았다라고할 때 OPB는 미상환원금잔액을 의미합니다.

채권최고액 : 근저당권 설정금액을 의미하는데 통상 원금의 120~130%로 설정하지요. 차후 원금+이자까지 감안한 금액입니다. 근저당권은 물권으로서 우선변제권을 가지는데요. 우선변제권을 가지는 한도는 채권최고액을 한도로 한 실채권액입니다.

실채권액 또는 채권행사권리금액 : 원금+이자를 그렇게 부르기도 하죠.

NPL의 발생 및 유통 절차

1) 개인이나 회사가 은행에서 대출을 받고 담보를 제공하고 은행은 근저당권을 설정하지요.
2) 개인이나 회사, 즉 채무자가 이자 등을 연체하지요.
3) 은행은 이자 납부 등의 독촉 이후에 근저당권에 기해 경매를 신청하지요.
4) 은행은 여러 가지 사정에 의해 이러한 연체된 채무의 근저당권을 묶어서 Pool 매각합니다.
5) 통상 유암코나 우리F&I 등 기관투자가 낙찰을 받고요. 이후에 AMC에 관리와 추심을 맡깁니다.
6) 개인이나 회사 등 경매입찰 시 NPL을 미리 매입해서 참여하면 유리하다고 판단되는 투자자들이 AMC와 협의해서 NPL을 매입합니다 론세일,채무인수,입찰이행방식 등이 있다.
7) 론세일로 매입한 투자자는 배당 또는 유입을 선택적으로 행사할 수 있고요. 즉 낙찰을 직접 받을 수도 있습니다. 또는 제3자가 낙찰받고 단지 배당만을 받을 수도 있습니다. 반면에 채무인수나 입찰이행방식으로 매입한 투자자는 오직 유입만을 할 수 있습니다.

NPL을 통한 수익실현방법

배당금수령법

회사원 김도근 씨가 일산의 현대아파트 근저당권을 론세일방법으로 매입했습니다. 근저당권자의 명의를 기업은행에서 유동화회사로 이후에 김도근 씨 명의로 이전했습니다.

- 채권원금 : 3억 원
- 채권최고액 : 3억 9,000만 원
- 원금 + 연체이자 : 3억 6,000만 원실채권액 또는 채권행사권리금액
- 채권매입가 : 2억 7,000만 원OPB기준 90%
- 감정가 : 4억 원
- 낙찰가 : 3억 2,000만 원

근저당권 매입 후 배당까지 6개월 소요되었지만, 5,000만 원 수익 – 배당소득에 대한 비과세입니다.

NPL을 매입한 후 제3자가 낙찰을 받아 매각대금에서 배당을 받는 방법에 대해 실무적으로 보면 1순위 근저당권을 매입해서 배당투자하는 경우도 있고요. 최근에는 2순위 저축은행이나 새마을금고 근저당권을 매입해서 배당투자하는 경우도 있습니다. NPL이 많이 대중화되면서 배당투자 물건은 실제로 많지 않습니다.

예를 들어 감정가 10억 원 하는 빌딩이 있다고 가정해보죠. 1순위 기업은행의 근저당권이 채권최고액 및 실채권액이 7억 원이고, 2순위 새마을금고의 근저당권이 채권최고액 및 실채권액이 7억 원이라고 가정합니다. 중요한 것은 현장조사와 권리분석입니다. 실제로 배당투자를 하기 위해서는 주위 낙찰 사례가 중요한데요. 만약 위 빌딩과 유사한 것들의 낙찰가율 사례가 70%라고 한다면 1순위

근저당권을 할인해서 매입하지 않는 한 배당투자는 불가한 투자가 됩니다.

만약 1순위 근저당권을 할인하지 않고 7억 원을 다 주고 매입했다고 칩시다 이러기는 쉽지 않지만 이후에 배당투자를 하려는데 낙찰은 7억 원에 되었다고 하면 배당투자로 수익이 나지 않는 경우죠?

반면에 위 빌딩의 미래가치가 있어 이번 기회에 낙찰가도 고민스럽고 차라리 꼭 낙찰을 받기 원할 때에는 2순위 새마을금고의 근저당권 7억 원을 할인받아서 1억 원에 매입하고 새마을금고는 그렇게도 매각할 수 있습니다. 이유는 주위 낙찰가율이 70%밖에 되지 않기 때문에 새마을금고 채권을 모두 활용해서 가령 14억 원에 낙찰을 받는 것입니다. 그렇다 하더라도 나는 선순위 7억 원만 준비하고 이후 7억 원은 상계처리하면 되는 것이죠? 이해할 수 있겠습니까?

최근의 배당투자가 가능했던 물건은 얼마 전 낙찰된 서울 강서구 가양동의 아파트이었는데 감정가 5억 원, 최저가 4억 원, 실제 시세는 4억 8,000만 원 정도였습니다. 1순위 근저당권자인 한국씨티은행의 양수인인 베리타스자산대부로부터 4억 2,000만 원 정도면 매입할 수 있었던 물건인데요, 대형아파트라 매입을 조금 망설였습니다. 만약 4~5개월 전에 매입했다면 일정한 수익이 나올수 있었습니다. 이번에 낙찰가는 4억 6,500만 원, 경쟁률 8대1. NPL 배당투자로 4,500만 원의 수익을 올릴 수 있었던 물건입니다.

직접 낙찰법(유입)

NPL을 직접 투자하는 설춘환이 작년 감정가가 단일 물건으로는 가장 높았던 청담동의 대형건물에 설정된 KDB 근저당권을 매입한 후 유입 후 재매각해서 수익을 올린 사례입니다.

- 채권원금 : 700억 원
- 채권최고액 : 840억 원
- 원금+연체이자 : 840억 원실채권액 또는 채권행사권리금액
- 채권매입가 : 595억 원OPB기준 85%
- 감정가 : 930억 원
- 낙찰가 : 830억 원
- 매각가 : 830억 원

NPL 매입 후 낙찰받고 매각까지 8개월 소요가 되었습니다. 수익은 235억 원. 단 취득가액 830억 원이고 양도가액은 830억 원이어서 양도차액은 없습니다. 따라서 양도소득세가 없습니다. 이 경우는 설춘환은 양도소득세 한푼 납무하지 않고 235억 원의 수익을 올린 사례입니다. NPL 투자의 강점 두 가지를 여실히 보여준 사례입니다. 바로 우월적 낙찰과 양도소득세 부담이 없다는 것!

NPL 매입한 후 직접 경매에서 낙찰을 받은 케이스입니다.

채권최고액을 한도로 한 배당시점까지의 실채권액채권행사권리금액까지 상계처리하여 대금을 납부하고 소유권이전하는 방법입니다. 론세일로 NPL 매입해서 낙찰받았다면 최고가매수신고인이 되고 나서 매각결정기일까지 채권상계신청을 통해 잔금을 납부할 수 있습니다.

만약 채무인수로 NPL 매입해서 낙찰 받았다면 역시 매각결정기일까지 채무인수신고 및 허가신청을 통해 잔금납부하고 낙찰 받아 소유권을 가져옵니다. 입

찰이행방식_{입찰이행 및 채권일부양수도계약}을 통해 낙찰 받았다면 잔금 납부 후 매입가격을 뺀 나머지 금액을 돌려받습니다.

배당금 수령법에 비해 수익률은 높은 편이지요. 하지만 매각할 때까지 시간과 비용이 소요됩니다. AMC 입장에서는 낙찰가가 매입한 채권가격 아래로 떨어질 가능성이 있을 때 방어입찰을 들어오는 경우도 있습니다.

NPL 투자 실패 사례

주부 김경숙 씨가 부천의 한 아파트의 근저당권을 매입했다가 손해본 경우로, NPL은 유입을 전제로 배당투자를 해야 한다는 것을 여실히 보여준 사례입니다.

- 채권원금 : 4억 원
- 채권최고액 : 4억 8,000만 원
- 원금 + 연체이자 : 4억 6,000만 원_{실채권액 또는 채권행사권리금액}
- 채권매입가 : 3억 4,000만 원_{OPB기준 85%}
- 감정가 : 5억 원
- 낙찰가 : 3억 2,500만 원_{낙찰가율 65%}

원래 주위 낙찰가율이 3억 7,000만 원에서 3억 8,000만 원 정도 되는 곳이었는데요. 임차인의 가짜 유치권신고로 인하여 낙찰가가 많이 떨어져 오직 배당투자만을 생각한 NPL 매입자 김경숙 씨가 손해를 본 사례입니다. NPL 투자의 기본은 유입을 전제로 한 배당투자입니다. 꼭 기억하시기 바랍니다!

최근 트렌드 역시도 NPL을 사서 낙찰을 받는 것이지 배당을 받겠다는 것은 아닌 것 같습니다. 그러나 물건마다 판단하기 나름이겠지요. 실무에서도 유치권신고가 종종 있는데요. 입찰자 입장에서 가장 부담스러운 것은 물론, 진정한 유치권이라면 낙찰대금 외에 추가로 그 채권금액을 인수해야 합니다. 다만 가짜 유치권이라도 입찰자 입장에서는 대출이 거의 불가능하다는 점이 있습니다. 가짜 유치권 신고가 된다고 하더라도 입찰경쟁률과 낙찰가율이 떨어지는 것이 사실입니다. 조만간 보존등기된 건물은 유치권이 없는 것으로 하는 법이 확정되면 앞으로 이런 문제는 발생하지 않겠죠.

소재지/감정서	면적(단위:㎡)	진행결과	임차관계/관리비	등기권리
(446-901) 경기 용인시 기흥구 고매동 1,2층 1동 3호 [지도] [등기] • 경기도 용인시 기흥구 고매동 소재 "골드컨트리클럽" 북측 인근에 위치하며, 주위는 골프장 주변 콘도미니엄이 산재하는 지역임. • 본건까지 차량출입 자유로우나 대중교통사정은 다소 불편시됨. • 철근콘크리트구조 (철근) 콘크리트지붕 지상2층으로서외벽: 드라이비트 마감내벽: 벽지 및 일부 타일 마감 등창호: 샷시유리 이중창호임. • 숙박시설(휴양콘도미니엄)로서1층: 방1, 거실1, 주방1, 식당1, 다용도실2, 드레스룸1, 욕실1, 주차장 1, 현관1,발코니12층: 방3, 드레스룸1, 욕실2, 발코니1 등으로 이용중임. • 위생, 급배수, 도시가스에 의한 난방설비 등 되어 있음.	대지 • 808.029/39070 (244.43평) 건물 • 1층 134,177 (40.59평) • 2층 93.303 (28.22평) 총 2층 중 2층 보존등기 2004.06.22 토지감정 390,000,000 건물감정 910,000,000 감정기관 태평양감정	감정 1,300,000,000 100% 1,300,000,000 유찰 2013.12.20 70% 910,000,000 유찰 2014.01.22 49% 637,000,000 유찰 2014.02.26 34% 445,900,000 낙찰 2014.03.27 1,160,000,000 (89.23%) 최 응찰 9명 2위 응찰가 687,300,000 허가 2014.04.03 [법원기일내역]	▶법원임차조사 조사된 임차내역 없음 ▶관할주민센터 기흥동 주민센터 [GO] 공세동 388-23 ☎ 031-324-6671	∗건물등기. 소유권 조 이 전 2005.12.06 전소유자 :기흥관광개발(주) 매매(2005.03.28) 근저당 : 저축은행 2012.01.03 1,200,000,000 [말소기준권리] 압 류 수원시팔달구 2013.01.11 압 류 국민건강보험공단 (수원동부지사) 2013.05.30 임 의 저축은행 2013.08.08 (2013타경43771) 청구액 994,732,645원 압 류 김해시 2013.08.09 [등기부채권총액] 1,200,000,000원 열람일 2013.09.02

NPL은 유입을 전제로 배당투자를 해야 한다. 낙찰자가 1순위 근저당권을 매입해서 우선변제권이 있는 채권액만큼 입찰자를 기재하여 낙찰 받은 경우이다.

NPL은 얼마에 살 수 있을까?

과연 NPL은 얼마에 살 수 있을까요? 거꾸로 생각하면 쉽습니다. 과연 AMC는 얼마에 팔려고 할까요? 바로 AMP를 알면 좋은데 이러한 AMP_{또는 TP}는 외부에 알려지지 않기 때문에 매입하는 입장에서 이러한 AMP를 유추해보는 것도 중요합니다.

물건의 종류, 지역 요인 등에 따라 AMP는 다르겠죠. 가령 아파트는 높고 땅은 낮고, 서울은 높고 지방은 낮겠지요. 실제로 AMC가 매각하려고 할 때 가장 많이 비교하는 것이 낙찰가율 및 낙찰 사례입니다. 물론 시세와 급매시세 등도 중요합니다만, 동일 번지의 낙찰 사례 또는 동일 지역의 낙찰 사례, 만약 이마저도 많지 않다면 인근지역의 낙찰사례 등을 감안해서 AMP를 정하고 있습니다. 이러한 낙찰사례 등은 유료정보사이트를 통해서 확인 가능한데요. 대표적인 사이트가 태인, 굿옥션, 스피드옥션, 지지옥션 등입니다.

더불어서 NPL 채권을 매입하기 위해서는 현장분석과 권리분석이 선행되어야 합니다. 현장분석과 권리분석을 제대로 하지 않고 얼마에 살지도 모르는 상황에서 무턱대고 AMC의 담당 AM과 통화를 하면 과연 어떤 말을 해야 할지 고민해봐야 합니다.

단지 일단 팔렸나 팔리지 않았나를 알아보고자 할 때에만 먼저 전화하는 것이 타당해 보입니다. 더불어서 NPL 채권을 매입할 때 유의사항 중 하나가 내가 산 NPL 채권보다 우선하는 선순위채권이 무엇이 있고, 그 금액이 얼마인지 꼭 확인해야 합니다. 즉 경매비용, 선순위임차인, 선순위전세권, 소액임차인, 당해세, 임금채권_{3년 치 퇴직금, 3개월 치 임금} 등 말입니다. 이러한 금액이 있으면 NPL 매입금액에서 이러한 금액을 어떻게 할 것인지 AMC와 협의하는 것이 무엇보다 중요하고요. 이러한 금액이 있는지 없는지 최종 확정되는 시기가 배당요구종기일입니다. 그래서 NPL은 가급적 최소한 배당요구종기일이 지난 후에 매입하는 것이 좋습니다.

NPL 투자 시 유의해야 할 것들

앞서 언급한 바대로 선순위채권을 제대로 파악하는 것이 중요합니다. 배당요구종기일이 지나면 선순위채권은 사실상 확정되기 때문에 배당요구종기일 이후에 매입하는 것이 좋습니다. 이러한 내용은 법원기록 열람을 통해서 확인이 가능합니다. 일반적으로 AMC에서 이미 법원기록을 열람 및 등사해놓고 있어서 매입하는 입장에서는 대법원경매정보사이트 문건접수 내역을 인쇄해가서 선순위채권을 제대로 확인하는 절차가 중요합니다. 더불어 AMC의 담당 AM은 이미 기록은 물론 현장분석을 마쳤기 때문에 중요한 현장분석이나 권리상의 하자를 누구보다 잘 알고 있습니다. 따라서 중요한 정보등을 선점할 수있는 기회이기도 합니다. 제발 AM과 친해지기 바랍니다.

 자, 그러면 NPL 물건은 어디서 찾을까요?

NPL 물건은 금감원의 DART 코너, 유암코사이트나 우리AMC사이트를 통해서 확인이 가능하지만 실무적으로는 유료정보사이트를 통해서 확인하고 매입하는 경우가 가장 많습니다.

얼마전 대형 AMC에 재직하고 있는 선후배들과 차 한잔 할 기회가 있었는데요. NPL 물건 100건 중 실제 매각되는 사례는 5~20% 미만이고요. 그 중에서 10%는 론세일방식, 그 중에서 10%는 채무인수방식, 그 중에서 80%는 입찰이행방식_{입찰참가 및 채권일부양수도방식}으로 매각이 된다고 합니다.

그러나 중소형 AMC 등은 가급적 론세일 방식으로만 매각하는데도 있다고 합니다. 여러분들은 위 3가지 방식을 제대로 이해하고 있으면 되겠지요? 물론 각 AMC마다 그 %가 다를 수도 있다는 점도 유념하시고요. 실제로 NPL이 매각되는 사례가 아주 많지는 않다고 합니다.

NPL 채권 매입 절차

1) 물건 찾기 및 선별(현장석 + 권리분석 + 수익률 분석)
2) AMC의 담당 AM과 전화협의 또는 사무실 직접 방문해서 협상
3) 금액이 맞으면 통상 매수의향서 제출
4) AMC 결재4~5일 : 만약 매각기일 촉박하면 매각기일연기 활용
5) 결재나면 계약서 작성론세일, 채무인수, 입찰이행방식
6) 계약시 계약금 통상 계약금액의 10% 지급하고

- 론세일 : 1개월 이내에 잔금 지급하고 잔금 지급과 동시에 근저당권 이전
- 채무인수 : 채무인수승낙서 받고 낙찰받은 다음에 나머지 잔금을 지급
- 입찰이행 : 낙찰 후 잔금 납부하고 차액을 반환받음

NPL 시장이 많이 대중화되었습니다. 앞서 언급한 바대로 NPL 물건 찾기가 용이해졌고, AMC 접촉도 상당히 용이해졌습니다 또한 다음카페_{설춘환 교수의 경매 개}

인 레슨에서 온라인상에 커뮤니티 활성화로 인해 경매와 NPL의 내용을 쉽게 접하고 간접경험도 하고 있습니다.

이 책을 읽은 여러분도 경매와 NPL에 대한 이론은 물론 현장분석을 통해 꼭 경매낙찰과 NPL 매입을 꼭 해보실 것을 권합니다.

마지막으로 NPL 채권 관련 중요한 포인트는 다음과 같습니다.

- 부동산에 대한 평가가 중요한데요 정확하고 순발력 있게 하기 바랍니다.
- 경매 권리분석은 기본이고요, 경매를 잘 알아야 NPL도 잘할 수 있습니다.
- 경매는 배당을 그리 잘 알지 못해도 되지만 NPL은 배당을 잘 알아야 합니다.
- 좋은 AMC와 좋은 AM에 대한 인맥을 확충하는 것도 중요합니다.
- NPL 매매타이밍의 결단력도 상당히 중요합니다.

얼마 전 지인분이 일산 아파트의 1순위 근저당권을 2억 5,000만 원에 매입하기로 AMC와 합의가 되었다가 조금더 조사를 해봐야 하겠다고 2주 정도 시간을 지연시키다가 막상 확신이 생겨서 계약하려고 전화하니 다른 제3자에게 이미 2억 8,000만 원에 매각이 완료된 사례도 있었습니다. 순발력과 결단력이 필요한 시장입니다.

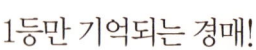

1등만 기억되는 경매!

2014년 입찰법정이 상당히 뜨겁습니다. 입찰자와 교육 수강생 그리고 먼발치에서 입찰을 바라보는 이해관계인들의 눈초리가 매섭습니다. 특히 아파트에 대한 낙찰가율이 상당히 뜨겁습니다. 당연히 강남의 재건축아파트에 대한 낙찰가율이 많이 올라가고 있습니다. 작년 12월에 서울과 수도권의 아파트 낙찰가율이 80%를 탈환한데 이어 80%를 굳건히 지키는 모습을 보이고 있습니다.

연초에 매수의욕이 가장 최고조에 이르는 것 같습니다. 많은 언론과 강연회장 등에서 올해 부동산시장에 대해 낙관하는 뉴스가 많이 언급되자 단기적으로 바닥으로 생각하는 분들이 많이들 부동산매수에 대한 문의를 해오고 있습니다. 그중 경매가 가장 돋보이는 이유는 아마도 시세보다 저렴하게 매수할 수 있어서일 것입니다. 개인적으로는 2014년 포트폴리오를 50%를 부동산에, 30%를 주식에, 20%를 예금으로 짜고 싶네요.

그러나 경매가 인기가 많음에도 불구하고 어려운 이유에는 딱 하나입니다. 바로 확정적이지 못하다는 것이죠. 이를테면 일반매매는 매도인과 협의해서 계약을 하면 그만인데 반해서, 경매는 반드시 전국 경쟁률을 뚫고서 반드시 입찰장에서 1등을 해야만 한다는 것입니다. 2등은 아무 의미가 없습니다. 경매만큼 2등을 인정해주지 않는 곳도 드물 것입니다.

여기에 경매에 대한 딜레마가 있습니다. 바로 1등을 해야만 하는데 문제는 시세에 준해서 1등을 한다는 것은 경매로서 의미가 없지요. 이 경우에는 그냥 중개업소 등을 찾아가서 일반매매를 하는 것이 더욱 나을 것입니다. 급매도도 있을 수 있고요. 그럼에도 불구하고 막상 입찰장에서 개찰하면 급매보다도 더 비싼 가격으로 입찰에 임하신 분이 있습니다. 이유야 개인적인 프라이버시니 알 수가 없겠습니다만, 시세파악 등 현장에 대한 부분을 정확히 확인하지 못했기 때문이 아닐까 생각합니다.

그러나 한편으론 시세보다 저렴하게 매수하면 좋을 텐데 과연 어느 정도에서 낙찰을 받는 것이 합리적인지에 대한 문제가 있습니다. 과연 시세보다 얼마나 싸게 낙찰을 받아야 하는 것일까요? 경매에 나온 한 아파트가 두 번 유찰되면 최저매각가격이 64%입니다. 가령 10억 원짜리 아파트라면 최저매각가격이 6억 4,000만 원이지요. 물론 그 가격에 낙찰 받을 수 있다면 좋지만, 특별한 하자가 없는 한 낙찰은 거의 7억 5,000만 원에서 8억 원 사이에 되고 있는 것이 실무입니다. 싸게만 살 수 있다면 좋을 텐데, 또 그렇지도 않은 것이 경매시장인 것 같습니다. 따라서 1등을 해서 낙찰을 받는 것도 중요하지만 중요한 것은 합리적인 가격으로 낙찰을 받아야 하는 명제를 놓쳐서는 안 될 것입니다.

책 속 부록
경매, NPL 이것이 궁금해요!

강제경매란 무엇인가요?

강제경매란 집행권원을 가지고 경매를 신청하는 것을 말합니다. 집행권원이란 판결문 지급명령 이행권고결정 공정증서 등이 있습니다.

임의경매란 무엇인가요?

임의경매란 담보권을 가지고 경매를 신청한 겁니다. 담보권이란 근저당권 전세권 담보가등기를 말합니다.

강제경매와 임의경매의 차이는 무엇인가요?

채무자가 돈을 변제하고 채권자나 낙찰자의 동의하에 경매를 간단히 취하하는 것에는 동일하나 만약 돈을 변제하고 채권자 또는 낙찰자의 동의가 없다면 별도로 채무자가 경매취소신청을 해야 하는데요. 임의경매는 간단하게 해당 경매계에서 변제증서 등을 가지고 경매개시결정에 대한 이의신청을 하면 경매는 간단히 취소되는데 반해, 강제경매는 별도로 청구이의 소송을 제기해야 합니다. 더불어 청구이의소송 도중 경매 절차가 진행되어 낙찰되면 청구이의기소송의 의미가 없기 때문에, 경매 절차를 정지시켜놓기 위해 강제집행정지결정을 추가로 받아야 합니다.

소멸주의란 무엇인가요?

소멸주의는 낙찰 후 잔금을 모두 납부하면 말소기준권리를 포함해서 뒤에 있는 등기부상의 하자들은 모두 말소시켜주겠다는 것입니다. 사실상 등기부상의 하자가 많아도 낙찰을 받을 수 있는 이유가 되겠습니다.

경매에서 잉여주의란 무엇인가요?

경매는 몇 번까지 유찰되나요?라고 질문한다면 과연 여러분은 어떻게 답변할까요? 1번, 5번, 9번?아니죠. 경매를 신청한 채권자가 1원이라도 배당을 받을 수 있을 때까지 진행되는 게 바로 잉여주의입니다. 따라서 담보가치 대비 배당받지 못할 채권자라면 함부로 경매를 신청하면 안 됩니다. 이 경우 경매는 취소될 것이고, 더불어 경매비용도 돌려받기 어렵습니다.

말소기준권리가 되는 것에는 어떠한 것들이 있나요?

경매낙찰 후 어떤 것은 인수하고 어떤 것은 소멸하고의 기준이 되는 것이 말소기준권리인데요. 말소기준권리가 될 수 있는 것은 가압류 / 압류 / 근저당권 / 저당권 / 담보가등기 / 경매개시결정기입등기입니다. 이 중에 등기부에 가장 먼저 기입된 것이 그 사건의 말소기준권리가 됩니다. 전세권도 예외적으로 말소기준권리가 되는데요. 전세권이 등기부전체에 설정되어 있으면서 경매를 신청한 경우에 또는 전세권이 등기부 전체에 설정되어 있으면서 배당요구를 한 경우에 전세권도 말소기준권리가 될 수 있습니다. 물론 가장 먼저 등기부에 기입이 되어야 하는 것은 기본이지요.

채무자가 채무를 변제하고 경매를 취소시킬 수 있는 종기는 언제인가요?

낙찰자가 잔금을 납부하기 전까지는 채무를 변제하고 경매를 취소시킬 수 있습니다.

채권자가 연락이 안 되거나 일부로 채무변제를 거절하면 어떻게 하나요?

임의경매라면 채권자 주소지에 가서 변제공탁 후 변제공탁한 공탁서를 근거로 경매개시결정에 대한 이의신청을 통해서 간단히 경매를 취소시킬 수 있습니다. 강제경매라면 청구이의소송을 통해 경매를 취소시킬 수 있습니다. 청구이의소송 시 세트로 강제집행정지결정을 꼭 함께 받아야 합니다.

매각물건명세서는 아무 때나 볼 수 있나요?

매각물건명세서는 경매 부동산에 대한 상품 설명서입니다. 즉 어떠한 컨디션을 가진 부동산을 매각한다는 법원의 안내서입니다. 따라서 믿고 입찰하셔도 됩니다. 만약 차후에 매각물건명세서 상에 중대한 하자가 있다면 그것을 이유로 매각불허가, 즉시항고, 취소 등의 신청을 할 수 있습니다.

매각물건명세서는 매각기일이 7일 이내 남았을 때 대법원경매정보사이트에서 온라인으로 볼 수 있고, 더불어 해당 경매계에서 오프라인으로 볼 수 있습니다. 가령 오늘이 5월 10일인데 매각기일이 5월 14일이라면 매각물건명세서를 볼 수 있지만, 만약 매각기일이 5월 27일이라면 아직은 매각물건명세서를 볼 수 없습니다.

선순위임차인은 무엇이고, 입찰자 입장에서는 왜 중요한가요?

말소기준권리보다 앞서서 대항력을 갖춘 임차인을 선순위임차인이라고 말하고요. 선순위임차인은 배당요구를 하건, 하지 않았건 간에 배당받지 못한 보증금은 모두 낙찰자가 낙찰대금 외에 추가로 그 금액을 인수해야 하기 때문입니다.

선순위임차인이 배당요구를 하면 전액 배당을 받지 못할 수도 있나요?

실무적으로 선순위임차인이 배당요구를 했어도 배당을 못 받는 경우가 상당히 많습니다. 이유는 확정일자가 없거나 느리면 배당을 못 받을 수도 있습니다.

선순위임차인을 확인하는 방법은 무엇인가요?

먼저 등기부등본을 발급받아서 말소기준권리를 확인합니다. 아무 주민센터에 경매정보지+신분증 가지고 전입세대열람을 하셔서 만약 소유자나 소유자가족이 아닌 제3자의 전입신고일자가 말소기준권리보다 빠르다면 선순위임차인일 가능성이 있습니다. 선순위임차인인지 아닌지 여부는 임대인 또는 임차인이 스스로 권리신고나 코멘트하지 않는 이상 제대로 알기가 어렵다는 점에서 선순위임차인에 대한 권리분석이 쉽지 않습니다. 다만 실무적으로 소유자 아닌 제3자의 전입신고가 말소기준권리보다 앞서 있는 경우는 1%도 채 안 됩니다.

가압류권자 또는 근저당권자인데 배당요구를 꼭 해야 하나요?
만약 경매개시결정기입등기 전에 등기된 가압류 근저당권이라면 배당요구를 하지 않아도 됩니다. 반대로 경매등기 이후에 등기된 가압류 근저당권이라면 반드시 배당요구를 해야 합니다. 언제까지? 배당요구종기일까지.

배당요구종기일을 확인하는 방법은 무엇인가요?
먼저 등기부등본을 발급받아서 경매사건번호 확인합니다. 경매개시결정기입등기가 되어 있는 것을 확인한 이후에 대법원경매정보사이트에 경매사건검색란에서 법원명과 사건번호 기재하고 클릭하면 경매사건 개요가 나오는데요. 그 우측 상단에 배당요구종기일이 기재되어 있습니다.

임차인이 배당요구할 때 필요한 서류는 무엇인가요?
임대차계약서 사본원본은 나중에 배당금 수령할 때 제출합니다. 주민등록초본이나 또는 등본이 필요합니다.

경매 매각방법은 현재 기일입찰만 하고 있다고 하는데, 기일입찰이 무엇인가요?
매각기일을 정해놓고 그날 본인 또는 대리인이 직접 법원 입찰법정에 가서 입찰표를 작성하여 입찰하는 것을 기일입찰이라고 합니다.

입찰할 때 가져가야 할 것들은 무엇인가요?
본인이 간다면 신분증과 도장, 입찰보증금을 가져갑니다. 대리인이 간다면 위임인의 인감도장으로 날인된 위임장과 인감증명서와 입찰보증금 그리고 대리인의 신분증과 도장을 가지고 갑니다.

이때 인감증명서는 발급받은지 6개월 이내의 것을 가지고 가야 합니다. 만약 법인의 대리인으로 간다면 법인등기부등본도 꼭 제출해야 합니다.

차순위매수신고는 무엇이고 아무나 신고할 수 있나요?

차순위매수신고는 낙찰자, 즉 최고가매수신고인이 잔금을 납부하지 않으면 다시금 매각기일을 열어야 하기 때문에 매각기일에 차순위도 정해서 최고가매수신고인이 잔금을 납부하지 않았을 때 곧바로 차순위매수신고인에게 잔금을 납부하게 해서 경매 절차를 신속하게 정리하려는데 의미가 있습니다. 차순위매수신고는 아무나 할 수 있는 것은 아니고요. 최고가에서 입찰보증금을 뺀 금액을 넘는 금액으로 기재한 사람이 신고할 수 있습니다. 가령 최저가 10억 원인데 최고가 금액이 15억 원이라면 차순위매수신고는 최소한 14억 1원 이상으로 입찰에 참여한 사람만 신고할 수 있습니다.

낙찰 받은 이후에 추가 비용은 어떠한 것들이 들어가나요?

1) 취득세 및 등기비용이 들어갑니다.
2) 명도협상비 이사비 내지는 강제집행비용이 들어갑니다.
3) 아파트 같은 경우에는 체납 관리비를 추가로 납부해야하는 경우도 있습니다.
4) 리모델링비용이 들어갈 수도 있겠지요.

낙찰과 유찰은 알겠는데, 패찰은 무엇인가요?

낙찰은 1등이 정해진 것이고, 유찰은 1등이 정해지지 않은 것입니다. 또는 적법하게 입찰에 참여한 사람이 하나도 없는 경우를 말합니다. 패찰은 내가 입찰에 참여했는데 제3자가 낙찰을 받았다면 나는 입찰에 졌다, 즉 패찰이라고 하는 겁니다. 개찰 시 패찰 여부는 바로 확인이 가능하고요. 패찰이 되면 곧바로 입찰보증금을 돌려줍니다.

입찰표 작성할 때 사건번호 외에 물건번호를 꼭 기재해야 하나요?

하나의 경매사건에 물건이 1개라면 사건번호 외에 물건번호를 굳이 기재하지 않아도 상관없습니다. 다만 하나의 경매사건에 물건이 2개 이상이고, 그 물건을 개별매각한다면 그때에는 사건번호 외에 물건번호도 꼭 기재합니다.

주택의 임차인의 대항력은 언제 발생하나요?

임차인의 대항력은 점유와 전입신고 다음 날 0시에 발생합니다. 0시에 대한 개념이 중요합니다. 말소기준권리와 우열을 가리는 중요한 시간입니다. 가령 점유 1월 2일, 전입 1월 3일이라면 대항력은 1월 4일 0시에 발생합니다. 또 점유 1월 8일, 전입 1월 7일이라면 대항력은 1월 9일 0시에 발생합니다.

경매부동산에 대해서 감정평가를 왜 하나요?

감정평가를 하는 이유는 최초 최저매각가격의 기준을 정하기 위해서입니다. 통상 감정평가금액이 최초 매각가격이 됩니다. 가령 감정평가액이 10억 원이면 최초 매각가격도 10억 원입니다. 그러나 차후에는 우리나라도 일본처럼 감정평가액에서 일정한 금액을 감액한 다음 최초 매각가격을 정한다고 하니, 보다 경매가 역동적으로 될 듯합니다. 가령 감정평가액은 10억 원인데 최초 매각가격은 8억 원이 됩니다. 이 제도는 채권자와 채무자 모두에게 좋은 의미이기에 반드시 실행될 듯합니다. 또한 신건에 낙찰율을 높이는 계기가 될 것으로 보입니다.

경매는 어떤 법원에서 진행되나요?

경매는 경매를 당하는 채무자 소유의 부동산 소재지 관할법원에서 진행하는데요. 소재지별 관할법원은 대법원경매정보사이트 이용기관에서 또는 법제처 각급법원의 설치와 관할구역에 관한 법률 제4조 관할구역에 제대로 나와 있습니다.

경매를 신청할 때 비용을 납부해야 하나요? 납부한다면 얼마를 납부해야 하나요?

경매를 신청할 때에는 경매비용을 예납해야 합니다. 감정수수료 현황조사료 등등 통상 청구금액의 1.5~2% 정도 예납합니다. 가령 판결문 5억 원짜리를 가지고 경매를 신청한다면 750만 원에서 1,000만 원을 예납합니다. 근저당권 4억 원짜리를 가지고 경매를 신청한다면 600만 원에서 800만 원을 예납하는 것입니다. 다만 이러한 경매비용은 차후 배당기일날 0순위로 가장 먼저 배당을 받습니다. 다만 잉여주의에 위반된다면 경매비용을 한 푼도 돌려받을 수 없다는 점도 명심하세요.

판결문을 가지고 경매신청할 때 필요한 서류는요?

판결문에 집행문 부여받고 이러한 판결문을 집행력있는 판결문이라고 한다 통상 가집행이 붙어서 송달증명원만 더 첨부하면 됩니다. 지급명령 같은 경우에는 결정문만 있으면 되고요. 약속어음공정증서는 집행문만 추가로 발급받아 경매를 신청할 수 있습니다.

근저당권을 가지고 경매신청할 때 어떤 서류가 필요한가요?

근저당권이 등기된 등기부등본만 있으면 됩니다. 더불어 근저당권설정계약서와 원인증서는 경매신청단계에서 제출하셔도 되고 차후 배당받을 때에만 제출해도 무방합니다.

재경매인 경우는 통상 입찰보증금을 할증한다고 하는데 그 의미는 무엇인가요?

재경매는 낙찰자에게 매각이 허가되고 확정이 되어 잔금을 납부하라고 했는데 만약 잔금을 납부하지 않으면 다시 매각하는 것을 재매각이라고 합니다. 통상 재매각인 경우에는 입찰보증금을 할증합니다. 얼마전 지인분이 서울서부지방법원에 아파트를 낙찰받으로 갔는데요, 매각조건에 보증금이 20%였는데 이유는 재매각이라서요. 그런데 입찰가는 1등을 했지만 입찰이 무효가 되었습니다. 보증금을 20% 납부해야 하는데 10%만 납부를 한 거죠. 보증금이 1원이라도 부족하면 입찰은 무효가 됩니다.

매각기일을 연기할 수 있는 사람은 누구인가요?

법원이 직권으로 연기할 수 있고요, 채권자의 연기신청이 있으면 연기됩니다. 다만 채무자의 연기신청은 특별한 사정, 예를 들어 채무변제 또는 강제집행정지 결정 등의 특별한 사정이 없는 한 받아들여지지 않습니다. 통상 매각기일 전날에 제출하는 경우가 많습니다. 따라서 입찰법정에 가기 전 채권자의 매각기일 연기신청서가 들어왔는지 체크합니다. 만약 연기신청서가 들어왔다면 매각기일에 출석을 할 이유가 없습니다.

기일입찰 시 통상 입찰시간은 몇 시부터 몇 시까지인가요?

서울은 통상 10시부터 11시 10분 또 어떤 법원은 11시 20분까지입니다. 서울을 제외한 수도권 또는 지방인 경우 11시 40분 또는 12시까지 입찰하는 법원도 있습니다. 입찰법정 가기 전 사전에 확인하세요. 저도 예전에 서산지원 입찰시간이 11시 20분인줄 알고 거의 포기하고 갔는데요. 12시까지 입찰을 하더군요. 운좋게 당일 땅을 낙찰받아 기쁨이 배가 된 때가 있었습니다. 통상 못해도 10시 30분까지는 가서서 입찰에 차분하게 참여하는 게 좋습니다.

낙찰자는 낙찰 후 바로 잔금을 납부하고 소유권을 취득할 수 있나요?

일반 매매에서는 소유권이전등기를 해야만 소유권을 취득합니다만, 경매나 공매는 낙찰자가 잔금을 모두 납부하는 순간 소유권을 취득합니다. 경매에서 낙찰받고 바로 잔금을 납부하고 소유권을 취득하고자 하는 분들이 있는데, 경매는 절차적으로 최소한 낙찰 받고 15일이 지난 다음에야 잔금을 납부할 수 있습니다. 즉 낙찰 받고 1주일 후에 매각허가결정이 나고 이후에 1주일은 즉시항고기간입니다. 만약 즉시항고기간 동안 특별한 즉시항고가 없다면 다음날 확정되는데 확정된때로부터 잔금을 납부할 수 있습니다. 다만 실무에서는 확정되고 2~3일 이후에 법원에서 낙찰자에게 잔금납부하라고 대금납부명령서를 송달하고 있습니다.

잔금을 납부하는 절차는 어떻게 되나요?

매각절차가 확정되고 무작정 법원에 가서서 잔금을 납부하셔도 되고, 법원에서 잔금을 납부하라는 통지서를 받고 잔금을 납부하셔도 됩니다. 먼저 해당 경매계에 가서서 잔금을 납부하러 왔다고 하면 잔금납부명령서를 줍니다. 그걸 가지고 법원에 있는 은행에 가서 잔금을 납부합니다. 이후에 영수증을 가지고 해당 경매계에 가서 잔대금완납증명서 2부를 받습니다. 하나는 소유권이전등기 할때 사용하고요, 또 다른 하나는 인도명령신청할 때 사용합니다.

농지의 낙찰과 농지취득자격증명원은 무엇인가요?

지목상 전, 답, 과수원이 농지입니다. 농지를 낙찰받게 되면 통상 매각물건명세서상에 농지취득자격증명 제출이라는 문구가 기재되어 있습니다. 일단 농지는 일반법인은 낙찰을 받아서는 안됩니다. 법인은 원칙적으로 농지취득자격증명원을 발급받을 수 없습니다. 농지취득자격증명원은 시, 구, 읍, 면사무소에서 발급받습니다. 농지취득자격증명원은 경매로 낙찰 받기 전에도 발급받을 수 있습니다. 또한 농지취득자격증명원은 매각기일로부터 매각결정기일까지 해당 경매계에 제출하여야 합니다. 만약 아무런 이유없이 그 기일까지 농지취득자격증명원을 제출하지 않으면 보증금은 몰수됩니다. 지금은 통작거리에 대한 제한이 없기 때문에 농업경영계획서만 제출하면 누구나 농지취득자격증명원을 발급받기는 어렵지 않습니다. 다만 1,000㎡ 미만은 주말·체험영농목적 취득으로 농업경영계획서를 제출하지 않습니다. 경매로 농지를 취득할 경우에는 토지거래허가구역 내의 땅이라도 토지거래허가를 받지 않아도 됩니다.

경매 절차에서 몰수된 입찰보증금이나 즉시항고보증금은 법원의 소유가 되나요?

그렇지 않습니다. 몰수된 입찰보증금과 항고보증금은 차후 배당기일에 배당재단에 포함됩니다. 즉 낙찰금액에 몰수된 보증금을 합해 모두 배당금으로 포함하여 채권자들에게 혜택을 줍니다. 보증금 등이 몰수되었다 하더라도 이후에 경매가 취소되면 그 보증금은 처음 납부한 자에게 다시 반환해줍니다.

매각절차에서 채권상계신청은 무엇이고 언제까지 신청해야 하나요?

배당받을 채권자가 낙찰을 받았다는 것이 전제가 되는 것이지요. 따라서 낙찰 받은 금액을 모두 납부하는 것이 아니고 어차피 배당받을 금액이 있으니 그 금액을 빼고 나머지 잔금을 납부하겠다고 신청하는 것이 채권상계신청입니다. 채권상계신청은 매각기일 최고가매수신고인이 되고 나서 매각결정기일까지 해당 경매계에 제출해야 합니다. 만약 상계신청이 받아들여지면 차후 배당기일과 잔대금납부기일이 동시에 잡히게 됩니다. 채권상계를 신청한 채권자의 배당에 대한 이의가 있을 것으로 판단되면 채권상계신청은 받아들여지지 않습니다.

즉시항고 시에는 항고보증금을 납부해야 하나요?

매각허가 결정에 대해서는 항고보증금을 매각대금의 10%에 해당하는 금액을 납부해야 합니다만 매각불허가 결정에 대한 즉시항고 시에는 항고보증금을 납부하지 않아도 됩니다. 소유자와 채무자가 항고보증금을 납부하고 즉시항고를 제기했는데 항고가 잘못됐을 경우 기각, 각하, 취하되면 항고보증금은 몰수됩니다. 이외에 이해관계인의 항고가 잘못되면 항고제기한 시점부터 항고가 완료된 시점까지 낙찰대금의 연 20%에 해당하는 금액을 뺀 나머지만 돌려줍니다. 즉 항고가 길어지면 길어질수록 돌려받는 돈은 적어집니다. 다만 항고가 받아들여지면 항고보증금은 반환됩니다.

공유자우선매수신고에 대한 절차에 대해 자세히 설명해주세요.

타 공유자의 지분이 경매로 나온 경우 다른 공유자는 우선매수신고를 할 수 있습니다. 공유자우선매수신고 시에는 보증금을 준비해야 합니다. 공유자우선매수신고는 그 사건의 매각이 종료될 때까지 해야 하고, 만약 유찰된 경우 공유자우선매수를 신고하면 매수가격은 최저매각가격이 되고요. 만약 낙찰자가 있다면 그 낙찰자가 낙찰 받은 금액이 공유자우선매수금액이 됩니다.

낙찰을 받았는데 기존 점유자가 안나가면 어떻게 명도를 해야 하나요?

경매를 통해 일반매매보다 저렴하게 매수할 수 있는 이유가 바로 명도에 대한 부담 때문이라고 해도 과언이 아닙니다. 통상 낙찰 받고 명도협상 하면 95%는 이사기간 + 이사비 협상 후 모두 임의적으로 명도합니다. 반면에 5%는 강제집행을 하게 됩니다. 강제집행을 하려면 인도명령결정문 + 집행문 + 송달증명원 또는 명도소송판결문 + 집행문 + 송달증명원을 가지고 집행관사무소로 가야 합니다. 임의적으로 명도를 안하면 인도명령결정을 받아서 강제집행하여야 합니다. 명도협상을 하더라도 인도명령결정은 기계적으로 받아두어야 합니다.

이사비와 이사기간은 어느 정도 주어야 하나요?

원칙적으로 낙찰자는 기존 점유자에게 이사비를 지급할 의무가 없습니다. 그러나 만약 임의적으로 명도가 안 되면 별도로 강제집행을 하여야 하는데 그 비용도 만만치 않습니다. 따라서 실무적으로는 잔금 납부하고 1~3개월 사이에서 이사기간을 협의합니다. 이사비는 강제집행에 준해서 지급을 합니다. 가령 서울인 경우 24평 아파트 100~300만 원, 33평 아파트 200~400만 원 등으로 적절하게 협의하시면 좋습니다.

명도합의서를 작성하면 인도명령을 신청하지 않아도 되나요?

그렇지 않습니다. 인도명령은 잔금을 납부하고 6개월 이내에 신청을 해야 합니다. 인도명령은 잔금 납부 후 기계적으로 신청합니다. 명도합의서 작성 후에도 이사를 가지 않는 점유자가 발생할 수 있습니다. 그러한 경우에는 인도명령결정에 의해 강제집행을 해야 합니다. 인도명령결정을 받고 상대방에게도 송달이 되어야 상대방도 이사를 안 가면 강제집행을 당하겠구나라는 생각을 하게 될 것입니다.

실무에서 유치권신고는 많은지와 입찰자 입장에서 어떤 부담이 있는지 또한 유치권은 언제까지 신고를 해야만 보호를 받을 수 있나요?

유치권신고는 경매사건에 5% 정도입니다. 유치권신고를 하게 되면 그래서 그 유치권이 적법하다면 낙찰자는 낙찰대금 외에 추가로 유치권자의 채권금액을 떠안아야 합니다. 만약 허위 유치권이라 하더라도 대출이 안된다는 부담이 있습니다. 더불어 유치권 신고의 종기는 따로이 정해져 있지 않습니다. 즉 유치권 신고를 하지 않아도 요건만 갖추만 새로운 양수인에게 대항할 수 있습니다. 경매사건에서 워낙 가짜 유치권이 많다 보니 현재 법이 개정 중에 있는데요. 그 내용은 앞으로 보존등기된 건물에 대해서는 유치권은 없어지는 것입니다. 법이 개정되면 이제 유치권과 관련된 많은 문제가 자연스럽게 해결될 것으로 보입니다.

상가임차인이 대항력을 가지려면 환산보증금이 중요하다고 하는데, 그럼 환산보증금은 어떻게 구하나요?

현재 서울의 경우 환산보증금 4억 원 이하여야 상가건물임대차보호법 보호대상이 됩니다. 환산보증금 구하는 공식은 보증금+(월세×100)인데요. 만약 보증금 2억 원에 월세가 200만 원이라면 보호대상이 되어 대항력이 발생하는데요. 보증금 2억 원에 월세가 210만 원이라면 환산보증금이 4억 1,000만 원이 되어 대항력이 발생하지 않습니다. 따라서 상가임차인의 경우 대항력과 우선변제권을 따질 때 날짜를 보기에 앞서서 먼저 지역별 환산보증금액이 얼마인지 확인하는 것이 우선시되어야 합니다. 이러한 환산보증금은 상가건물임대차보호법 시행령에 언급되어 있습니다.

NPL 물건은 어디서 찾나요?

먼저 금감원의 DART 코너를 통해서 확인할 수 있습니다. 또는 유암코와 우리AMC 홈페이지 등에서 찾을 수 있습니다. 실무적으로 일반투자자들은 대부분 부동산태인, 굿옥션, 스피드옥션, 지지옥션 등 유료정보 사이트 등을 통해서 찾고 있습니다. 다만 유동화 되지 않은 NPL은 인맥 즉 네트워크의 힘이 중요합니다.

NPL 매입할 때도 대출을 받을 수 있나요?

NPL을 채권양수도 방식, 즉 론세일 방식으로 매입할 때 통상 제2금융권, 즉 저축은행이나 새마을금고 등에서 NPL을 담보로 질권대출을 받을 수 있습니다. 최근 질권대출의 이자는 6-8% 정도입니다.

국가대표 경매, NPL 강사 설춘환 교수의
경매 개인 레슨

초판 1쇄 발행 | 2014년 6월 10일
초판 4쇄 발행 | 2019년 2월 18일

지은이 | 설춘환
펴낸이 | 이형도

펴낸곳 | ㈜ 이레미디어
전화 | 031-908-8516
팩스 | 0303-0515-8907
주소 | 경기도 파주시 회동길219, 사무동 4층 401호
홈페이지 | www.iremedia.co.kr
카페 | http://cafe.naver.com/iremi
이메일 | ireme@iremedia.co.kr
등록 | 제396-2004-35호

책임 편집 | 정은아
편집 | 박성연, 유소영, 김현정
본문, 표지 디자인 | 정은영
일러스트 | 허재호
마케팅 | 한동우

저작권자ⓒ2014, 설춘환
이 책의 저작권은 저작권자에게 있습니다. 서면에 의한 허락 없이 내용의 전부 혹은 일부를 인용하거나 발췌하는 것을 금합니다.

ISBN 978-89-91998-91-9 13320

가격은 뒤표지에 있습니다.
이 책은 투자참고용이며, 투자손실에 대해서는 법적 책임을 지지 않습니다.

이 도서의 국립중앙도서관 출판시도서목록(CIP)은 서지정보유통지원시스템 홈페이지(http://seoji.nl.go.kr)와 국가자료공동목록시스템(http://www.nl.go.kr/kolisnet)에서 이용하실 수 있습니다(CIP제어번호: CIP2014015111).

부동산태인 전국 15일 경매정보서비스
무료정보이용권 사용법

『설춘환 교수의 경매 개인 레슨』을 구매해주신 독자 여러분께 감사드립니다.
본 이용권으로 대한민국 최고의 경매정보 전문기업 부동산태인의 각종 경매정보서비스를 15일간 무료로 이용할 수 있습니다.

사용 방법은 다음과 같습니다.
① 인터넷 주소창에 www.taein.co.kr을 입력해 이동합니다.
② 왼쪽 상단의 아이디 입력란에 한글로 '태인'을 입력하고 비밀번호 입력란에 본 이용권에 쓰인 이용권 번호를 입력합니다.
③ 15일간 각종 경매정보서비스를 무료로 이용할 수 있습니다.

〈부동산태인 홈페이지〉

www.taein.co.kr

부동산태인 무료정보이용권

내용: 부동산태인 인터넷 정보 이용(15일 무료)
유효기간: 2020년 6월 30일까지

*인터넷 주소창에 부동산태인 홈페이지 주소 www.taein.co.kr을 입력하고 부동산태인 메인페이지에 접속합니다. 인터넷 검색 사이트에 '부동산태인'을 입력하여 접속할 수도 있습니다.
*부동산태인 메인페이지에서 왼쪽 상단의 로그인 부분에 있는 아이디 란에 한글로 '태인'을 입력하고 비밀번호 란에는 하단에 있는 정보이용권 번호를 입력한 뒤 로그인 버튼을 클릭합니다.
*위의 방법으로 로그인하면, 물건검색에서 종류·조건·가격·사건 등 세분화된 조건을 활용하여 자신에게 맞는 물건을 검색할 수 있습니다

〈주의사항〉
*본 무료 정보이용권의 이용 기간은 최초 접속일로부터 15일입니다.
*일부 특수 서비스는 제외됩니다.

정보이용권 번호 |  AW117524

법원경매정보 대표 사이트 부동산태인

전국 법원의 일정별 검색과 사건 번호별, 물건별, 소재지별 검색, 특수한 물건검색 등을 한 번에!
전국 부동산 경매뉴스, 실전 경매문답 등 법원경매정보의 알찬 내용을 한눈에!

회원가입절차

법원경매정보 이용 절차도

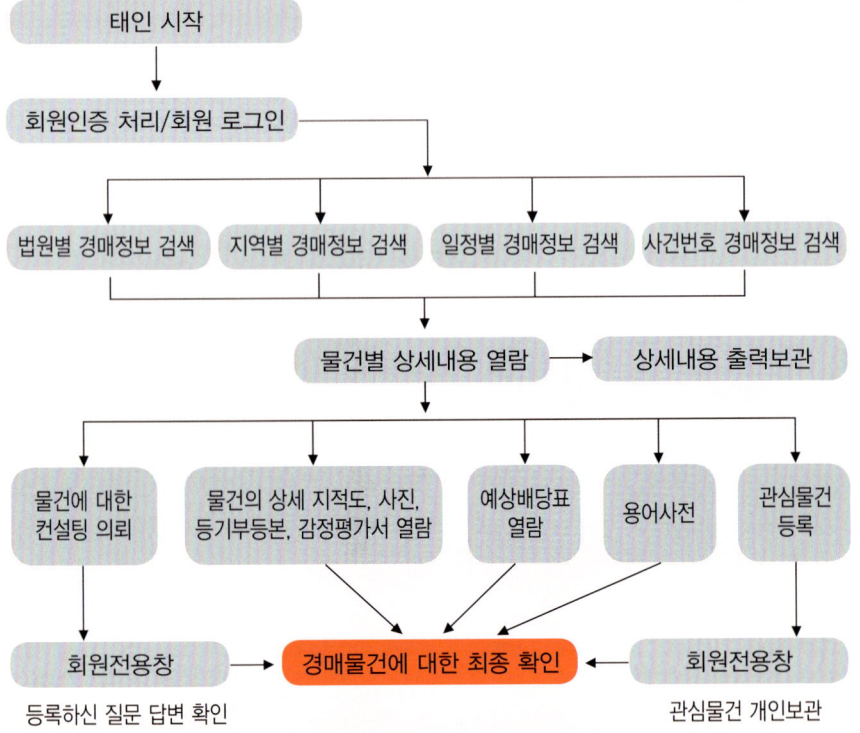

이레미디어 추천도서

세계경제의 메가트렌드에 주목하라

"투자의 천재 짐 로저스, 미래를 말하다!"
월스트리트의 전설적인 투자자인 짐 로저스가 시장에서 평생에 걸쳐 얻은 교훈과 관점을 바탕으로 경제, 정치, 사회를 분석하고 투자를 위한 통찰력을 제공한다.

짐 로저스 지음 | 이건 옮김 | 300쪽 | 16,500원

한눈에 재무제표 보는 법

이론부터 실전까지, 재무회계에 대한 모든 궁금증을 완벽하게 풀어주다!
대차대조표와 손익계산서, 현금 흐름 표가 어떤 방식으로 한 기업의 재무 건전성을 보여 주는지 알기 쉽게 설명한다.

토마스 R. 아이텔슨 지음 | 박수현 옮김 | 368쪽 | 13,800원

심리투자 법칙

월스트리트 화제의 중심이며 세계적 베스트셀러. 시장과 군중 심리를 명쾌하게 통찰한다. 심리투자의 핵심을 논리적으로 제시해 시장에서 자신을 지키는 해법을 알려준다.

알렉산더 엘더 지음 | 신가을 옮김 | 528쪽 | 25,000원